ŒUVRES
COMPLÈTES
DE CONDILLAC.

TOME XIV.

A PARIS,

Chez
{
GRATIOT, cul-de-sac Pecquay, rue des Blancs-Manteaux.
HOUEL, rue du Bacq, N°. 940.
GUILLAUME, rue de l'Eperon, N°. 12.
POUGIN, rue des Pères, N°. 61.
GIDE, place St.-Sulpice.
}

Et A STRASBOURG,
Chez LEVRAULT, libraire.

ŒUVRES
DE CONDILLAC,

Revues, corrigées par l'Auteur, imprimées sur ses manuscrits autographes, et augmentées de LA LANGUE DES CALCULS, ouvrage posthume.

COURS D'ÉTUDES
POUR L'INSTRUCTION
DU PRINCE DE PARME.

HISTOIRE ANCIENNE.

TOME VI.

 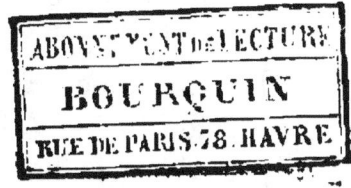

A PARIS,

DE L'IMPRIMERIE DE CH. HOUEL.

AN VI. — 1798. (E. vulg.)

HISTOIRE ANCIENNE.

LIVRE QUINZIÈME.

Considérations sur les progrès de la religion dans les trois premiers siècles.

On est également condamnable lorsqu'on nie les choses, parce qu'on ne les a pas vues, ou parce qu'on ne les comprend pas, et lorsqu'on les croit légèrement, sans avoir examiné l'autorité de ceux qui les rapportent. Un esprit sage évitera donc l'une et l'autre de ces extrémités.

Dieu ne peut ni se tromper, ni me tromper. Il seroit donc insensé de ne pas croire ce qu'il a dit : mais il faut s'assurer qu'il a parlé ; car, pour éviter l'incrédulité, il ne faut pas tomber dans des erreurs injurieuses à la vérité même, et attribuer à Dieu les mensonges des hommes.

Dans quel esprit on doit étudier la religion.

Cependant, comme il n'est pas possible à tous de faire ces recherches, Dieu vient au secours des foibles : l'ignorant croit, et sa foi le sauve, parce que la grâce lui tient lieu de lumière ; tandis que d'autres fois le savant ne croit pas, parce qu'il se refuse à la grâce. Il s'aveugle, ou par trop de confiance, ou par l'ambition de se singulariser, ou par le desir de briser le frein des passions. Mais Dieu confond l'orgueil de son ame ou le déréglement de son cœur.

Tous ne sont donc pas obligés de raisonner sur la religion; mais tous sont obligés de l'étudier avec humilité. C'est ici surtout que la confiance est dangereuse. Nous ne saurions être trop en garde contre cette raison, qui ne cherche souvent à nous prouver que ce qu'il nous plaît de croire. Ne permettons pas aux passions de nous séduire: ne murmurons pas contre la morale qui les condamne : aimons la vérité qui nous gêne; adorons-la, et soumettons-nous.

Quelles doivent être à cet égard les études d'un prince.

Plusieurs catéchismes, Monseigneur, vous ont appris les vérités que vous devez croire; et celui de l'abbé Fleury, comme plus développé, vous a donné aussi plus de lumières. Un abrégé de l'ancien et du nouveau testament vous a fait connoître l'histoire de cette religion, qui remonte à la naissance du monde : vous avez touché, pour ainsi dire, les fondemens solides sur lesquels elle est établie. Enfin le petit carême de Massillon vous a instruit de ce que sa morale a de plus relatif à vos devoirs. Ce sont là des choses sur lesquelles il sera nécessaire de revenir encore ; parce que, comme je vous l'ai dit plusieurs fois, lorsque les vérités sont importantes, on ne les connoît pas assez si on ne se les est pas rendues familières.

Mais cette étude ne suffiroit pas encore. Si Dieu ne commande au commun des hommes que de croire et de pratiquer, il exige plus de ceux qu'il établit pour conduire les autres. L'instruction des peuples et la défense de la religion veulent qu'un théologien ait fait une étude profonde de l'histoire ecclésiastique ; qu'il connoisse les hérésies, les décisions de l'église, les écrits des saints Pères, et qu'il saisisse tout le fil de la tradition.

Des recherches aussi vastes ne doivent

pas occuper un prince, parce qu'il leur sacrifieroit un temps qu'il doit à des études plus relatives à son état. Il est cependant nécessaire qu'il soit à cet égard plus instruit qu'un simple particulier, puisqu'il est dans l'obligation de donner l'exemple de la vraie piété, et de protéger la religion.

<small>Quelle doit être sa piété.</small> Vous ne sauriez être trop pieux, Monseigneur; mais, si votre piété n'est pas éclairée, vous oublierez vos devoirs, pour ne vous occuper que de petites pratiques. Parce que la prière est nécessaire, vous croirez devoir toujours prier; et, ne considérant pas que la vraie dévotion consiste à remplir d'abord votre état, il ne tiendra pas à vous que vous ne viviez dans votre cour comme dans un cloître. Les hypocrites se multiplieront autour de vous. Les moines sortiront de leurs cellules. Les prêtres quitteront le service de l'autel, pour venir s'édifier à la vue de vos saintes œuvres. Prince aveugle, vous ne sentirez pas combien leur conduite est en contradiction avec leur langage : vous ne remarquerez pas seulement que les hommes, qui vous louent d'être toujours au pied des autels, oublient eux-mêmes que leur devoir

est d'y être. Vous prendrez insensiblement leur place, pour leur céder la vôtre ; vous prierez continuellement, et vous croirez faire votre salut ; ils cesseront de prier, et vous croirez qu'ils font le leur. Étrange contradiction qui pervertit les ministres de l'église, pour donner de mauvais ministres à l'état !

Si la piété demande des lumières dans un prince, la protection, qu'il doit à l'église, en demande encore davantage ; c'est à lui sur-tout de contribuer à la propagation de la religion ; de confier l'instruction des fidelles à des pasteurs qui aient les mœurs et les connoissances de leur état ; de pourvoir à l'entretien des temples et du clergé ; d'assoupir les disputes frivoles ; d'extirper les hérésies par les moyens que la religion et la prudence conseillent ; et de faire respecter les ministres des autels, sans autoriser toutes les prétentions qu'ils forment, et qui tourneroient à la ruine de l'état. Vous n'imaginez pas combien ces devoirs sont difficiles à remplir : cependant ils ont été jusqu'ici l'écueil des meilleurs princes ; et le zèle, pour avoir été trop aveugle, a produit une

Protection qu'il doit à l'église.

multitude d'abus, qui subsistent encore.

Il faut vous instruire par les fautes des souverains. Voilà l'objet que je me propose, et je négligerai d'ailleurs tout ce qui ne m'y conduira pas ; mon dessein étant moins d'écrire l'histoire de l'église que de vous apprendre dans quel esprit vous devez l'étudier.

La manière dont la religion s'est répandue est le principal objet qui s'offre dans les trois premiers siècles. Vous verrez d'un côté les obstacles qu'elle a rencontrés, et de l'autre les moyens miraculeux qui l'ont rendue victorieuse. Vous serez bientôt convaincu que sa propagation est une nouvelle preuve de sa divinité. Il ne faudra plus que vous transporter au temps de Jésus-Christ, et considérer de là les siècles antérieurs et les siècles postérieurs ; car ce sera le vrai point de vue pour saisir l'ensemble de toutes les vérités qui font le fondement ou l'objet de notre foi.

CHAPITRE PREMIER.

Etat des Juifs sous les princes Asmonéens et sous Hérode.

UNE suite de victoires miraculeuses ayant soustrait les Juifs à la domination des rois de Syrie, qui les vouloient forcer de sacrifier aux idoles, ils reconnurent les services des Macchabées, en confiant à Simon la souveraine sacrificature, le gouvernement de la république, et une autorité suprême en tout. Ce prince est le premier des Asmonéens, ainsi nommé, d'Assamonée, bisaïeul de Mathathias, père des Macchabées ; et c'est sous lui que les Juifs commencèrent à se gouverner par leurs lois, à jouir de la paix, et à se faire même respecter de leurs voisins ; protégé d'ailleurs par les Romains avec qui Simon renouvela l'alliance que ses frères avoient déjà faite.

<small>Sous Simon, les Juifs devinrent indépendans.</small>

Jean-Hircan, son fils, étendit ses états par de nouvelles conquêtes, se vit maitre de

<small>Sous Jean-Hircan, ils ont des conquêtes.</small>

toute la Judée, de la Galilée et de la Samarie, acheva d'affermir sa puissance, et la transmit à ses descendans, exempte de toute sujétion. Mais la haine, qui étoit entre les Pharisiens et les Saducéens, ne lu permit jamais d'établir la paix au-dedans; ne pouvant les réunir, il voulut au moins s'attacher les premiers, qui avoient un grand empire sur l'esprit du peuple. Il se flattoit d'y réussir, parce qu'il avoit été élevé parmi eux, et que jusqu'alors il avoit fait profession de leur secte. Cependant ses tentatives furent inutiles. Ils se déclarèrent ouvertement contre lui, et il se jeta dans le parti des Saducéens. Il mourut après un règne de vingt-neuf ans, laissant des troubles qui devoient être funestes à sa famille.

<small>Mais ils sont troublés par la haine réciproque des Pharisiens et des Saducéens.</small>

Aristobule, l'aîné de ses fils, prit le diadême et le titre de roi, ce qu'aucun de ceux qui avoient gouverné la Judée depuis la captivité de Babylone n'avoit fait encore. Jaloux de son autorité, il fit mourir de faim sa mère qui vouloit gouverner, mit trois de ses frères en prison, et conserva la liberté à un seul, qu'il sacrifia bientôt à des soupçons mal fondés. Il mourut dans la seconde

<small>Aristobule prend le premier le titre de roi et règne en tyran;</small>

année de son règne, tourmenté par ses remords.

Les trois princes sortirent de prison. Alexandre Jannée, qui fut couronné, fit mourir l'un de ses frères, et laissa vivre l'autre, parce qu'il ne le craignoit pas. Il entreprit ensuite des guerres, où, quoiqu'avec des talens, il devint, par ses défaites, méprisable aux yeux de son peuple, que les Pharisiens soulevoient contre lui, et où il se rendit odieux par sa cruauté dans les succès. Enfin, ses sujets s'étant ouvertement révoltés, ce ne fut qu'après une guerre de six ans qu'il vint à bout de les soumettre. Il se vengea en barbare altéré de sang; et, après vingt-sept ans de règne il mourut de ses débauches.

Il laissoit deux fils, Hircan et Aristobule; mais il avoit ordonné qu'Alexandra, sa femme, gouverneroit le royaume, et qu'elle choisiroit, pour régner après elle, celui de ses deux fils qu'elle jugeroit à propos. *Et, sous Alexandre, qui ne montre que de la foiblesse,*

La première démarche d'Alexandra fut de donner aux Pharisiens la principale administration des affaires, voulant s'attacher cette secte redoutable, et s'assurer par elle de la soumission du peuple. Elle témoigna même qu'elle ne faisoit en cela que se conformer aux dernières volontés de son mari.

Elle crut d'abord ne s'être pas trompée dans son attente; car non-seulement les Pharisiens parurent oublier leur haine pour Alexandre, mais encore ils le comblèrent de bénédictions, et ils lui firent une pompe funèbre des plus magnifiques. Cependant la reine connut bientôt qu'elle s'étoit donné des maîtres; et elle ne fut plus que l'instrument de la vengeance des Pharisiens. Ses anciens amis furent exposés à la persécution de ces hommes vindicatifs; un grand nombre périt, elle ne sauva les autres qu'en les dispersant dans les places où elle avoit garnison. Enfin, après un règne de neuf ans, où elle n'avoit montré que de la foiblesse, elle mourut, et laissa la couronne à Hircan, son fils aîné, foible comme elle, et soumis aux Pharisiens avec le même aveuglement.

Mais Aristobule, qui s'étoit échappé pendant la maladie de sa mère, parcouroit les garnisons, se montroit aux soldats, et à tous ceux qui avoient toujours été attachés à sa famille. Il eut bientôt une armée. Le peuple même accourut de toutes parts, las de la tyrannie des Pharisiens; et Hircan, abandonné de la plus grande partie de ses troupes, fut contraint de céder à son frère la sacrificature et la souveraineté.

Les factions, qui divisent le peuple, sont tôt ou tard funestes à l'état, quand les souverains passent alternativement d'un parti dans un autre; car, en les affoiblissant et fortifiant tour-à-tour, ils ruinent insensiblement leur royaume; et ils entretiennent des ennemis domestiques contre lesquels ils sont toujours trop foibles.

Antipas, ou Antipater, n'attendoit rien d'Aristobule, et attendoit tout d'Hircan, auquel il avoit toujours été attaché. Il songea donc à faire remonter sur le trône ce prince, trop lâche pour y songer lui-même. Il s'adressa, pour cet effet, à Pompée, qui revenoit de son expédition contre Mithridate. Le Romain prit connoissance des prétentions des deux frères, lorsqu'il se présentoit un troisième parti, qui ne vouloit ni de l'un ni de l'autre; prétendant ne devoir être gouverné que par un souverain

Pompée rend la couronne à Hircan.

sacrificateur, et reprochant aux Asmonéens d'avoir changé la forme du gouvernement, et d'avoir pris le titre de roi, pour assurer leur tyrannie.

Pompée, qui eut peu d'égard à ces représentations, parut disposé pour Hircan. Cependant Aristobule, toujours entre l'espérance et la crainte, tenta de le gagner, et tenta aussi de défendre ses droits par la force. Ainsi, tout-à-la-fois armé et soumis, il tint une conduite peu soutenue, et fit des démarches contradictoires, dont il fut enfin la victime. Pompée, qu'il vint trouver, le mit dans les fers, offensé de la mauvaise foi de ses procédés. Il conduisit ensuite son armée devant Jérusalem.

Cette place auroit pu soutenir un long siége; mais le parti d'Hircan ouvrit les portes; et ceux qui ne voulurent pas abandonner Aristobule se réfugièrent dans le temple, où ils furent forcés au bout de trois mois. Ils auroient pu tenir plus longtemps, sans la superstition avec laquelle ils observoient le sabat; car ils ne croyoient pas qu'il leur fût permis, ce jour-là ni de faire des travaux, ni de ruiner ceux des ennemis. Hircan fut donc rétabli, et Aristobule envoyé à Rome, d'où il s'échappa, revint en Judée causer de nouveaux troubles.

Il avoit obtenu deux légions de César; mais Pompée le fit emprisonner; et, son fils Alexandre ayant été saisi, on lui fit son procès, et il eut la tête tranchée. Cependant Antigone, frère de ce dernier, ne renonçant pas à ses prétentions, obtint le secours des Parthes, qui le mirent sur le trône. Il fit couper les oreilles à son oncle Hircan, afin de le rendre incapable du sacerdoce, et il le remit aux Parthes pour l'emmener.

Nouveaux troubles.

C'étoit alors le tems du second triumvirat. Hérode, fils d'Antipater, se rendit à Rome, dans le dessein d'obtenir la courone de Judée pour Aristobule, neveu d'Antigone et fils d'Alexandre, qui avoit eu la tête tranchée. Il s'intéressoit pour ce jeune prince, parce qu'il espéroit de gouverner sous lui, comme Antipater sous Hircan. D'ailleurs, il en avoit fiancé la sœur, cette vertueuse et malheureuse Mariamne que vous connoissez. Antoine, à

Antoine donne la couronne à Hérode.

qu'il s'adressa, et qui étoit alors tout-puissant, lui donna la couronne à lui-même; ce fut le sujet d'une nouvelle guerre, d'où ce nouveau roi sortit victorieux; et Antigone vaincu, traité comme coupable, fut jugé dans les formes et condamné à mort; c'est le dernier des princes Asmonéens. Tels ont été les troubles de la Judée, pendant trente-deux ans, depuis la mort d'Alexandra.

<small>Qui croit s'affermir en répandant le sang.</small>

Hérode fut toujours malheureux, parce qu'il fut toujours impie, soupçonneux et cruel. Il acheva d'exterminer toute la race des princes Asmonéens, se flattant de dissiper par-là toutes ses inquiétudes; mais il en trouva de nouveaux sujets dans ses enfans, et il répandit le sang de ses trois fils, comme si c'eût été un reste du sang des princes sur qui il avoit usurpé la couronne. Il régna trente-sept ans, toujours odieux à ses sujets, toujours odieux à lui-même, déchiré tour-à-tour par ses soupçons ou par ses remords. Il mourut dans sa soixante-dixième année.

<small>Les prophéties s'accomplissent.</small>

Jacob avoit prédit que le sceptre ne seroit point ôté à Juda, et qu'il y auroit dans sa postérité des conducteurs du peuple, jusqu'à la venue de celui qui devoit être envoyé. L'autorité étant donc passée à Hérode, Iduméen, et, par conséquent, étranger à la race de Jacob, c'étoit une preuve que le temps du messie n'étoit pas éloigné. D'ailleurs, les septantes semaines, marquées par Daniel, étoient sur le point d'expirer, et les Juifs attendoient l'accomplissement des prophéties. Aussi Jésus-Christ est-il né sur la fin du règne d'Hérode, quatre ans avant l'ère vulgaire.

Toutes les prophéties s'accomplirent en Jésus-Christ, et si visiblement, qu'il ne paroissoit pas possible de le méconnoître. Cependant les Juifs furent assez aveugles pour ne pas voir en lui le messie qu'ils attendoient ; ils s'opiniâtrèrent pour la plus grande partie dans leur aveuglement, tandis que la vérité, prêchée aux Gentils, fit des progrès rapides.

Quand on veut juger d'une révolution, il faut, auparavant, se faire une idée des circonstances où elle s'est faite ; voilà pourquoi je viens de faire un tableau du gouvernement des Juifs sous les princes Asmonéens et sous Hérode; mais il nous reste encore à faire plusieurs considérations, soit sur ce peuple, soit sur les Gentils; il faut sur-tout connoître la philosophie qui régnoit.

CHAPITRE II.

Des opinions des philosophes payens avant Jésus-Christ. Et dans les trois premiers siècles de l'église.

Les révolutions des opinions suivent les révolutions des empires. Ainsi nous ne pouvons pas douter que les conquêtes d'Alexandre n'aient produit de grands changemens dans ce que les Perses, les Indiens et les Égyptiens appeloient philosophie. Ce fut alors que les sectes de la Grèce se répandirent, et portèrent chez les Barbares des systêmes qu'ils ne connoissoient pas, quoiqu'ils en eussent fourni les principes. Sans doute que les Mages, les Gymnosophistes et les prêtres d'Égypte, prévenus d'abord contre la nouveauté de ces opinions, dédaignèrent d'en prendre même connoissance ; mais, dans la suite, plusieurs causes concoururent à diminuer leur prévention, et à les rapprocher des philosophes Grecs.

<small>Sous Alexandre les sectes de la Grèce se répandent en Asie.</small>

Vous vous souvenez que les vainqueurs s'allièrent avec les vaincus, et se hâtèrent d'en prendre les mœurs. Les Grecs cessèrent donc bientôt de paroître étrangers. Dès-lors leurs opinions parurent aussi moins étrangères : on eut la curiosité de les connoître ; et les Mages, qui en firent une étude, s'en rapprochèrent peu-à-peu, lorsqu'ils découvrirent, dans la mythologie et dans le systèmes des Grecs, des principes qu'ils adoptoient eux-mêmes. Ils se firent en quelque sorte Platoniciens, comme Alexandre s'étoit fait Perse ; et les sectateurs de Zoroastre s'allièrent avec ceux de Platon. Il faut seulement remarquer qu'en se prêtant aux opinions des Grecs, les Mages songeoient plutôt à se concilier avec eux, qu'à renoncer aux opinions qu'ils avoient suivies jusqu'alors.

La protection qu'Alexandre donnoit aux lettres, et sa préference marquée pour les philosophes de la Grèce, durent aussi contribuer à cette révolution, qui fut encore plus grande en Égypte qu'en Asie. Ce conquérant, occupé à peupler la ville à laquelle il donna son nom, y fit venir des colonies de divers endroits ; il y transporta même des Juifs ; et, voulant y attirer toutes les nations, non seulement il accorda de grands priviléges aux habitans, il leur permit encore d'exercer librement toute espèce de cultes.

Depuis la mort de ce conquérant, Alexandrie se peupla de plus en plus. Les Grecs sur-tout, et les savans dans tous les genres, y accoururent sous le premier des Ptolémées ; soit parce que ce prince ne négligea rien pour les attirer, soit parce que l'Égypte jouissoit seule de la paix, tandis que les autres provinces de l'empire d'Alexandre étoient troublées par la guerre. Ptolémée, ayant conquis la Phénicie, saisit encore cette occasion pour augmenter la population de l'Égypte, car il y fit conduire un grand nombre de Juifs ; et, comme il leur accorda dans Alexandrie les mêmes droits qu'aux Macédoniens, d'autres vinrent bientôt s'y établir d'eux-mêmes, cherchant dans ce royaume un repos qu'ils ne trouvoient pas en Asie.

Elles s'établirent en Égypte sous Ptolémée-Soter.

Philadelphe suivit la même politique, et protégea les arts et les sciences avec

Sous Philadelphe, qui bâtit le Musée;

encore plus de passion. Il augmenta considérablement la bibliothèque que son père avoit commencée; et il bâtit le Musée, cette école célèbre qui devint l'asyle de toutes les sciences et de toutes les sectes. Les Pythagoriciens, qui avoient été chassés de la grande Grèce vers le temps de Philippe et d'Alexandre, se refugièrent sur-tout en Égypte, parce que c'étoit le seul lieu où ils étoient soufferts.

Sous les successeurs d'Évergète, les philosophes fuient.

Évergète marcha sur les traces de Soter et de Philadelphe : mais depuis, comme je l'ai déjà dit, les rois d'Égypte ne furent plus que des monstres. Physcon, le septième des Ptolémées, fit presque un désert de la ville d'Alexandrie. Les savans, forcés de fuir pour échapper à ses persécutions, se répandirent dans l'Orient. Ils y étudièrent la philosophie de Zoroastre; et, lorsque les circonstances leur permirent de revenir en Égypte, ils y apportèrent ce système d'émanations dont j'ai fait le précis.

A leur retour, l'Égypte devint le centre de toutes les sectes.

Ces révolutions doivent vous faire comprendre que l'Égypte devint insensiblement le centre de tous les arts, de toutes les sciences, de toutes les opinions, de tous les cultes et de toutes les superstitions. Péripatéticiens, Stoïciens, Sceptiques, Pythagoriciens, Platoniciens, sectateurs de Zoroastre, Idolâtres, Juifs; tous, en un mot, professoient librement leur religion ou leur système. Mais cette multitude de sectes étrangères fit beaucoup de tort aux prêtres égyptiens, qui, sous les Ptolémées, furent toujours moins considérés que les philosophes grecs.

Les disputes, qui s'élevoient continuellement parmi tant de sectes, donnèrent lieu au Sincrétisme, c'est-à-dire, à un système par lequel on entreprenoit de concilier toutes les opinions, et sur-tout celles des principaux philosophes. Comme la cour prenoit souvent part à ces disputes, on voulut paroitre se rapprocher des opinions qu'elle goûtoit davantage, ou du moins on ne voulut pas paroître les combattre. Or les circonstances étoient en Égypte très-favorables à cette manière de philosopher: c'est ce qu'il faut vous faire comprendre. *Origine du Sincrétisme.*

Il n'y a point de pays où les nouveaux cultes se soient introduits plus facilement qu'en Égypte, parce qu'il n'y en a point où la superstition ait été plus grande, et *Ignorance et superstition des Égyptiens.*

où les prêtres aient mieux su s'accommoder aux circonstances; en effet, les Égyptiens, toujours tenus dans une ignorance profonde, n'ont pu manquer de devenir le peuple le plus superstitieux. Ils ont recueilli, pour ainsi dire, les préjugés de toute la terre, parce qu'ils se sont trouvés dans la nécessité de se conformer à la façon de penser des différentes nations qui les ont conquis, et que d'ailleurs le commerce des étrangers, qui abordoient de toutes parts en Égypte, a dû peu-à-peu les familiariser avec des opinions de toute espèce.

<small>Conduite de leurs prêtres, qui veulent tout concilier.</small> Quant aux prêtres, comme ils avoient seuls le secret des sciences et de la religion, rien ne leur étoit plus aisé que de s'accommoder à l'esprit du gouvernement. Accoutumés de tous temps aux allégories, ils s'en servirent pour se concilier avec les principales sectes : car il leur importoit de ne céder aux Grecs, ni en connoissance, ni en sagesse, ni en crédit. Ils se rapprochèrent d'abord des Pythagoriciens, chez lesquels ils retrouvèrent, à bien des égards, la même doctrine qu'ils avoient enseignée au chef de cette secte; c'étoit d'ailleurs de

part et d'autre la même manière de vivre : ils aimoient tous également le silence, la retraite, le secret et la méditation. Les Pythagoriciens et les prêtres d'Égypte, ainsi réunis, se retirèrent dans les campagnes, fondèrent des colléges où ils philosophèrent loin du tumulte des villes, et jouirent de toute la considération qu'on accordoit aux Grecs.

Il leur importoit encore de n'avoir pas contre eux les Platoniciens, dont la philosophie avoit alors beaucoup de partisans. Or, ils se trouvoient déjà d'accord dans les principes que Platon avoit pris de Pythagore ; et, dans les autres, ils s'en rapprochoient, en conciliant, par des allégories, les opinions les plus contraires. Les émanations de Zoroastre furent aussi employées à cet effet, parce que Platon en avoit lui-même emprunté quelque chose.

Par-là toutes les sectes s'altérèrent. On ne reconnoissoit plus ni Zoroastre, ni Pythagore, ni les anciens prêtres d'Égypte. Le Sincrétisme avoit fait de tous ces systèmes un chaos, où les opinions se confondoient tous les jours de plus en plus. Tel étoit,

Toutes les sectes.

avant Jésus-Christ, l'état de la philosophie dans ce royaume. Le Sincrétisme, fondé sur les allégories, y avoit fait de si grands progrès, que les Juifs même entreprirent de concilier Moyse, Pythagore et Platon. Cependant cette méthode absurde ne fut pas si tôt abandonnée. Elle subsista au contraire long-temps après Jésus-Christ; et les philosophes du Musée, qui se convertirent, donnèrent lieu à bien des hérésies, pour avoir voulu allier leurs opinions avec les dogmes de la religion chrétienne.

<small>Origine de l'Éclectisme.</small> Les disputes, qui naissoient du Sincrétisme même, firent imaginer l'Éclectisme, autre méthode, qui se proposoit moins de concilier les philosophes, que de prendre ce qu'il y avoit de bon dans chacun. Ce projet eût été louable, si les systèmes, dans lesquels on devoit puiser, avoient été faits avec quelque jugement, et si l'on avoit pu se flatter de savoir choisir sans préventions. Mais cette seule considération vous fait prévoir que l'Éclectisme ne produira que des absurdités.

<small>Chef de cette secte.</small> L'Éclectisme eut pour chef Ammonius Saccas d'Alexandrie, élevé dans la religion

chrétienne, et instruit dans le Sincrétisme. Il vivoit à la fin du second siècle et au commencement du troisième. La religion chrétienne ne lui laissant pas la liberté de se faire un système à son choix, il embrassa l'idolâtrie comme plus conforme à son dessein; et, quoiqu'il se crût destiné pour éclairer le monde, il adopta la méthode secrète des Pythagoriciens, et il défendit à ses disciples de publier l'objet et la nature de ses leçons. Ils ne furent pas assez scrupuleux pour observer le silence qu'ils lui avoient juré.

Les Éclectiques avoient pour maxime que la vérité est répandue parmi toutes les sectes, et que, par conséquent, il ne seroit pas raisonnable de s'assujettir à suivre les opinions d'un seul philosophe. Ils se faisoient donc une loi de puiser quelque chose dans tous. Il ne faut excepter que les Sceptiques, avec qui ils ne pouvoient pas s'accorder.

Objet que se proposoient les Éclectiques.

Le Platonisme étoit le fonds de leur philosophie, non celui de l'académie, mais celui de l'école d'Alexandrie, d'où ils étoient sortis. Ainsi le Sincrétisme avoit déjà altéré tout ce qu'ils prirent dans ce systéme.

Leur ambition étoit sur-tout d'accorder Platon et Aristote, comme les deux philosophes qui avoient le plus de réputation. Pour cela on imagina des distinctions et des subtilités, on fit violence au texte, on l'interpréta arbitrairement, et on parvint à faire dire à tous deux ce qu'ils n'avoient pensé ni l'un ni l'autre.

<small>Leur enthousiasme.</small> Si les idées de Platon et de Pythagore conduisoient naturellement à l'enthousiasme, elles y devoient porter avec plus de violence en Égypte qu'ailleurs. Car, de la superstition à l'enthousiasme, le passage est rapide, et les Égyptiens étoient le peuple le plus superstitieux. Aussi les extases étoient-elles communes parmi les Éclectiques; leurs méditations les élevoient au-dessus du reste des hommes, et ils voyoient tout ce qu'ils vouloient voir. Quelques-uns pouvoient être de la meilleure foi du monde : car de pareilles extases ne sont, dans le vrai, que le délire d'une imagination foible, crédule, échauffée par un soleil ardent. On peut en avoir lorsqu'on est éveillé, comme on a des songes lorsqu'on dort.

Plus enthousiastes que Platon et Pythagore, les Éclectiques croyoient pouvoir, dès cette vie, s'élever par degrés jusqu'à Dieu, s'abymer dans la divinité, et se déifier en quelque sorte eux-mêmes. Les émanations, telles que les Perses les avoient imaginées, étoient le fondement d'une confiance si extravagante : car, en ce point, ils préféroient Zoroastre à Platon.

Or, dans ce système, tous les êtres émanant d'un premier principe, sont plus ou moins parfaits, suivant qu'ils émanent plus ou moins immédiatement. De là, les choses visibles et invisibles, qui se distribuent en différentes classes pour former l'univers. Tout vient de cette première source, les corps comme les esprits; et nos ames en sont séparées par une longue suite de génies, de démons et de divinités de toute espèce. Elles sont à l'extrémité de la chaîne ; et, comme elles se sont éloignées par degrés du principe de tout, elles peuvent aussi s'en rapprocher par degrés. Il leur est, par exemple, bien aisé de s'unir aux esprits du dernier ordre, de passer ensuite aux esprits d'un ordre supérieur ; et, montant de la

Leurs principes absurdes.

sorte de divinité en divinité, d'arriver enfin au Dieu suprême. Il ne faut pour cela que des méditations, des retraites, des jeûnes et des mortifications : régime en effet bien propre à donner l'essor à l'ame, parce qu'il exalte d'autant plus les têtes, qu'on a moins de jugement. Mais si par hasard il ne réussissoit pas, ou qu'il ne fût pas du goût de tous ceux qui aspirent à la même perfection, on auroit alors recours à des prières, à des évocations, à des cérémonies extraordinaires, et à des superstitions de toute espèce. Car il falloit absolument commencer avec les esprits, soit en s'élevant à eux, soit en les faisant descendre à soi ; c'étoit le vrai moyen d'obtenir tout ce qu'on pouvoit desirer, et de faire des miracles. Ainsi la philosophie, qui se piquoit de prendre, avec choix, dans tous les systêmes, n'étoit, parmi les Éclectiques, que ce qu'elle avoit été parmi les Chaldéens, c'est-à-dire, de la magie.

Ils défendent l'idolâtrie par des allégories. L'objet de ces philosophes étoit sur-tout de s'opposer aux progrès de la religion chrétienne, et d'étayer l'idolâtrie, qui penchoit vers sa ruine. S'il eût été possible d'y réussir, Ammonius, plus qu'un autre, eût pu se flatter du succès. Élevé parmi des Chrétiens, qui pouvoit mieux les combattre ? eût-il ignoré la foiblesse de leurs preuves ? et ne leur eût-il pas porté des coups, dont ils ne se seroient pas relevés ?

Mais les Éclectiques se gardèrent bien d'attaquer directement le Christianisme : ils s'attachèrent plutôt à défendre l'idolâtrie. Il falloit justifier cette mythologie, ces fables monstrueuses qui déshonoroient la raison, et qui étoient même l'objet de la raillerie des hommes sensés du paganisme. Il falloit répondre aux pères de l'église, qui en montroient l'extravagance, et qui opposoient à ces absurdités l'autorité même des philosophes payens.

L'allégorie vint au secours des Éclectiques. Ils interprétèrent toute la mythologie à leur gré : ils ne virent plus dans Jupiter, dans Junon, et dans les autres dieux, que les divinités qu'ils voyoient émaner du Dieu suprême : en un mot, ils prouvèrent au monde idolâtre que ce qu'il avoit cru jusqu'alors n'étoit pas en effet ce qu'il avoit cru.

Satisfaits d'avoir trouvé ces subtilités, ils s'applaudissoient, et ils croyoient pouvoir dire aux Chrétiens : *Nous n'admettons qu'un Dieu ainsi que vous ; mais comme vous reconnoissez des esprits, des anges, des démons, nous reconnoissons, avec tous les philosophes, des divinités, qui remplissent l'intervalle entre le Dieu suprême et nous. Elles sont ses ministres : c'est par elles que ses grâces descendent jusqu'à nous.*

De là ils concluoient qu'il n'y a, dans le vrai, qu'une religion. Ils la voyoient la même parmi toutes les sectes et parmi tous les peuples. Leurs allégories faisoient disparoître toutes les différences, et paroissoient concilier toutes les opinions, en les renfermant dans le système qu'ils s'étoient fait ; afin même de se rapprocher du christianisme, ils imaginèrent une espèce de trinité, n'abandonnant point la maxime de prendre par-tout ce qui pouvoit s'allier avec leurs principes. Par ce Sincrétisme, ils croyoient prouver que la religion chrétienne n'enseignoit rien de nouveau ; qu'elle étoit inutile ; et que, par conséquent, on ne devoit pas la permettre, ou qu'elle devoit elle-même souffrir l'idolâtrie.

Cependant les Chrétiens renversoient facilement tout cet édifice, parce qu'ils ne se bornoient pas à combattre le culte des idoles par des raisonnemens. Ils prouvoient encore la vérité de leur doctrine par des miracles, que les Éclectiques n'osoient ni nier, ni mettre parmi les prestiges. Le Sincrétisme ne trouvoit point ici de moyen de conciliation ; et les Éclectiques eurent recours aux blasphêmes, aux mensonges et aux impostures. Ils dirent que Jésus-Christ n'étoit lui-même qu'un philosophe, qu'il avoit reconnu la multitude des dieux, qu'il les avoit adorés, que par sa sagesse il s'étoit élevé jusqu'à eux, et qu'il en avoit obtenu le pouvoir de faire des miracles. Afin même de donner quelque fondement à cette opinion impie, ils entreprirent d'attribuer d'aussi grands miracles à des philosophes qui n'avoient pas abjuré le paganisme. Ils choisirent, parmi les plus anciens, Pythagore, et parmi les plus récens, Apollonius de Tyane ; et l'on apprit, pour la première fois, les miracles que ces hommes étoient

Ils emploient contre la religion chrétienne le mensonge et l'imposture.

supposés avoir faits dans des tems où personne n'en avoit été témoin. Les Éclectiques ne se faisoient point un scrupule de ces impostures. C'étoient, selon eux, des fraudes pieuses; et le mensonge même étoit sanctifié lorsque la défense de leur doctrine en étoit le motif. Ils avoient pris cette façon de penser des prêtres égyptiens, à qui elle a toujours été chère; ils l'avoient prise de Pythagore, de Platon, et de presque tous les anciens; car elle n'a été que trop générale.

Si cependant Jésus-Christ n'eût été qu'un philosophe, tel qu'Apollonius, ou Pythagore, il n'auroit pas combattu le polythéisme. Aussi les Éclectiques prétendoient-ils que les Chrétiens lui attribuoient des choses qu'il n'avoit point enseignées; comme si les apôtres et les disciples n'avoient pas prouvé par des miracles qu'ils préchoient la vraie doctrine de leur maître.

L'Éclectisme n'étoit qu'un Sincrétisme absurde. Telle est la philosophie, qui, dans les trois premiers siècles de l'église, s'est répandue d'Alexandrie jusqu'à Rome, et dans presque tout l'empire. Quoiqu'on lui donnât le nom d'Éclectisme, ce n'étoit dans le fond qu'une branche de ce Sincrétisme absurde, qui étoit fort ancien en Égypte. Je me borne à vous en faire voir l'esprit et à vous en indiquer les sources que vous connoissez. Il seroit inutile d'entrer dans de plus grands détails. Il suffit de vous faire remarquer que, dans le vrai, les Éclectiques n'avoient point de système, et qu'ils ne pouvoient en avoir. Leur philosophie étoit nécessairement variable et sans consistance, puisque, par la nature de l'Éclectisme, chacun avoit la liberté de choisir ses principes et d'imaginer des allégories à son gré. D'ailleurs, quand je vous rapporterois leurs différentes opinions, vous n'y comprendriez rien, non plus que moi, non plus qu'eux : car certainement ils ne s'entendoient pas.

CHAPITRE III.

Des opinions qui se sont introduites parmi les Juifs trois cents ans environ avant Jésus-Christ.

<small>Quand et pourquoi les Juifs d'Alexandrie adoptèrent le Sincrétisme.</small> Jusqu'a la captivité de Babylone, les Juifs conservèrent sans altération la doctrine que Dieu leur avoit donnée par Moyse ; et même encore après leur retour à Jérusalem, tant qu'ils furent éclairés par Esdras, Aggée, Zacharie et Malachie. Mais, après la mort de ces hommes inspirés, la prophétie ayant cessé, et les systêmes des philosophes ayant peu-à-peu pénétré en Judée, les mauvais raisonnemens y produisirent, comme ailleurs, des sectes et des absurdités.

Cette révolution répond au temps des premiers Ptolémées. Les Juifs d'Alexandrie ne purent se refuser à la curiosité de connoître une philosophie qui promettoit de pénétrer dans la nature de l'univers, qui, d'après Platon, parloit de Dieu en termes magnifiques, et qui donnoit une grande considération à ses sectateurs. Ils étudièrent donc ce Sincrétisme, qui, conciliant Platon, Pythagore, Hermès et Zoroastre, leur fit concevoir le dessein de concilier encore Moyse avec ces philosophes, et leur en montra le moyen dans l'usage des allégories. En effet, il ne falloit qu'étendre les expressions, les restreindre, ou leur donner des sens figurés, pour faire dire à tous les mêmes choses. Ainsi frappés de la manière dont les Platoniciens parloient de Dieu, ils se regardèrent dans le Musée comme dans l'une de leurs écoles : ils crurent entendre Moyse. Cette conformité les flatta ; ils en cherchèrent la raison ; ils se persuadèrent bientôt que Moyse étoit la source où Pythagore et Platon avoient puisé leur doctrine ; ils en cherchèrent la preuve dans le Sincrétisme, qui concilioit tout. C'est ainsi qu'ils devinrent partisans outrés de cette méthode ridicule, et qu'ils répandirent comme une chose sûre, que les philosophes payens avoient tiré des livres de Moyse tout ce qu'ils avoient dit de mieux. Ils comptoient par-là détruire la prévention où l'on étoit contre leurs lumières.

<small>Commencement de la vie ascétique parmi les Juifs.</small> Tels étoient les Juifs d'Alexandrie. Mais l'Égypte en avoit encore d'autres qui vivoient loin des villes dans la retraite, et qui s'étoient fait une doctrine singulière. Voici ce qu'on en peut conjecturer.

Lorsque Jérusalem fut détruite, et que le peuple fut emmené en captivité à Babylone, ceux qui purent échapper cherchèrent leur salut hors de la domination du vainqueur, et se réfugièrent en Égypte, c'est-à-dire, dans un pays où leur nom étoit odieux. Afin donc d'y trouver leur sûreté, ils furent forcés d'éviter les villes, et de se retirer dans les lieux les plus reculés et les plus déserts. Telle fut parmi les Juifs l'origine de la vie monastique: car, dans de pareilles circonstances, ils ne pouvoient se rassembler qu'en petit nombre, et plusieurs sans doute étoient dans la nécessité de vivre seuls. Sans temple, sans autel, sans sacrifice, ils s'accoutumèrent insensiblement à penser que la religion pouvoit absolument subsister sans ces choses; et ils songèrent seulement à suppléer au culte par une vie dure et austère. Devenus moines par choix, ils se firent une habitude de la vie ascétique; il s'introduisit peu-à-peu parmi eux des usages qui devinrent des règles; et ces règles s'étant multipliées, et ayant été recueillies, formèrent enfin un système de morale et de conduite.

Cependant, comme les Juifs étoient d'eux-mêmes peu capables de faire des systêmes, il y a lieu de croire qu'ils vécurent ainsi moins par principe que par usage, jusqu'au temps où les Pythagoriciens, persécutés par-tout, cherchèrent aussi une retraite en Égypte. Or ceux-ci commencèrent à s'y répandre sous Alexandre et sous Ptolémée Soter qui, protégeant plus particulièrement les sectes grecques, ne paroissoient pas leur devoir être favorables. Craignant donc les ennemis qu'ils trouveroient dans les villes, ils fuirent, comme les Juifs, dans les déserts.

Comment les Esséniens et les Thérapeutes adoptent des idées pythagoriciennes.

Ces anachorètes ou cénobites Juifs et Pythagoriciens eurent donc occasion de se connoître. Rapprochés d'abord par un même genre de vie, ils se lièrent bientôt de plus en plus par le récit de leurs malheurs ; et ils se communiquèrent enfin leurs usages et leur doctrine.

Dans ces conversations, les Pythagoriciens, naturellement fanatiques, eurent beaucoup d'avantages sur les Juifs, qui suivoient leurs usages par tradition, et sans avoir encore des principes bien arrêtés. Ils leur apprirent l'art de déraciner les passions, de purger l'ame, de l'élever à Dieu, et ils leur montrèrent une piété qui, paroissant excellente, étoit bien capable d'entraîner des hommes disposés à l'enthousiasme par l'ignorance, la solitude et le climat. Les Juifs, écoutant donc avec avidité, et toujours plus curieux, adoptèrent une partie des opinions des Pythagoriciens ; et, se familiarisant avec les allégories, ils connurent enfin le secret de concilier Moyse et Pythagore. C'est ainsi que se sont formées les deux sectes qu'on nomme Esséniens et Thérapeutes. Des traces de pythagorisme qu'on trouve dans leur doctrine confirment cette origine que les circonstances rendent vraisemblable.

Lorsque l'exercice de toutes les religions eut été autorisé par les rois d'Égypte, les moines juifs ou pythagoriciens ne craignirent plus la persécution. Mais il est à présumer que pour la plupart ils gardèrent par habitude le genre de vie qu'ils avoient embrassé par nécessité. Ils ne se rapprochèrent des villes, et ne commercèrent avec les citoyens que dans la vue de faire des prosélytes ; à quoi ils réussirent, parce qu'ils étoient enthousiastes, et que les Égyptiens étoient superstitieux.

Enfin Philadelphe accorda une liberté plus grande encore; car, voyant que les Juifs venoient d'eux-mêmes s'établir en Égypte, il permit à ceux qui y étoient de retourner en Judée. Il y eut donc alors un commerce libre entre tous les Juifs; et vous prévoyez que la doctrine sera altérée à Jérusalem, et qu'il y va naître des sectes.

Les Juifs d'Égypte portent en Judée leurs usages.

Les Esséniens, qui vinrent en Judée, n'y trouvèrent point cette piété sublime dont ils faisoient profession. Scandalisés de tout ce qu'ils voyoient, ils crurent ne pouvoir communiquer avec les autres Juifs, sans se souiller eux-mêmes. Le temple leur parut

Manière de vivre des Esséniens.

être profané, et ils jugèrent que, s'ils prenoient part aux sacrifices qui s'y faisoient, ils se rendroient complices des profanations. Ils continuèrent donc de vivre à l'écart, ne venant jamais au temple, se contentant d'y envoyer leurs offrandes, et faisant des sacrifices par-tout où ils se trouvoient, quoique cela fût contre la loi de Moyse.

Loin des villes, ils vivoient de l'agriculture, dans une grande sobriété, se refusant à tous les plaisirs, se tenant en garde contre les passions, fidelles à leur parole, et observateurs exacts de leur discipline.

Ils étoient tous vêtus de blanc, avoient leurs biens en commun, se regardoient comme frères, et observoient entre eux l'hospitalité. Lorsqu'un Essénien voyageoit dans les pays où ils étoient répandus, il n'avoit pas besoin de rien porter avec lui. Par-tout logé, nourri, vêtu, il trouvoit tout ce qui lui étoit nécessaire. Lors même qu'il se rencontroit parmi des frères qu'il n'avoit jamais vus, il étoit traité comme s'il eût toujours vécu avec eux.

Ils prioient, avant le lever du soleil, et se tournoient alors du côté de l'orient.

Après la prière, ils alloient chacun à leurs occupations. A la cinquième heure du jour ils entroient dans le bain, et se rendoient ensuite dans un même lieu, où ils dînoient ensemble, en observant un profond silence. Un prêtre bénissoit les viandes avant qu'on y touchât; et, quand le repas étoit fini, ils rendoient à Dieu des actions de grâces. Alors on se séparoit pour retourner au travail : le soir on se rassembloit et on soupoit encore en silence.

Les jeunes montroient une grande vénération pour les plus âgés; et, dans les conversations, on écoutoit toujours avec respect le maître qui prenoit la parole.

Si quelqu'un vouloit entrer dans cette secte, on l'éprouvoit pendant trois ans : on ne l'admettoit que lorsqu'on s'étoit assuré de sa continence, de son zèle et de sa constance. Alors il juroit d'observer exactement toutes les cérémonies religieuses, d'être juste, de ne nuire à personne, de rechercher les bons, de fuir les méchans, d'être fidelle à ses supérieurs, sur-tout à son souverain; de ne point abuser de l'autorité s'il parvenoit aux charges, de veiller au

Ils éprouvoient ceux qu'ils recevoient.

maintien de la règle, de transmettre la doctrine telle qu'il l'auroit reçue, de souffrir plutôt la mort que de la révéler aux étrangers.

Combien ils étoient attachés à leurs superstitions.

Les Esséniens étoient singulièrement attachés à leurs superstitions : les épreuves par où ils passoient, leur genre de vie, leur respect aveugle pour leurs chefs, leurs vertus nourries dans le fanatisme, et l'opinion qu'ils avoient de leur sainteté, devoient naturellement produire cet effet. Aussi Joseph remarque que, lors de la guerre des Romains contre les Juifs, les Esséniens mouroient dans les tortures les plus cruelles, plutôt que de rien faire qui fût contraire à leur croyance.

Leur doctrine.

Vous voyez que, par la manière dont vivoient les Esséniens, ils avoient beaucoup de rapport avec les sectateurs de Pythagore. On remarque la même chose dans leur doctrine ; car ils croyoient au destin, c'est-à-dire, à une providence qui, enchaînant les causes et les effets, entraînoit tout nécessairement : ils se représentoient l'ame formée d'un éther subtil, et qui, immortelle de sa nature, étoit dans le corps comme dans une prison, d'où elle s'échappoit enfin pour être punie ou récompensée. Quant aux lieux où elle passoit, ils les avoient imaginés d'après la mythologie, dont les idées s'étoient répandues en Égypte. Selon eux, les ames des méchans étoient précipitées dans des souterrains ténébreux où elles étoient livrées à toutes sortes de tourmens; et celles des bons étoient transportées au-delà de l'Océan, dans une région où les zéphirs entretenoient un printemps perpétuel.

Les Esséniens formoient plusieurs sectes. Il y en avoit, par exemple, qui approuvoient le mariage. Mais le plus grand nombre jugeoit que ce n'étoit pas un état assez saint : ils pensoient d'ailleurs qu'il n'étoit pas prudent de confier à des femmes le secret de leur doctrine. Pline remarque avec étonnement que les Esséniens durassent des siècles, quoiqu'il ne naquît personne parmi eux. Il ne seroit pas si étonné s'il vivoit aujourd'hui.

Les Thérapeutes sont regardés comme une classe d'Esséniens : mais ils tendent à une bien plus grande perfection. Leur vie

Les Thérapeutes plus contemplatifs que les Esséniens et plus enthousiastes.

est toute contemplative; ils ne se regardent plus comme de ce monde ; ils abandonnent leurs biens à leurs parens ou à leurs amis; ils quittent leurs pères, leurs mères, leurs frères, leurs femmes, leurs enfans; ils renoncent, en un mot, à tous les attachemens terrestres; et, retirés dans des solitudes où, ravis par l'amour céleste, leur ame s'élance continuellement vers Dieu, ils rêvent dans le sommeil des sentences admirables, et voient presque toujours les perfections divines.

Ils vivent solitairement, à une petite distance les uns des autres; et, pendant six jours, chacun est renfermé dans son hermitage, sans sortir, sans regarder même dehors. Au lever du soleil, ils prient Dieu que leur ame soit remplie de la lumière céleste; et, au coucher, ils demandent qu'étant dégagés du corps et du joug des sens, ils soient capables de découvrir la vérité. Tout l'intervalle est employé à la méditation. Ils ne prennent jamais de nourriture que le soir, persuadés que le jour est destiné à l'étude de la sagesse, et qu'on ne doit donner aux soins du corps que quelques momens de la nuit. Ils sont même communément plusieurs jours sans rien prendre : il y en a qui, le sixième, sentent à peine encore la faim, tant la contemplation, qui nourrit leur ame, leur fait oublier toute autre nourriture.

Ils méditent au reste sur la loi, sur les prophètes : ils les commentent, ils étudient les commentaires de leurs prédécesseurs. Le principe, qui sert de fondement à toutes leurs interprétations, est que, dans l'écriture, le sens littéral est comme le corps, et que le sens spirituel ou allégorique est comme l'ame. Ils s'écartent donc du premier, pour se rapprocher du second; et, à force d'allégories, ils donnent à l'écriture telle ame qu'il leur plaît.

C'est ainsi qu'ils vivent séparément pendans six jours. Le septième ils se rassemblent; et, comme ils ont une grande vénération pour le nombre sept, ils font de sept en sept semaines une fête qu'ils célèbrent ensemble avec solemnité. Dans les assemblées ils sont placés suivant l'âge, les bras cachés sous le manteau, la main droite posée sur la poitrine au-dessous de la barbe, et la main gauche appliquée sur le côté. Au milieu d'eux s'avance un des plus vieux et des plus savans : il disserte avec gravité et modestie ; les autres écoutent dans le silence, montrant, d'un mouvement de tête, leur approbation ou leur doute.

On ne sert sur leur table que du pain, du sel et de l'eau ; toute l'attention qu'on a pour les plus délicats, c'est de faire chauffer leur eau, et de leur donner de l'hyssope.

Dans les grandes solemnités ils mangent ensemble, mais dans le silence. Un d'eux seulement propose une question, ou résout celle qui a été proposée par un autre. S'il est applaudi, il se lève, chante à la louange de Dieu une hymne qu'il a faite, ou qu'un autre poëte a composée ; et, lorsqu'il finit, tous chantent avec lui les derniers mots.

Ils ne se séparent pas d'abord après le repas. Ils passent la nuit à chanter des hymnes, jusqu'au moment où l'aurore va paroître. Alors toutes les voix se réunissent ; et, se tournant ensuite vers le soleil levant, ils demandent à Dieu l'esprit de sagesse. C'est là que la fête finit. Chacun se retire, et va chercher la sagesse dans son hermitage. Tels ont été les Thérapeutes. Il faut seulement remarquer qu'ils admettoient des femmes dans leur secte, et qu'ils ne paroissent pas s'être répandus au-delà de l'Égypte.

J'ai omis plusieurs détails sur les Esséniens et sur les Thérapeutes : mais c'en est assez pour vous faire connoître ces moines dont Joseph et Philon admirent la haute sagesse. Il y a certainement des choses louables dans ces solitaires. Cependant il me semble qu'on se fait des idées peu raisonnables, lorsqu'on pense trouver la vertu jusques dans des pratiques qui ne peuvent être ni agréables à Dieu, ni utiles aux hommes. La vraie sagesse ne consiste-t-elle donc qu'à fuir la société pour laquelle nous sommes nés? et faut-il appeler vertu ou délire ces allégories où l'esprit s'égare, ces contemplations où la raison se perd, et ces extases où l'ame s'abyme? Est-ce là adorer Dieu? est-ce là le servir? Vous voyez que l'enthousiasme de ces ascétiques a séduit Joseph et Philon. Il en séduira beaucoup d'autres : car le fanatisme, qui ne permet pas de se faire des idées exactes, fait admirer tout ce qui étonne.

Cette vie ascétique a été admirée avec peu de fondement.

Les Pharisiens ont embrassé la philosophie mystérieuse et symbolique.

La philosophie mystérieuse et symbolique causa des désordres en Judée aussitôt qu'elle s'y répandit. Elle étoit toute nouvelle; mais les Pharisiens, c'est ainsi qu'on nomma ceux qui l'adoptèrent, imaginèrent que Dieu l'avoit révélée à Moyse, et qu'elle leur avoit été transmise par une tradition orale. Sur ce principe, ils appliquèrent les allégories à l'écriture, et ils la corrompirent.

Ils ont surchargé la loi d'œuvres surérogatoires.

Surchargeant la loi d'une infinité d'observances frivoles, ils se piquoient sur-tout de faire des œuvres de surérogation. Ils jeûnoient plus souvent que les autres Juifs, faisoient de plus longues prières, couchoient sur des pierres ou même sur des épines, et pratiquoient des austérités de toute espèce. Cependant, comme chacun observoit ce qu'il croyoit voir dans l'écriture, chacun aussi imaginoit des mortifications différentes. Les uns, par exemple, marchoient sans lever les pieds; d'autres, en marchant, se frappoient la tête contre les murs; et quelques-uns étoient enveloppés dans un grand capuchon, d'où ils regardoient comme du fond d'un antre. Au reste, s'ils voyoient toutes ces obligations dans la loi, ils y voyoient aussi tout ce qui leur étoit favorable: car ils savoient l'interpréter suivant leurs intérêts.

A cette vaine science et à cette fausse piété qui en imposoit à la multitude, les Pharisiens joignoient encore l'ambition de commander ; ils ne négligeoient rien pour s'attacher le peuple. Leur grand art fut de pencher toujours à la douceur dans les jugemens qu'ils rendoient; ne montrant pas moins d'indulgence pour les autres que de sévérité pour eux-mêmes. Ils acquirent beaucoup d'autorité ; ils excitèrent des guerres civiles ; ils persécutèrent lorsqu'ils furent les maîtres ; ils souffrirent l'exil et la mort plutôt que d'obéir à leurs souverains.

Ils condamnoient les ames des méchans à demeurer éternellement dans des cachots ténébreux. Ils admettoient la métempsycose pour celles des bons, et ils croyoient qu'un des corps auxquels elles auroient été unies ressusciteroit un jour.

- Ils reconnoissoient la providence, ainsi que les Esséniens, et ils lui soumettoient tout ce qui ne dépend pas de la liberté.

Mais ils pensoient que les actions méritoires sont tout-à-la-fois l'effet du concours de Dieu et de l'homme. Voilà ce qu'ils avoient de particulier dans leur doctrine. Ils étoient d'ailleurs aussi différens des autres par leurs habits que par leurs pratiques.

Ils subsistent encore sous le nom de Rabbins.

Les Pharisiens n'ont pas cessé avec le temple. Ils subsistent encore sous le nom de Rabbins; et c'est presque l'unique secte que suivent aujourd'hui les Juifs. Toujours attachés de plus en plus à leur méthode secrète et symbolique, ces docteurs ont fait un corps d'opinions où l'on retrouve des idées de Zoroastre, de Pythagore, de Platon, et qui n'est qu'un ramas de contes, de puérilités et d'absurdités. C'est ce qu'on nomme cabale.

Les Saddncéens rejetoient les allégories et les interprétations et s'en tenoient à la lettre de l'écriture.

Ce ne fut pas sans quelque opposition que la méthode allégorique et secrète s'introduisit parmi les Juifs de Jérusalem; plusieurs en sentirent les abus; ils jugèrent que la loi ne pouvoit subsister, s'il étoit permis à chacun de l'interpréter arbitrairement; et, s'attachant à la lettre, ils rejetèrent toutes les traditions prétendues des Pharisiens. Mais la dispute, comme il arrive presque toujours, fit tomber dans une extrémité opposée, et produisit de nouvelles erreurs.

Tout ne peut pas être écrit. Il n'est donc pas possible qu'une religion et qu'un corps de loi subsistent sans laisser quelque chose, qui se perpétue par la pratique, qui se transmet par la tradition, et qui s'explique, suivant les circonstances, par ceux qui gouvernent le peuple. Il faut, par conséquent, admettre des traditions et des interprétations. Tout consiste seulement à distinguer les vraies des fausses. Cela est difficile. Aussi les Sadducéens, craignant d'accorder un principe dont les Pharisiens pouvoient abuser pour appuyer leur doctrine, condamnèrent les traditions et les interprétations de toute espèce, et soutinrent qu'il n'étoit permis, en aucun cas, de s'écarter du texte.

Les Pharisiens et les Sadducéens, toujours ennemis, faisoient deux partis dans l'état, comme deux sectes dans la religion. Ils devoient donc se contredire plus par haine que par principe, et tomber, par conséquent, d'erreur en erreur. Ainsi,

Ils tomboient dans des erreurs fit de ne pas penser comme les Pharisiens.

comme les Pharisiens proposoient des récompenses pour les œuvres de surérogation, les Sadducéens, qui ne vouloient pas de ces œuvres, dirent d'abord : *Ne soyez pas comme des esclaves ; n'obéissez pas à votre maître simplement par la vue des récompenses ; obéissez sans intérêt, et sans espérer aucun fruit de vos travaux.*

Cet excès de spiritualité est déjà une erreur ; car il n'est pas dans la nature de l'homme de renoncer à tout intérêt ; et Dieu n'exige pas de nous un culte absolument désintéressé, puisqu'il nous offre lui-même des récompenses.

Cependant les Sadducéens, au lieu de reculer, avancèrent encore. Pour prouver que nous ne devons pas agir dans la vue des récompenses, ils assurèrent qu'il n'y en a point après cette vie. En conséquence ils nièrent l'immortalité de l'ame et la résurrection : et, parce que vraisemblablement on voulut leur prouver que l'ame pouvoit être immortelle, puisqu'il y a des esprits immortels, ils nièrent encore l'existence des anges.

Enfin les Esséniens avoient soumis au destin jusqu'aux actions des hommes ; et les Pharisiens, convenant de l'influence de la providence, avoient soutenu que nous agissons avec elle comme elle avec nous, puisque nous avons le pouvoir de faire ou de ne pas faire des actions de justice. Il restoit un troisième sentiment ; c'étoit de dire que le libre arbitre se suffit, et qu'il n'a pas besoin du concours de Dieu. Les Sadducéens l'embrassèrent.

Voilà du moins, autant que je puis conjecturer, comment les Sadducéens s'engagèrent dans une suite d'erreurs. Les Caraïtes furent plus raisonnables ; car ils s'appliquèrent à s'écarter également de ces deux sectes et à prendre un juste milieu. Condamnant les opinions particulières aux Pharisiens et aux Sadducéens, ils ne connoissoient d'autre règle que l'écriture, et ils s'attachoient sur-tout à la lettre, sans néanmoins rejeter les explications lorsqu'elles étoient nécessaires et faites avec sagesse ; aussi reconnoissoient-ils la providence, la liberté, l'immortalité de l'ame, les récompenses et les peines de l'autre vie·

La secte des Caraïtes étoit la plus raisonnable.

Les sectes des Juifs étoient unies de communion.

Quelque différence qu'il y eût entre ces sectes, et quelles que fussent leurs erreurs, elles n'ont jamais songé à s'accuser d'hérésie. Au contraire elles étoient unies de communion ; et, si les Esséniens ne venoient pas au temple, ce n'est pas qu'ils en eussent été exclus, c'est qu'ils s'en exclurent eux-mêmes. Il falloit, par conséquent, que les Juifs regardassent la liberté, l'immortalité de l'ame et l'existence des esprits, comme autant de choses problématiques ; c'est-à-dire, qu'ils n'avoient plus d'idées de religion (1).

---

(1) J'ai tiré de l'histoire de la philosophie de M. Brucker, ce que j'ai dit sur les pratiques et les opinions des Esséniens, des Thérapeutes, etc.; et j'avertis que je puiserai encore dans cet ouvrage toutes les fois que j'aurai à parler de quelque secte.

CHAPITRE IV.

Des obstacles qui s'opposoient à l'établissement de la religion chrétienne.

Pour juger de la propagation miraculeuse de la religion chrétienne, il faut considérer les obstacles qu'elle a eus à surmonter. Ils ont été en grand nombre.

Obstacles qui s'opposoient à la propagation du Christianisme.

L'esprit de dissention et de révolte, qui s'étoit répandu en Judée sous les Asmonéens et sous Hérode, en est un des premiers. En effet, quoi de plus contraire à une religion de paix, qui prêche l'obéissance aux souverains, et qui commande à tous les hommes de se regarder comme frères? Devoit-on attendre que les Pharisiens, les Sadducéens et les Esséniens oublieroient leurs querelles et leurs opinions, pour se soumettre à une autorité qui les condamnoit tous également? Étoit-il pos-

Premier. Les sectes qui divisoient les Juifs.

sible de détruire des préjugés transmis de génération en génération depuis plusieurs siècles, et, d'un jour à l'autre, enracinés de plus en plus par des disputes ou par des guerres? Qu'on observe les passions des hommes, et on verra que les sectes contractent un nouvel attachement pour leurs erreurs, à proportion qu'elles se combattent davantage.

<small>Deuxième. Le caractère de ces sectes.</small> Non seulement le Christianisme trouvoit des obstacles dans toutes les opinions, il en trouvoit encore dans le caractère de ceux qui les avoient embrassées ; dans l'orgueil des Pharisiens, qui vouloient dominer sur le peuple et sur le roi même; dans l'obstination des Sadducéens, qui nioient les plus grandes vérités plutôt que de céder; et dans l'enthousiasme des Esséniens, qui, n'estimant que leur doctrine et leurs usages, croyoient se souiller en communiquant avec les autres sectes.

<small>Troisième. Les préjugés des Juifs.</small> Il falloit, d'ailleurs, abandonner, proscrire un culte établi autrefois par des miracles, renoncer à la qualité de peuple choisi, se confondre avec les Gentils, et avoir désormais avec eux le même Dieu et la même religion. C'étoit là certainement des

nouveautés avec lesquelles les Juifs ne pouvoient pas naturellement s'accoutumer.

Il est vrai qu'ayant la connoissance du Messie, ils auroient dû le reconnoître dans Jésus-Christ. En effet, ils n'ignoroient pas qu'il naîtroit de la tribu de Juda, de la famille de David, dans la bourgade de Bethléem et à la fin des septantes semaines marquées par Daniel ; ils savoient qu'il auroit un précurseur, que sa venue seroit cachée, qu'il demeureroit éternellement, feroit des miracles, et plusieurs autres circonstances qui se sont toutes accomplies dans notre Sauveur. Mais, par-tout dans l'Écriture, ils trouvoient le Messie Dieu et homme, grand et abaissé, maître et serviteur, prêtre et victime, roi et sujet, soumis à la mort et vainqueur de la mort, riche et pauvre, puissant et sans forces ; et ces idées, contradictoires en apparence, voiloient à leurs yeux le vrai sens des prophéties. Ils imaginèrent donc, pour la plupart, un Messie au gré de leur ambition. ils se le représentèrent semblable à ces hommes que Dieu leur avoit envoyés plusieurs fois pour les tirer de l'oppression et

Quatrième. L'idée fausse que la plupart se faisoient du Messie.

de la servitude ; et ils le jugeoient seulement plus grand. Ce devoit être un héros, un conquérant, dont le royaume seroit un monde, qui étendroit son empire sur toute la terre, et qui combleroit les Juifs de toutes sortes de biens temporels. Ces préjugés flattoient si fort leur amour-propre, qu'ils ne voyoient plus les humiliations du Messie, ou qu'ils les expliquoient dans des sens figurés Aussi étoit-il prédit qu'ils verroient sans connoître, qu'ils entendroient sans comprendre, qu'ils seroient réprouvés ; et qu'un peuple, auparavant infidelle et étranger, entreroit dans la nouvelle alliance. C'est cet aveuglement qui leur fit méconnoître le Messie dans Jésus-Christ pauvre, inconnu, méprisé, souffrant, sans éclat, sans suite, sans puissance temporelle.

Cinquième. Les faux dieux dont le culte étoit cher, Les obstacles n'étoient pas moindres du côté des payens. Il falloit leur persuader que leurs idoles n'étoient pas des dieux ; et que rien n'étoit plus injurieux à la divinité que les fêtes et les spectacles, dont ils ne pouvoient se passer, et qui faisoient la principale partie de leur culte. Il falloit ouvrir leurs yeux sur cette multitude de fables qu'ils avoient toujours crues, qu'ils aimoient à croire parce qu'elles étoient ingénieuses, et dont ils cachoient l'absurdité par des allégories. En un mot, il falloit tout-à-la-fois combattre et les goûts du peuple et ses préjugés.

Les Romains sur-tout étoient difficiles à convaincre. Persuadés que leurs succès étoient l'effet de leur piété, et que les dieux de Rome avoient combattu pour eux, ils ne doutoient pas que la ruine de l'empire ne dût suivre de près le changement de culte ; et ils ont été attachés à leurs superstitions plus qu'aucun autre peuple. Aussi étoient-ils intolérans à certains égards. Ce n'est pas qu'ils voulussent forcer les nations d'adorer avec eux les mêmes idoles ; ils auroient plutôt été jaloux de conserver les leurs pour eux seuls. Ils ne faisoient donc aucun changement dans la religion des peuples conquis ; mais ils ne permettoient pas d'apporter à Rome de nouveaux dieux et d'y introduire de nouveaux cultes. Ils auroient craint d'ébranler l'empire, en offensant les dieux qui l'avoient protégé. C'est pourquoi Alexandre Sévère

<small>Principalement aux Romains.</small>

se hâta de renvoyer Élogabal ; démarche qui fut fort agréable au peuple.

Sixième. Les imposteurs étoient fort communs. Jamais la Judée, les provinces de l'empire et Rome même, n'ont vu plus de magiciens et d'astrologues que pendant les trois premiers siècles de l'église. Ainsi le peuple, séduit de toutes parts, et peu capable de discerner la vérité, confondoit, par une ignorance monstrueuse, Jésus-Christ avec tous ces imposteurs. Les ennemis de la religion, ne pouvant nier les miracles, profitoient de cette disposition des esprits ; et, ajoutant l'impiété à l'imposture, ils ne représentoient le Sauveur que comme un magicien. Enfin les hommes les plus éclairés ne considéroient que les inconvéniens d'un changement de culte ; et, jugeant du christianisme par toutes les autres religions, ils le rejetoient sans l'examiner.

Septième. Le peu d'étonnement que causoit le courage des martyrs. Il semble néanmoins que le courage des martyrs auroit dû de bonne heure attirer et fixer l'attention de tout le monde ; mais il faut remarquer que le stoïcisme, alors fort répandu, avoit accoutumé les Romains à voir des morts courageuses ; et qu'en Judée les Pharisiens, les Sadducéens, et les Esséniens avoient souvent montré la même fermeté. Les martyrs n'étonnèrent donc pas. On les voyoit mourir; et, sans chercher les motifs de leur persuasion, les plus modérés des Gentils les accusoient d'être trop obstinés. Tel est l'effet de la prévention ; les meilleurs esprits n'examinent pas, et ils condamnent.

Une cause de cette prévention, c'est le mépris qu'on avoit généralement pour les Juifs, dont on supposoit que les Chrétiens n'étoient qu'une secte. Comme on les croyoit ignorans, crédules, superstitieux, et qu'on avoit toujours négligé de s'instruire de leur culte, on ne songeoit pas à faire des recherches sur les changemens qui arrivoient à leur religion.

Huitième. La prévention contre les Juifs.

Il suffit de lire les écrivains profanes pour se convaincre de cette vérité, et pour s'assurer que les gens de lettres, trop prévenus, se sont peu occupés des Juifs et des Chrétiens. Les gens du monde ne s'en occupoient pas davantage ; plongés dans le vice ou dans le luxe, et tout entiers à leur fortune, ils n'étoient pas disposés pour une religion qui condamnoit les mœurs du temps. C'étoit tout au plus pour eux un sujet de conversation. Chacun en parloit suivant ses prétentions et ses préjugés. C'étoit des contes ridicules, des calomnies, des horreurs; et tous se faisoient des idées très-fausses. C'est ainsi que raisonnent dans tous les siècles les hommes riches et désœuvrés.

<small>Neuvième. Le mépris des Juifs pour les Chrétiens.</small>

Quand même la prévention eût été moins grande contre les Juifs, elle n'en eût pas été moindre contre les Chrétiens; au contraire, puisque les Juifs en étoient les plus grands ennemis. Il étoit donc naturel qu'on méprisât les Chrétiens, ou parce qu'on les confondoit avec les Juifs, ou parce qu'ils en étoient méprisés.

<small>Dixième. Les philosophes intéressés à combattre le Christianisme.</small>

Les philosophes, obstinés dans leurs systèmes et livrés à leurs disputes, obéirent à la même prévention, et dédaignèrent d'abord de prendre connoissance des commencemens du Christianisme. Ceux d'Alexandrie, qui le connurent les premiers, ne purent être favorables à une doctrine, dont l'esprit étoit contraire à leurs opinions, et qui, condamnant l'orgueil et la confiance, ordonnoit de croire avec humilité. C'est pourquoi, si quelques-uns se convertirent, le plus grand nombre se déclara contre la religion chrétienne, et n'omit rien pour l'empêcher de se répandre.

Quand on considère la magie, l'astrologie, les oracles, les cérémonies religieuses, les superstitions, les opinions des sectes, et tous les préjugés qui régnoient, on n'imagine pas qu'on pût être plus crédule qu'on l'étoit dans ces siècles. Cependant cette crédulité étoit opposée à la religion qui en condamnoit l'objet ; car, plus on étoit crédule en ces choses, moins on devoit croire en Jésus-Christ.

Tels ont été en général les obstacles à l'établissement du Christianisme. Mais il s'en formera encore d'autres. Toutes les puissances vont s'armer pour le détruire.

CHAPITRE V.

Considérations sur le premier siècle de l'église.

<small>Combien la raison est insuffisante pour éclairer les préjugés.</small>
Le peuple ne raisonne pas, il juge par habitude, et il est porté à croire toujours ce qu'il a cru une fois. Il croit par imbécillité et sans réfléchir.

Le philosophe tient encore plus à ses opinions. Il s'imagine être éclairé, parce qu'il raisonne ; il compte d'autant plus sur ses lumières, qu'il raisonne plus mal ; il s'offense, s'il est contredit ; il s'entête par amour-propre.

Les gens du monde, qui se piquent d'avoir le plus de jugement, observent les préjugés du peuple, s'amusent des disputes des philosophes ; et, finissant par mépriser ce qui se dit de part et d'autre, ils jugent que tout est problématique. Ils considèrent sur-tout d'un œil indifférent les questions les plus importantes, lorsque les circonstances détournent leur attention sur de grands intérêts où il s'agit de leur fortune et de leur vie. C'est ce qui a dû arriver dans le premier siècle, sous les règnes de Tibère, de Caligula, de Claude, de Néron et de Domitien.

Dans de pareilles conjonctures, les hommes les plus éclairés ne sauroient faire une révolution subite, quelque science et quelque éloquence qu'on leur suppose. Le peuple ne sera pas capable de suivre leurs raisonnemens, les philosophes les combattront, les gens du monde ne les écouteront pas. Il faudroit des siècles pour éclairer l'univers avec le secours seul de la raison.

Aussi les apôtres étoient-ils tout-à-fait ignorans. Leurs écrits sont sans art; ils ne montrent que du mépris pour les sciences des Gentils; ils font gloire d'une sagesse qui paroît folie aux yeux du siècle; et ils n'appellent d'abord à eux que les hommes simples dont l'esprit est mieux disposé, parce qu'il est moins corrompu.

Des hommes ignorans étoient destinés à les éclairer.

On ne manqua pas de reprocher aux Chrétiens que la plupart de ceux qu'ils convertissoient étoient des hommes sans lettres ; et c'étoit avec fondement, dans le premier siècle de l'église. Mais ces ignorans, une fois convertis, étoient éclairés par une sagesse bien supérieure à la sagesse humaine ; et, devenant capables de prêcher eux-mêmes l'évangile, ils devoient enfin convaincre les savans. L'ignorance n'est donc pas un reproche à faire aux premiers Chrétiens. C'est une preuve que la religion ne se répandoit pas par les mêmes moyens que les sectes des philosophes.

Ses miracles sont des démonstrations à la portée de tous.

Les miracles de Jésus-Christ, annonc par les apôtres qui en avoient été témoins, et confirmés par les miracles qu'ils faisoient eux-mêmes, voilà les causes de la propagation du Christianisme. Les boiteux qui marchent, les aveugles qui voient, les morts qui ressuscitent, le don des langues communiqué par l'imposition des mains, sont autant de démonstrations à la portée de tout le monde. Elles ne demandent pas que ceux qui les donnent se soient instruits dans les sciences humaines, ni que ceux qui s'y rendent se soient exercés dans l'art de raisonner. On vit, on crut ; et la foi, scellée du sang des martyrs, parvint, dans les siècles suivans, à ceux qui n'avoient pas vu. En effet, peut-il rester quelque doute quand des milliers de témoins prouvent la vérité de ce qu'ils attestent, en souffrant la mort au milieu des tourmens ?

Saint Etienne fut le premier martyr, et c'est alors que les fidelles, persécutés à Jérusalem, se dispersent dans la Palestine, prêchent par-tout l'évangile, mais ne l'annoncent néanmoins encore qu'aux seuls Juifs. Philippe, un des sept diacres, vint prêcher à Samarie : car on ne confondoit pas les Samaritains avec les Gentils, quoique les Juifs les jugeassent hérétiques : en effet, ils avoient la circoncision, et faisoient profession d'adorer le vrai Dieu suivant la loi de Moyse. Plusieurs se convertirent à la vue des miracles, et furent instruits et baptisés. Le saint diacre ne pouvant leur donner lui-même le S. Esprit, Pierre et Jean vinrent consommer son ouvrage ; ils imposèrent les mains sur les nouveaux convertis ; et le S. Esprit, descendu sur eux, donna des marques de sa présence par le don des langues et d'autres grâces sensibles.

Premières prédications dans la Palestine.

Simon le magicien.

Parmi ceux qui embrassèrent la foi, étoit un magicien, nommé Simon; mais sa conversion n'étoit pas sincère: il songeoit seulement à se perfectionner dans son art, et il espéroit d'apprendre de Philippe le secret de faire des prodiges. Aussi, quand il vit les merveilles opérées par l'imposition des mains, il offrit de l'argent aux apôtres, pour obtenir d'eux le pouvoir de communiquer lui-même le S. Esprit. *Que ton argent périsse avec toi*, lui dit S. Pierre, *toi qui penses que le don de Dieu peut s'acquérir avec de l'argent.*

Alors renonçant au Christianisme, Simon ne songea plus qu'à se faire chef d'une secte nouvelle. On le regarde comme hérétique, sans doute parce qu'il avoit été chrétien: on devroit plutôt le compter parmi les imposteurs qui se sont donnés pour le messie. Il n'a rien conservé ni des dogmes, ni de la doctrine de Jésus-Christ. Son systême, qui est on ne peut pas plus extravagant, ne mériteroit pas de nous arrêter, s'il ne l'avoit pas puisé dans des sources d'où sont nées plusieurs hérésies.

Source de ses erreurs.

D'après les principes de Zoroastre, les

Orientaux se représentoient, au-delà du monde, une lumière immense qui, étant répandue dans un espace sans corps, étoit pure et sans mélange d'aucune ombre. Cette lumière, toujours vivante, étoit supposée donner la vie à tout; et l'écoulement de ses rayons, qui se répandoient à l'infini, faisoit concevoir comment tous les êtres en venoient par émanation. Car, disoient-ils, ce monde n'est qu'un lieu de ténèbres, où quelques rayons se sont répandus. Or les ténèbres ne sont qu'une privation de lumière; elles ne sont rien par elles-mêmes : il n'y a donc de réel dans ce monde que ce qui émane de cette lumière première, pure et immense. Voilà, du moins autant qu'on le peut deviner, comment ces philosophes expliquoient l'émanation de la matière. D'où nous pouvons conclure que, selon eux, les corps ne sont qu'un composé de peu de lumière et de beaucoup de ténèbres, ou autrement d'un peu d'être et de beaucoup de privations.

Mithra, c'est ainsi qu'ils nommoient cette source de lumières, ne pouvoit produire que des dieux comme lui, puisque les ténèbres ne pouvoient approcher de sa substance lumineuse. Les dieux, qui en émanoient immédiatement, participoient donc à toute la plénitude de sa lumière ou de sa divinité. Mais, les émanations venant à se succéder, il se trouvoit enfin des dieux qui étoient tout-à-fait hors de cette plénitude. L'essence divine s'affoiblissoit donc en eux à proportion qu'ils s'éloignoient davantage de leur source; et ils devenoient d'autant plus imparfaits qu'ils se rapprochoient et participoient plus des ténèbres.

Cette suite d'esprits remplissoit l'intervalle qui est entre Dieu et la matière; et ceux qui s'étoient rapprochés des ténèbres avoient seuls produit le monde; ils n'avoient pu le produire que très-imparfait, parce que des ténèbres naissent nécessairement le froid, les infirmités, les maladies, la mort.

Ces esprits présidoient à tout: ils étoient dans les cieux, dans les airs, dans la terre. Plus puissans que les ames qui émanoient comme eux, mais qui étoient à une plus grande distance de la source commune, ils les avoient forcées de s'unir aux corps, et ils les avoient assujetties à toutes les misères de le vie.

Tout étant donc plein d'anges bons et mauvais, il s'agissoit de se soustraire aux uns, de se rendre les autres favorables, de se dégager des liens du corps, de s'élever au-dessus des ténèbres, et de tendre vers la source de la lumière. Voilà sur quels principes on imagina les superstitions et les extravagances de la magie ; et Simon prit toutes ces absurdités dans l'école d'Alexandrie.

Dieu, selon lui, subsiste dans une lumière inaccessible. Les Éons ou Éones sont les substances divines qui en émanent plus immédiatement. Ils sont les uns actifs, les autres passifs : ils sont de différent sexe : il n'y en a qu'un certain nombre.

{Son système.}

L'intelligence étoit d'abord destinée à former le monde; mais s'étant échappée de la plénitude de lumière, du sein de Dieu, elle avoit engendré les anges qui, ayant usurpé l'empire sur le monde, leur ouvrage, eurent l'ambition d'être reconnus pour les seules divinités. Dans cette vue ils avoient empêché leur mère de retourner à son principe, la faisant passer de corps en corps, et l'exposant à toutes sortes d'ignominie.

Ses impostures. Simon se donnoit lui-même pour un de ces Éons qui, étant émané immédiatement, avoit plus de puissance que tous les anges ensemble. Il étoit venu pour délivrer l'intelligence, et pour enlever le monde à la tyrannie des démons. Il avoit avec lui une femme débauchée qu'il avoit achetée à Tyr, et qu'il disoit être cette intelligence même. Il la nommoit Hélène ou Sélène, c'est-à-dire, la Lune ou Minerve. Il prétendoit qu'elle étoit descendue en terre, en passant de ciel en ciel; qu'elle étoit cette même Hélène qui avoit été la cause de la ruine de Troye; et il lui donnoit quelquefois le nom de S. Esprit, la représentant comme l'ame du monde et la source de toutes les ames. Quant à lui, il n'étoit rien moins que ce qu'il paroissoit; il n'avoit que la figure de l'homme. Il étoit un Éon, un Sauveur, le Messie; et il vouloit bien être adoré sous le nom de Jupiter. Venu pour rétablir l'ordre, pour détruire les maux produits par l'ambition des anges, et pour procurer le salut aux hommes, il assuroit qu'il suffisoit de mettre son espérance en lui et en son Hélène, disant d'ailleurs que les bonnes œuvres sont inutiles, et que la distinction du bien et du mal moral n'est qu'une invention des anges pour tenir les hommes dans la servitude.

Il lui falloit des miracles. Il se vanta donc d'attirer des enfers les ames des prophètes, d'animer les statues, de changer les pierres en pain, de passer sans résistance au travers des rochers, de se précipiter du haut d'une montagne sans se blesser, de voler dans les airs, de se rendre invisible, de prendre telle forme qu'il vouloit, etc. Ces mensonges, aidés de quelques prestiges, persuadoient le peuple, qui croit volontiers lorsqu'on lui promet des merveilles.

Simon forma donc une secte. Il eut de grands succès à Samarie. Si nous en croyons S. Justin, il fut reçu à Rome comme un Dieu, et on lui éleva une statue, avec cette inscription : *Simoni Deo Sancto*. Ce saint a vu lui-même cette statue, qui subsistoit encore vers l'an 150. S. Clément d'Alexandrie, S. Irénée, S. Cyrille de Jérusalem, Tertullien, Eusèbe et Théodorat assurent la même chose ; et S. Augustin ajoute que cette statue avoit été dressée par autorité

Que les Romains ne l'ont pas mis au nombre de leurs dieux.

publique. Voilà un fait bien attesté ; et, ce qui semble le confirmer, c'est qu'il ne paroît pas avoir jamais été contredit par les payens.

Mais dans l'île du Tibre, au même endroit où S. Justin croit avoir vu cette statue, on en déterra une en 1574, avec cette inscription qui susbsiste encore : *Semoni Deo Sanco*. C'étoient là les noms d'une divinité qui présidoit aux sermens. Cette découverte a fait conjecturer que S. Justin, préoccupé de Simon le magicien, aura lu trop rapidement, et sera tombé dans une méprise. Plusieurs raisons viennent même à l'appui de cette conjecture.

Premièrement, l'esprit du gouvernement ne permettoit pas d'introduire à Rome de nouvelles divinités. Si les Romains ont déféré les honneurs divins aux empereurs, c'étoit par crainte ou par flatterie ; comment les auroient-ils accordés à un étranger sans naissance, sans crédit, sans autorité ?

En second lieu, les lois condamnoient les magiciens ; elles ont plus d'une fois sévi contre eux : elles punissoient sévèrement ceux qui les consultoient. Que la populace ait donc été séduite par les prestiges de Simon, le sénat se sera-t-il aveuglé lui-même jusqu'à diviniser, dans cet homme, ce qu'il méprisoit dans les autres magiciens ? Cette apothéose, si contraire aux lois, se seroit-elle faite sans obstacles ? les historiens n'en auroient-ils point parlé ? et ne se seroient-ils pas fait un devoir d'en marquer toutes les circonstances ?

En troisième lieu, si les Romains avoient adoré Simon, ils auroient adopté ses erreurs, et on en trouveroit depuis quelques traces dans leur religion. Or cela n'est pas. Les pères mêmes, qui leur reprochent de l'avoir reconnu pour Dieu, ne leur reprochent pas d'avoir embrassé sa doctrine. Les Romains ne paroissent seulement pas l'avoir connu ; ou du moins il faut qu'ils l'aient bien négligé, car le nom de cet imposteur ne se trouve dans aucun de leurs écrits.

Enfin, quant aux pères qui parlent de la statue de Simon, ils n'ajoutent rien au témoignage de S. Justin, parce qu'ils auront répété le fait d'après lui, ou d'après des bruits populaires, auxquels la méprise de ce saint avoit donné lieu. Si S. Augustin dit que cette apothéose s'étoit faite par autorité publique, c'est que, l'ayant supposée vraie, il a jugé avec raison qu'elle n'avoit pas pu se faire autrement. D'ailleurs, quand un fait s'est une fois répandu, il n'est pas étonnant qu'il s'y joigne de nouvelles circonstances.

<small>Autre fait qu'on rapporte avec aussi peu de fondement.</small>

Vers l'an 65, sous Néron, Simon, étant à Rome, entreprit de voler, et vola, dit-on, quelques momens: mais S. Pierre et Saint Paul s'étant mis en prière, il fut précipité, et mourut de sa chûte. Ce fait est encore bien suspect : car on ne le trouve point dans les écrivains anciens, qui ont recueilli avec plus de soin tout ce qu'ils savoient de cet imposteur; et ceux qui le rapportent ne remontent pas plus haut que le troisième siècle; encore ne s'accordent-ils pas sur les circonstances. Quoi qu'il en soit, les apôtres n'avoient certainement pas besoin de ce triomphe.

<small>Les Gnostiques ont puisé dans la même source que Simon.</small>

Je passe sous silence d'autres magiciens moins célèbres. Mais j'ai dû vous faire connoître Simon, parce que plusieurs hérétiques ont puisé dans la même source que lui, et sont tombés dans des erreurs semiblables; on les nomme *Gnostiques*, mot qui signifie éclairés.

Les Gnostiques ont formé quantité de sectes. Il seroit bien difficile de marquer en quoi elles diffèrent. Il y en a même plusieurs dont on ne sait que le nom. En général, les anciens hérétiques affectoient de se dire Gnostiques, parce qu'ils se flattoient d'être venus pour répandre la lumière : mais ceux qu'on nomme plus particulièrement ainsi sont des philosophes qui se piquoient d'avoir des connoissances supérieures sur Dieu et sur le monde. Leur système, ainsi que celui de Simon, portoit sur les émanations de Zoroastre. Ils entreprenoient d'expliquer la génération de tous les êtres par une suite de dieux, d'éons, d'anges, d'esprits; considérant le premier principe comme une mer immense, comme un abyme qui comprenoit tout, et d'où ils voyoient sortir des écoulemens qui s'altéroient peu-à-peu, et qui se terminoient à la matière. Enfin ils croyoient rendre raison du mal moral et du mal physique; parce qu'ils imaginoient que les anges qui avoient formé le monde étoient imparfaits, et qu'il s'étoit d'ailleurs répandu dans leurs ouvrages des démons malfaisans. Prévenus pour cette doctrine, ils se précipitoient dans toutes les erreurs qu'elle entraîne. Ils n'étoient occupés que des moyens de se soustraire aux puissances des ténèbres, et ils se vantoient d'y réussir par des initiations, des sacrifices et des abominations de toute espèce.

Leurs erreurs. Frappés des miracles, ces philosophes embrassèrent le Christianisme : mais, bien loin de renoncer à leurs principes, ils crurent pouvoir les allier avec la doctrine de Jésus-Christ ; et jugeant même qu'ils étoient destinés pour l'expliquer, ils accusèrent les apôtres de l'avoir mal entendue.

Ils dirent que le Sauveur n'étoit qu'un de leurs Éons, une de ces premières émanations qui participoient le plus à la divinité ; et ils en conclurent qu'il n'avoit pas pu prendre réellement un corps ; et que sa naissance, sa vie, sa passion, sa mort, n'étoient que des apparences. En un mot, ils nièrent qu'il se fût incarné, qu'il eût souffert, et qu'il fût ressuscité.

Sur les mêmes principes, ils nioient encore la résurrection, n'imaginant pas que les ames pussent tout-à-la-fois retourner à Dieu et être unies à des corps. Ils les condamnoient même à passer successivement dans plusieurs animaux ; et ils ne les jugeoient dignes de remonter au principe de toutes choses, qu'autant qu'elles seroient remplies de la doctrine qu'ils enseignoient. Je ne m'arrêterai pas davantage sur les erreurs des Gnostiques : je négligerai même de vous parler des différentes sectes qu'ils ont formées : il me suffit de vous avoir montré la source d'où ils ont tiré toutes les absurdités qu'ils ont pu dire.

L'église, troublée par des hérétiques, et combattue par des imposteurs, étoit encore persécutée par les Juifs, et faisoit néanmoins de grands progrès. S. Paul, converti miraculeusement lorsqu'il ne songeoit qu'à répandre le sang des Chrétiens, devint apôtre lui-même, et contribua beaucoup à répandre la foi. *L'église fait des progrès.*

Il vint à Jérusalem trois ans après sa conversion. Les fidelles alors y jouissoient de la paix, marchant dans la crainte du Seigneur, et s'édifiant mutuellement. Il *Mœurs des premiers Chrétiens.*

n'y avoit point de pauvres parmi eux. Les plus riches vendoient leurs maisons ou leurs terres: ils en mettoient le prix aux pieds des apôtres, et les biens étoient en commun.

Les fideiles s'assembloient les dimanches dans une maison particulière. Ils lisoient l'écriture, ils écoutoient les exhortations des apôtres, des prêtres ou des prophètes inspirés extraordinairement. Ils chantoient ensuite les pseaumes de David, ou d'autres cantiques, et faisoient ensemble un repas, qu'on nommoit agape : mot grec, qui exprime une charité mutuelle. Cet usage s'étoit introduit pour entretenir l'union, et en mémoire de la cène où Jésus-Christ institua l'eucharistie. C'est aussi dans ce repas qu'on donnoit la communion aux fidelles.

Cependant, la persécution ayant recommencé, les apôtres se dispersèrent vers l'an 42, au commencement du règne de Claude. Ce fut alors que S. Pierre vint établir son siége à Rome, après l'avoir tenu sept ans à Antioche, et avoir prêché aux Juifs dispersés dans le Pont, la Galatie, la Cappadoce, l'Asie et la Bithynie.

Beaucoup de Juifs s'étoient convertis : mais le corps de la nation s'étant opiniâtré dans son aveuglement, l'évangile fut porté aux Gentils, et les apôtres prêchèrent avec fruit dans toutes les provinces de l'empire.

La conversion des payens occasionna quelques divisions : car les fidelles circoncis, se regardant comme le seul peuple de Dieu, ne croyoient pas devoir partager avec d'autres la grâce de l'évangile : ils vouloient au moins obliger, à la circoncision et aux observances de la loi mosaïque, tous les Gentils qui embrassoient le Christianisme.

La conversion des Gentils donne lieu à une question.

Cette question donna lieu au premier concile. Cinq apôtres, S. Pierre, S. Jean, S. Jacques, S. Paul, S. Barnabé et plusieurs prêtres s'étant assemblés, il fut décidé que les observances légales n'étoient plus nécessaires. Néanmoins on les toléra encore dans les Juifs convertis; et les apôtres, voulant maintenir la paix, s'y conformèrent eux-mêmes quelquefois. Ils étoient bien éloignés de condamner, comme mauvaises, des cérémonies qui avoient été

Et ou premier concile.

bonnes pour le temps auquel Dieu les avoit ordonnées.

La charité régnoit parmi les églises.

La charité régnoit entre toutes les églises. Les riches se faisoient un devoir de soulager les pauvres; et on envoyoit de toutes parts des aumônes à Jérusalem, pour secourir les fidelles qui étoient en grand nombre dans la Judée. Les apôtres ne négligeoient rien, pour maintenir cette paix et cet amour. Ils ne vouloient pas que les Chrétiens eussent des procès, ou du moins ils vouloient qu'ils prissent d'autres Chrétiens pour arbitres. En effet, il y avoit quelque danger d'idolâtrie à paroître devant les tribunaux des payens, ne fût-ce qu'à cause des sermens. C'est pourquoi, dans la primitive église, les évêques ont été les arbitres des différends qui s'élevoient parmi les fidelles; et cet usage a subsisté long-temps.

Des imposteurs troublent la paix.

La charité des Chrétiens excita l'avidité de ces hypocrites qui font dégénérer en abus les choses les plus saintes. Il y eut de ces hommes qui prêchèrent l'évangile pour exiger de grosses rétributions. Ils pilloient les fidelles : ils les traitoient durement ; faisant un trafic de leurs travaux, et cherchant à s'élever en abaissant les vrais apôtres. C'est ainsi que des imposteurs abusoient de la piété des Chrétiens.

Alors régnoit Néron. Ce prince, voulant détourner sur des innocens la haine qu'on lui portoit, accusa les Chrétiens de l'incendie dont on l'accusoit lui-même. C'est le premier empereur sous lequel ils ont été persécutés, et ils en faisoient gloire. Sur la fin de son règne, S. Pierre et S. Paul souffrirent le martyre à Rome; et S. Marc, en Égypte, où il avoit répandu la foi. Il y avoit déjà dans cette province des Chrétiens qui menoient la vie de Thérapeutes. *Persécutions sous Néron.*

Alors Vespasien marchoit contre les Juifs, qui, après avoir essuyé bien des vexations, s'étoient enfin soulevés. Divisés entre eux, pressés par les troupes romaines dont Titus prit le commandement, ils furent réduits aux plus cruelles extrémités. La ville de Jérusalem fut prise et détruite, ainsi que le temple, comme Jésus-Christ l'avoit prédit. *Sous Vespasien les Juifs restent sans temples et sans sacrifices.*

Les Juifs ayant ensuite causé quelques troubles en Égypte, Vespasien ordonna d'abattre le temple qu'ils y avoient bâti, malgré les défenses de la loi, environ cent cinquante ans avant Jésus-Christ. Il craignoit que ce ne fût pour eux une occasion de se réunir, et de se porter encore à la révolte. Ses ordres ne furent pas absolument exécutés : mais ce temple fut au moins fermé, et on ne permit plus d'y faire aucun exercice de religion. Alors les Juifs, restés sans temple et sans sacrifices, cessèrent de former un peuple à part; et depuis il ne leur a jamais été possible de se réunir. Il semble que Joseph, leur historien, n'ait écrit que pour montrer l'accomplissement des prophéties : témoignage d'autant plus fort que, venant d'un Juif, il ne sauroit être suspect.

Les Juifs souffrirent beaucoup sous Domitien, qui exigea, avec la dernière rigueur, les tributs dont on les avoit chargés, et qui porta, sur la fin de son règne, des édits cruels contre eux. Cette persécution enveloppa les Chrétiens, que les payens ne distinguoient pas encore des Juifs; Flavius Clément, cousin germain de l'empereur, perdit la vie. Sa femme et sa nièce, toutes deux nommées Domitilla, furent bannies. L'apôtre S. Jean, sorti miraculeusement d'une cuve d'huile bouillante, fut relégué à Patmos; et plusieurs autres Chrétiens souffrirent le martyre. On les accusoit de judaïsme, d'impiété, et d'athéisme. C'étoit en effet les seuls crimes dont ils pussent être coupables aux yeux des payens. Cependant tous les efforts des puissances devenoient inutiles. L'église s'affermissoit au milieu des persécutions : elle croissoit de plus en plus. Rien ne prouve mieux qu'elle n'est pas l'ouvrage des hommes.

La prévention contre les Chrétiens étoit générale. Les peuples se soulevoient contre eux sans les connoître, et le gouvernement avoit pour maxime de les condamner sans s'informer ni de leurs mœurs, ni de leur doctrine. Si les plus modérés ne les persécutoient pas, ils les abandonnoient au moins comme des hommes peu raisonnables, qui méritoient d'être les victimes de leur entêtement. Les persécutions que S. Paul a souffertes nous font voir avec quelle indifférence les Gentils traitoien également les Chrétiens et les Juifs. Gallion, frère de Sénèque, étant proconsul d'Achaïe, ne voulut pas seulement écouter S. Paul, accusé par les Juifs d'introduire un culte contraire à la loi : *S'il s'agissoit de quelque crime ou de quelque injustice, je vous écouterois*, leur dit-il; *mais si ce sont des questions de mots sur votre loi, je m'en rapporte à vous, et je n'en veux pas être le juge.* Portius Festus, gouverneur de Judée, traitoit ces choses avec la même indifférence : *Ils ne l'ont accusé*, disoit-il, en parlant de Saint Paul, *d'aucun des crimes que je soupçonnois; mais seulement ils proposoient contre lui des questions de leur religion, et parloient d'un certain Jésus mort, que Paul disoit être vivant.*

<small>Les prêtres du paganisme et ses philosophes calomnient l'église.</small> Si les Gentils confondoient les Chrétiens avec les Juifs, il étoit naturel qu'ils confondissent encore les hérétiques et les catholiques, et que par conséquent ils se prévinssent de plus en plus contre l'église. Or les prêtres du paganisme se prévalurent de cette prévention aveugle. Ils rejetèrent sur la religion les erreurs qu'elle condamnoit ; ils la rendirent méprisable et odieuse

par leurs calomnies; et ils échauffèrent si fort l'esprit du peuple, que c'étoit assez de s'avouer Chrétien pour être jugé digne de mort. Il y eut même des philosophes, qui, se joignant à eux, prirent la défense de l'idolâtrie, parce que c'étoit la religion du prince. Apollonius de Tyane, Pythagoricien, est le plus célèbre. Je n'en dirai cependant rien, parce que son histoire, écrite plus de cent vingt ans après sa mort, ne porte aucun caractère de vérité. On voit seulement que, malgré la grande réputation dont il a joui à Rome et dans tout l'empire, il n'a néanmoins laissé, après lui, ni disciples, ni sectateurs. Il mourut fort vieux ; on ne s'accorde pas sur son âge.

Combien donc la religion n'a-t-elle pas eu d'obstacles à vaincre dans ce premier siècle ! combien d'ennemis à combattre ! Mais quand vous verrez, dans l'abbé Fleury ou dans Tillemont, le nombre des miracles et des martyrs, vous ne serez pas étonné qu'elle ait enfin triomphé.

CHAPITRE VI.

Idée générale des événemens dans le second siècle de l'église.

<small>Sous Nerva les Chrétiens goûtent la paix.</small> NERVA avoit défendu qu'on accusât personne d'impiété ou de judaïsme : il avoit même diminué les tributs dont on accabloit les Juifs ; et, en rappelant les exilés, il avoit rendu la liberté à ceux qu'on avoit bannis sous prétexte de religion. Ce fut donc un temps de repos pour l'église ; mais ce temps fut court, puisque ce prince ne régna qu'un an et quelques mois.

<small>Ils sont persécutés sous Trajan.</small> Trajan défendit les assemblées qui n'étoient pas autorisées par les lois. C'étoit défendre indirectement l'exercice de la religion chrétienne. Ce fut donc une occasion de recommencer les persécutions, et l'église fit de nouveaux progrès, parce qu'elle eut de nouveaux martyrs.

<small>Mais on ne sait quels crimes leur imputer.</small> Cependant ceux qui commandoient dans les provinces n'étoient pas peu embarrassés

sur la conduite qu'ils devoient tenir : nous en voyons la preuve dans une lettre que Pline le jeune, gouverneur de Bithynie, écrivit à Trajan pour le consulter. Il demande ce qu'on punit dans les Chrétiens, ou ce qu'on recherche ; si c'est le nom seulement, ou quelques crimes attachés à ce nom ; si, distinguant les âges, on doit traiter les enfans avec moins de rigueur ; s'il faut pardonner à ceux qui se repentent, ou ci c'est assez d'avoir été une fois chrétien pour être censé encore coupable, lorsqu'on est revenu au culte des idoles.

Dans cette incertitude, il envoyoit cependant au supplice ceux qui persistoient ; ne doutant pas que leur opiniâtreté ne méritât au moins d'être punie. Mais le nombre des accusés l'effrayoit : il en voyoit de tout âge, de tout sexe, de toute condition : cette superstition, ajoute-t-il, avoit infecté les villes et la campagne ; et il avoit trouvé les temples presque abandonnés.

Il ne négligea pas de rechercher en quoi les Chrétiens pouvoient être coupables. Mais il ne trouva qu'une superstition excessive ; et tout ce qu'il put apprendre de ceux mêmes qui eurent la foiblesse d'abandonner la foi, c'est qu'ils s'assembloient un certain jour avant le lever du soleil; qu'ils chantoient un cantique en l'honneur du Christ, leur dieu, qu'ils s'engageoient par serment, non à commettre aucun crime, mais à ne faire ni vol, ni larcin, à ne point manquer à leur parole, et à ne point dénier un dépôt; et qu'ils se rassembloient une seconde fois pour prendre un repas. Pline, ne voyant rien dans tout cela qui fût digne de châtiment, renvoyoit tous les accusés qui désavouoient le Christianisme, et qui faisoient des actes d'idolâtrie.

On voit par cette lettre combien la religion chrétienne étoit déjà répandue. Mais ce qui étonne, c'est l'aveuglement des Gentils. Comment Pline, après toutes ses recherches, ne trouvoit-il dans les Chrétiens que de l'opiniâtreté et de la superstition? Comment n'a-t-il pas soupçonné leur culte d'être au moins le plus raisonnable? Et comment n'a-t-il pris aucune connoissance des miracles qui en prouvoient la divinité? Sans doute qu'entraîné par l'esprit du gouvernement, il cherchoit moins à découvrir ce que croyoient les Chrétiens, qu'à les forcer à croire comme lui. Peut-être aussi ceux à qui il fit souffrir le martyre étoient-ils plus faits pour répandre leur sang que pour raisonner sur leur croyance.

Trajan approuva la conduite de Pline, déclarant qu'il falloit punir ceux qu'on accusoit, s'ils s'avouoient Chrétiens, et renvoyer, comme innocens, ceux qui sacrifioient aux dieux, quelque suspects d'ailleurs qu'ils eussent été. Il défendit même de les rechercher, et d'avoir aucun égard aux accusations, lorsque c'étoit des libelles sans nom d'auteurs. Mais, s'ils sont coupables, pourquoi ne pas les rechercher, et, s'ils ne le sont pas, pourquoi les punir? Voilà des contradictions où l'on tomboit, parce qu'on vouloit empêcher les progrès de la religion; telle a été dans ce siècle la conduite des Gentils envers les Chrétiens.

Cette prévention aveugle fit durer la persécution sous le règne suivant. Adrien, à la vérité, ne porta point d'édits contre l'église: mais il étoit si attaché aux cérémonies religieuses des Grecs et des Romains, et si adonné à l'astrologie, à la divination et à

Pourquoi la persécution est plus grande sous Adrien.

la magie, qu'on pouvoit impunément persécuter tous ceux qui se déclaroient ennemis de ces superstitions. D'ailleurs les Juifs devenoient tous les jours plus odieux. Les dernières années du règne de Trajan, ils s'étoient soulevés en Égypte, ils avoient commis les plus grandes cruautés, et on ne les avoit soumis qu'après en avoir exterminé une grande partie. Or les Chrétiens partageoient la haine qu'on portoit aux Juifs; c'étoit donc là une nouvelle raison pour les persécuter.

Premières apologies.

Cependant Adrien étant à Athènes pour la seconde fois, la huitième année de son règne, Quadrat lui présenta une apologie pour la religion chrétienne. Disciple des apôtres, il avoit comme eux prêché l'évangile, et fondé plusieurs églises. Dans le même temps Aristide, philosophe athénien, fit aussi une apologie. Ce sont là les premiers écrits pour la défense de la religion. Il n'en reste rien : nous savons seulement qu'on en a fait beaucoup de cas, et que Quadrat s'appuyoit sur les miracles dont il démontroit la vérité.

Les raisons de ces deux apologistes furent soutenues par une lettre de Sérénius Granianus, proconsul d'Asie, qui représentoit à l'empereur combien il étoit odieux de punir les Chrétiens sur le nom seul. Adrien eut égard à ces remontrances. Il ne voulut plus que les Chrétiens fussent les victimes des plaintes vagues et des cris tumultueux du peuple. Il ordonna qu'on les produiroit devant les tribunaux, pour être condamnés s'ils étoient convaincus d'avoir fait quelque chose contre les lois, ou pour voir punir les calomniateurs qui leur supposeroient faussement des crimes. Cet ordre diminua la persécution, sans l'éteindre entièrement : car les assemblées seules étoient un prétexte suffisant pour accuser les Chrétiens.

Adrien avoit envoyé une colonie à Jérusalem; et, ayant rétabli cette ville sous le nom d'*Aëlia capitolina*, il avoit bâti un temple à Jupiter dans la place même du temple de Dieu : les Juifs, ne pouvant souffrir cette idolâtrie, se révoltèrent, et ce fut leur ruine. L'empereur, qui réduisit la Judée en solitude, leur défendit d'oser jamais venir à Jérusalem, ou même d'en approcher. Cet événement est de la dix-huitième année d'Adrien, et de la cent trente-qua-

Les Juifs sont entièrement chassés de Jérusalem.

trième de Jésus-Christ. C'est l'époque où les restes de l'ancienne servitude de la loi commencèrent à s'abolir, parce qu'il n'y eut plus à Jérusalem que des Chrétiens, Gentils d'origine.

Commencement de la doctrine des deux principes.

Jusqu'alors les hérésies n'avoient été que le système absurde des Éons, manié et remanié de bien des manières; et Valentin, un des derniers et des plus célèbres de ces hérétiques, avoit donné naissance à bien des sectes. Mais Cerdon ayant imaginé deux dieux, l'un bon, l'autre mauvais, Marcian, son disciple, répandit, quelques années après, cette doctrine, et fit un grand nombre de sectateurs. Il importe peu d'examiner comment ils concevoient l'un et l'autre ce système. Il suffit de remarquer que, quoiqu'ils rejetassent les Éons, ils étoient cependant Gnostiques à bien des égards. Ils raisonnoient en effet sur les mêmes principes; et par conséquent leur hérésie étoit un rejeton de la philosophie orientale.

Conversion de Saint Justin.

L'église avoit alors un grand défenseur dans Saint Justin, le plus ancien auteur ecclésiastique dont il nous reste des écrits. Né Gentil, et peu satisfait des opinions dans lesquelles il avoit été élevé, il cherchoit la vérité parmi les philosophes : il s'étoit enfin livré à la secte des Platoniciens. Déjà la contemplation des idées le ravissoit, et il se flattoit de s'élever bientôt jusqu'à Dieu. Rempli, comme il le dit, de cette folle espérance, il imagina de se retirer dans un lieu où, loin du bruit, il pût être tout entier à la méditation. Il y arrivoit, lorsqu'un vieillard l'aborda, l'entretint, lui fit voir que les Platoniciens ne connoissoient ni Dieu ni l'ame, et lui persuada de lire les prophètes. Il les lut : bientôt frappé de l'accomplissement des prophéties, il reconnut combien la simplicité de ces hommes inspirés étoit au-dessus des raisonnemens subtils des philosophes.

Joignant à la connoissance de la philosophie une étude profonde de l'écriture sainte, il annonça la vérité; il la défendit : il avoit tout pour y réussir. Ainsi que Quadrat et Aristide, il adressa ses apologies à l'empereur. Il montra combien il étoit injuste de punir les Chrétiens sur le nom seul; il exposa leur doctrine; il ruina les calomnies dont on les noircissoit; il prouva la vérité de la religion par l'accomplissement des prophéties et par les miracles de Jésus-Christ. Cependant la persécution, qui n'avoit jamais cessé entièrement, continua encore, quoique Antonin n'ait jamais publié d'ordonnance contre les Chrétiens, et qu'il ait même défendu de les inquieter au sujet de la religion.

<small>Les persécutions qu'elles n'ont pas empêchées, redoublent sous Marc-Aurèle.</small>

Après la mort de cet empereur, la persécution redoubla. Les lois contre les assemblées particulières et contre toute religion nouvelle étoient autant de prétextes qu'on saisissoit ; et les crimes imaginaires, dont on accusoit les Chrétiens, étoient les motifs d'un soulèvement général. Les peuples ne cessoient de demander leur sang ; les philosophes et les prêtres du paganisme entretenoient cette haine aveugle; et les gouverneurs suivoient cette impression, soit par superstition, soit par foiblesse. Marc-Aurèle lui-même étoit trop prévenu pour résister au torrent. Comme homme d'état, il ne vouloit pas d'un culte qui ne pouvoit s'établir que sur la ruine de l'ancienne religion ; et, comme stoïcien, il ne croyoit pas aux miracles ; et par conséquent il ne les examinoit pas. Les Chrétiens lui paroissoient des enthousiastes qui n'alloient à la mort que par obstination. Cependant, ennemi de la violence, ainsi qu'Antonin, il défendit, dès la première année de son règne, toute persécution contre eux, et ne permit de les punir que lorsqu'ils seroient convaincus de quelque entreprise contre l'état.

S. Justin lui adressa une de ses apologies, et souffrit le martyre sous son règne; l'église eut encore pour défenseurs Méliton, Athénagore et Apollinaire. Ils montroient l'absurdité du paganisme, mettoient au jour les erreurs des philosophes. Ils prouvoient la vérité de la religion chrétienne, et ils détruisoient les calomnies. Ils avoient tous le même objet dans leurs écrits, parce que l'aveuglement des peuples étoit toujours le même. Mais on ne les lisoit pas, on défendoit même de les lire, et l'aveuglement continuoit. {Autres écrits pour la défense de la religion.}

Le don de prophétie que Dieu accordoit encore quelquefois à l'église, et dont on venoit même de voir un exemple dans S. Quadrat, donna lieu à quelques faux {Montan, faux prophète.}

prophètes. Montan est le plus fameux de ceux qui parurent sous ce règne. Il s'associa plusieurs autres imposteurs ou fanatiques, entre autres, deux femmes, Priscille et Maximille. Prophétesses comme lui, elles avoient d'ailleurs de grandes richesses dont il se servit pour hâter les progrès de son hérésie.

Toute cette prétendue prophétie n'étoit qu'un vrai délire, pendant lequel des discours sans suite et sans jugement échappoient par accès. Cependant Montan osoit se donner pour le S. Esprit ; il prétendoit au moins que le Paraclet étoit avec lui dans toute sa plénitude ; que la promesse que Jésus-Christ avoit faite de l'envoyer s'accomplissoit en lui ; et que les apôtres n'avoient eu qu'une connoissance imparfaite de la vérité.

Jusqu'alors il n'y avoit point d'exemple que la prophétie se fût annoncée par des accès de démence. Il semble donc qu'on auroit dû reconnoitre l'imposture. Mais tout ce qui est extraordinaire est fait pour séduire le peuple ; et les vrais prophètes portoient à croire aux faux, parce que tout le monde ne sait pas examiner et discerner. Cette hérésie se répandit donc ; dès sa naissance, elle infecta plusieurs provinces de l'Orient.

On n'avoit point tenu de concile depuis celui de Jérusalem. A cette occasion, les évêques d'Asie s'assemblèrent en plusieurs endroits. Les Montanistes furent excommuniés, et parurent se séparer volontiers de l'église. Voici leurs erreurs.

Ils condamnoient les secondes noces, ils rejetoient la pénitence ; et, quoiqu'ils accordassent à l'église le pouvoir de remettre les péchés, ils soutenoient qu'elle n'en pouvoit pas donner l'absolution, lorsqu'ils avoient été commis après le baptême. Souvent même ils disoient que ce pouvoir n'appartenoit qu'à leurs prophètes ; ils prétendoient qu'il n'étoit pas permis de fuir dans la persécution, ni même de prendre des mesures pour n'être pas surpris dans les exercices que la religion prescrit ; et ils célébroient leur culte si publiquement qu'ils paroissoient chercher à braver les infidelles. D'ailleurs ils suivoient une discipline rigoureuse ; ils multiplioient les jeûnes, et ils pratiquoient plusieurs austérités qu'ils

Erreurs des Montanistes.

s'imposoient comme autant d'obligations.

Ils pensoient encore que les saints, les patriarches et les prophètes régneroient un jour sur la terre avec Jésus-Christ, pendant mille ans ; qu'ils commanderoient à toutes les nations ; que, dans le cours de ce règne, ils jouiroient de tous les plaisirs ; et que le Sauveur leur rendroit au centuple tout ce qu'ils auroient quitté pour lui. Cette erreur, plus ancienne qu'eux, étoit commune à plusieurs hérétiques, à plusieurs écrivains de l'église, et même à plusieurs martyrs ; tous ceux qui l'ont embrassée ne l'expliquent pas de la même manière. On les nomme *millénaires*.

Cette erreur venoit d'un passage de l'apocalypse mal entendu, ou de quelque tradition sans fondement. S. Papias contribua sur-tout à la répandre ; comme il étoit disciple de S. Jean, son suffrage ne pouvoit manquer d'avoir un grand poids. Cependant, si nous en croyons Eusèbe, c'étoit un esprit borné, qui ramassoit sans choix tout ce qu'il croyoit venir des apôtres, et qui débitoit bien des fables.

Sous Marc-Aurèle, il se forma encore

une autre hérésie, dont Tatien fut l'auteur. Né payen, c'est en étudiant les livres des idolâtres qu'il avoit appris à mépriser l'idolâtrie. Il cherchoit quelque chose de mieux, lorsqu'il trouva, ce sont ses termes, quelques livres des Barbares dont la lecture le persuada. Antérieurs, dit-il, à tout ce qui a été écrit, ils sont de la plus haute antiquité.

Le style en est simple; les auteurs en paroissent sincères, on les comprend facilement : plusieurs de leurs prédictions sont accomplies, et leurs préceptes sont admirables; c'est ainsi qu'il rapporte lui-même sa conversion.

Il eut pour maître S. Justin; et, tant que ce martyr l'éclaira, il fut ferme dans la foi : il acquit même de la considération. Mais, trop fier de ses succès, il se livra après la mort de ce saint aux imaginations les plus extravagantes, et se crut fait pour enseigner une nouvelle doctrine. Il ne fit cependant que remanier les erreurs des Marcionites. Il supposa des Éons, il admit deux principes, et condamna le mariage; il défendit l'usage du vin, et il ne permit pas de se nourrir de la chair des animaux. Cette continence outrée fit donner à ses sectateurs le nom d'Eucratites ou de Continens. Cette hérésie poussa plusieurs branches.

Pourquoi les persécutions cessent sous Commode. Pendant le règne de Commode, qui fut de douze à treize ans, c'est-à-dire. depuis 180 jusqu'à la fin de 192, l'église jouit d'une paix profonde. Il paroît d'abord étonnant que la persécution ait sur-tout éclaté sous les meilleurs princes : mais, quand on y regarde de plus près, on cesse d'être surpris. En effet, Marc-Aurèle, tout entier au gouvernement devoit punir les Chrétiens, puisqu'il les regardoit comme perturbateurs du repos public; et Commode, au contraire, devoit les laisser tranquilles, parce qu'il négligeoit tout soin, et qu'il trouvoit ailleurs de quoi assouvir sa cruauté.

Ouvrages de S. Irénée contre les hérétiques. Sous son règne parut l'ouvrage que Saint Irénée, évêque de Lyon, fit contre les hérétiques. Il y expose leurs erreurs; il les détruit par les fondemens; il leur oppose la foi et la tradition de toutes les églises; il les combat par les miracles que les catholiques faisoient encore.

Après la mort de Commode, l'église jouit encore de la paix ; parce que les guerres civiles, qui durèrent cinq à six ans, firent, en quelque sorte, oublier les Chrétiens, et que d'ailleurs Sévère commença par leur être favorable. On voit aussi qu'en 195 et 196 on tint plusieurs conciles en Orient et en Occident : ce qui n'auroit pu se faire si l'église eût été persécutée. Mais, pendant cette paix, il s'en fallut peu qu'il ne se formât un schisme. Il s'agissoit de la célébration de la pâque : les églises d'Asie, conformément à leur tradition, la fixoient au jour qu'il avoit été commandé aux Juifs d'immoler l'agneau, c'est-à-dire, le 14 de la lune de mars, en quelque jour de la semaine qu'il arrivât. Les autres, ayant reçu de S. Pierre et de S. Paul une tradition différente, vouloient qu'on la renvoyât au dimanche, jour où le Sauveur est ressuscité.

Question sur l jour que la pâque doit être célébrée.

Cette question avoit déjà été agitée. Polycarpe, évêque de Smyrne, étant à Rome en 160, l'avoit même traitée avec le pape Anicet : n'ayant pu renoncer à leur coutume ni l'un ni l'autre, ils se séparèrent, et convinrent cependant qu'on ne devoit pas rompre la paix pour un sujet si léger.

Le pape Victor en jugea tout autrement ; car, en 196, il excommunia les évêques d'Asie, parce qu'ils ne voulurent pas se conformer à l'usage de l'église romaine. Cette conduite fut généralement désapprouvée : les évêques même de son parti lui écrivirent pour le faire entrer dans des sentimens plus conformes à la paix ; ils y réussirent.

Les hérésies et les persécutions, dans le deuxième siècle, n'ont pas empêché les progrès de l'église.

Sous le pontificat de Victor, il parut de nouveaux hérétiques. Les uns nioient la divinité de Jésus-Christ ; les autres soutenoient qu'il n'est pas différent du père, et qu'il n'y a qu'une personne en Dieu. Quelques-uns enfin enseignoient que la matière est éternelle, et que Dieu n'a fait que l'arranger.

Malgré les persécutions et les hérésies, l'église a fait dans ce siècle des progrès surprenans. Les fidelles étoient répandus partout, dans les villes, dans les campagnes, dans le sénat, dans les armées ; en un mot, ils étoient en si grand nombre que, s'ils se fussent retirés, l'empire, dit Tertullien, n'eût plus été qu'une vaste solitude.

CHAPITRE VII.

Considérations sur le second siècle.

Les apôtres se formèrent sur le modèle du maître divin qui les avoit instruits. Cherchant à se rapprocher des plus ignorans, ils exposèrent l'évangile avec simplicité, ils l'annoncèrent avec courage, ils le scellèrent de leur sang. Ils n'avoient besoin ni des artifices de l'éloquence, ni des raisonnemens subtils de la philosophie. Ces arts, plus nécessaires au mensonge qu'à la vérité, leur étoient tout-à-fait étrangers. En un mot, ils n'étoient ni rhéteurs ni philosophes: ils étoient pieux, simples, courageux. Leurs disciples prirent leur exemple pour règle, s'attachant à la même simplicité, et ne cherchant pas dans les sciences humaines de quoi orner les vérités de l'évangile.

Telle fut la religion pendant le premier siècle. Simple, pure, sans art, sans aucune couleur étrangère, elle se conservoit dans cet état, parce que le plus grand nombre des fidelles étoit des hommes du peuple qui ne pouvoient altérer cette simplicité apostolique, et que les autres, quoique plus versés dans les lettres, trouvoient que les vérités chrétiennes, exposées sans ornemens, étoient bien supérieures à toutes les sciences qu'ils avoient étudiées.

Dans le deuxième il attire l'attention des savans et des philosophes.

Mais, dès le commencement du second siècle, l'évangile répandant sa lumière sur tout l'empire, les yeux des savans et des philosophes commencèrent à se dessiller. Ils virent quelque chose de divin dans une doctrine dont le caractère étoit tout-à-la-fois la sublimité des dogmes, la simplicité du langage et la pureté de la morale. S'ils y trouvoient des mystères, qu'ils ne pouvoient comprendre, ils étoient au moins forcés d'avouer qu'ils ne pouvoient ni les combattre, ni substituer quelque chose de mieux. Ils découvroient enfin le moyen d'arriver à cette tranquillité, à ce bonheur qu'on cherchoit depuis tant de siècles, et qui avoit fait naître tant de systèmes.

Alors les sectes de philosophie tomboient dans le mépris.

Dans le même temps que l'évangile attiroit l'attention des hommes éclairés, c'est alors que la philosophie commençoit à perdre beaucoup dans l'esprit même des payens. On reconnoissoit la futilité de toutes ces disputes qui divisoient les sectes, et les détruisoient les unes par les autres. On les méprisoit même si fort qu'on se faisoit un jeu de les tourner en ridicule, et qu'on ne daignoit presque plus les examiner sérieusement.

L'hypocrisie, la magie, l'imposture furent les moyens que les philosophes employèrent pour se relever; et ils devinrent aussi méprisables par leur conduite que par leurs opinions. Il arriva donc que ceux qui cherchoient sincèrement la vérité se dégoûtèrent enfin de toutes les sectes; et que, portant la vue sur le nouveau culte qu'on leur annonçoit, ils le comparèrent avec ce qu'ils avoient connu jusqu'alors. Quand ils n'auroient regardé la religion chrétienne que comme l'ouvrage d'un homme, cette comparaison eût encore été à son avantage. Ils l'étudièrent, et ils se convainquirent de sa divinité, parce qu'ils furent convaincus de la vérité des miracles et de l'accomplissement des prophéties. Voilà quels sont en général, les motifs qui firent embrasser le Christianisme à plusieurs philosophes. S. Justin en est un exemple sensible.

Les hommes les plus éclairés se convertissoient.

Ce n'étoit donc plus le peuple seul qui se convertissoit : les esprits les plus éclairés commençoient à croire; et c'est ce qui soulevoit les philosophes qui persistoient dans leurs erreurs. Ils ne pouvoient souffrir de se voir vaincus par une secte à laquelle ils reprochoient de n'avoir pour auteurs que des hommes grossiers et ignorans. Ils l'attaquèrent; et, parce que leurs raisons s'émoussoient contre les armes de l'église, ils forgèrent des calomnies, et ils soulevèrent les puissances contre les Chrétiens.

Ils combattoient toutes les sectes de philosophie.

Ce fut alors que les philosophes convertis écrivirent pour la défense de l'église; ils opposèrent aux absurdités des philosophes grecs, à leurs questions vaines, à leurs inconséquences, à leur fausse sagesse, la simplicité de la foi chrétienne, la sublimité des dogmes, la sainteté de la morale, la sagesse de l'évangile. Ils ne faisoient grâce à aucune secte, parce qu'elles étoient toutes favorables à l'idolâtrie, et qu'elles pouvoient servir à l'étayer; en effet, elles ne négligeoient rien pour s'accommoder aux superstitions vulgaires, puisque les Épicuriens mêmes admettoient plusieurs dieux.

Cependant les philosophes avoient enseigné des vérités, sur-tout en morale : on croyoit même entrevoir dans le Platonisme des choses qui pouvoient se rapprocher de nos dogmes. Il sembloit qu'il n'y eût qu'à corriger le langage des philosophes, et qu'à interpréter leurs assertions, pour trouver, dans leurs écrits, des traces du Christianisme même. *Quelquefois ils en corrigeoient le langage.*

Quelques écrivains ecclésiastiques revendiquèrent donc ces vérités, disant que les philosophes les avoient tirées de l'écriture sainte, ou qu'elles leur avoient été révélées. Ils pensoient que comme le Verbe, depuis l'incarnation, s'étoit manifesté à tous les hommes, il s'étoit auparavant manifesté aux plus sages des payens, c'est-à-dire, qu'ils croyoient que quelques philosophes, tels que Socrate et Platon, avoient connu Jésus-Christ, et que, par conséquent, ils pouvoient être sauvés. S. Justin, entre autres, pensoit ainsi : les pères, qui étoient dans cette opinion, jugeoient seulement *Et revend., quoique les vérités qu'elles enseignoient.*

que les philosophes n'avoient pas exposé ces vérités avec assez d'exactitude, et qu'ils les avoient confondues parmi bien des erreurs.

C'est sous différens points de vue que les pères du douxième siècle louent et blâment les mêmes sectes.
Lors donc qu'ils condamnent ouvertement toutes les sectes, ils ne rejettent pas absolument tout ce qu'elles enseignent, ils veulent seulement combattre les absurdités qu'ils y découvrent en grand nombre. Dans d'autres occasions, ils parlent de quelques-unes avec les plus grands éloges, parce qu'ils les considèrent alors par les vérités communes à la philosophie et à la religion chrétienne. C'est ce qu'il faut remarquer, si l'on ne veut pas se méprendre à leur langage, et y trouver des contradictions qui n'y sont pas.

Ils rejetoient Aristote.
Ils rejetoient sur-tout Aristote, et parce que ce philosophe ne reconnoît pas la providence, et parce qu'ils regardoient sa dialectique comme le bouclier des hérétiques ; ils croyoient que la manie de raisonner d'après la méthode des Péripatéticiens étoit la vraie cause des hérésies. Ce jugement sur Aristote l'a rendu odieux pendant plusieurs siècles.

Ils faisoient cas de Platon.
Au contraire, on faisoit cas du Plato-

nisme à certains égards : mais c'étoit le Platonisme d'Alexandrie, on ne connoissoit même guère l'académie; et Alexandrie étoit alors la première école de philosophie. Or ce Platonisme pouvoit quelquefois se rapprocher en apparence de nos dogmes, puisque le Sincrétisme avoit déjà tenté de concilier Platon avec Moyse. D'ailleurs Platon lui-même parle si magnifiquement de Dieu, qu'on croit souvent entendre un Chrétien ; quoique ses expressions soient bien éloignées de porter des idées saines, lorsqu'on les interprète d'après le systéme entier, et qu'il faille les en séparer pour leur trouver un sens orthodoxe.

On a beaucoup agité si les premiers pères de l'église ont été Platoniciens. Cette question est cependant facile à résoudre. Ils ne l'ont point été, puisqu'ils n'ont admis ni tous les principes du Platonisme, ni toutes ses conséquences; puisqu'ils n'ont pas embrassé le systéme entier, et qu'au contraire ils l'ont combattu, et même souvent avec mépris. S'ils en ont tiré des choses qu'ils ont approuvées avec l'éloge, ils les revendiquoient parce qu'ils les regardoient comme

Ils ne croyoient penser comme lui, que parce que, selon eux, Platon avoit pensé en Chrétien.

des plagiats faits aux Juifs, ou comme des vérités qui avoient été révélées à Platon. En un mot, en pensant quelquefois comme ce philosophe, ils ne se faisoient pas Platoniciens : ils le considéroient en quelque sorte comme Chrétien lui-même.

Par-là ils se rapprochoient des philosophes,

Il est vrai que ces plagiats et cette révélation étoient deux suppositions bien fausses ; et, si on les adoptoit, c'étoit sans trop les examiner, et parce qu'elles paroissoient favorables à la propagation du Christianisme. Après avoir réfuté les erreurs des philosophes, il étoit juste de reconnoître qu'ils avoient enseigné des vérités. Par-là on se rapprochoit d'eux, on se les concilioit. Lorsque ensuite on faisoit voir que toutes ces vérités appartenoient au Christianisme, on diminuoit leur prévention contre l'église, et on les disposoit à se convertir.

Qui quelquefois se rapprochoient des erreurs des philosophes Chrétiens.

Ces motifs étoient pieux : mais cette conduite commençoit à s'éloigner de la simplicité apostolique ; et il étoit à craindre qu'en voulant se concilier les philosophes, on ne prît chez eux des erreurs, lorsqu'on y cherchoit des vérités. Ce danger devint d'autant plus grand, que les philosophes, ayant remarqué les avantages que la religion avoit sur tous les systèmes, s'approprièrent insensiblement les principales vérités qu'elle enseigne : comme ils voyoient que les Chrétiens se prévaloient de ces vérités, il leur importoit de faire croire que la philosophie, dans les points essentiels, ne cédoit point au Christianisme. Ce rapprochement réciproque de la philosophie et du Christianisme ne pouvoit que répandre beaucoup de confusion.

Il seroit à souhaiter qu'on se fût moins mis en peine de démêler ce qu'il y a de bon dans les philosophes, et qu'on se fût fait un devoir de ne chercher la vérité que dans les écrits que les apôtres et leurs disciples avoient laissés. Mais, lorsque les philosophes eux-mêmes se convertissoient, il n'étoit pas naturel qu'ils renonçassent à toutes les études qu'ils avoient faites jusqu'alors ; et il y auroit de quoi s'étonner s'ils n'avoient pas conservé les opinions qu'ils croyoient pouvoir s'accorder avec la foi ; ils formèrent donc le projet de recueillir les vérités éparses parmi toutes les sectes, et d'en faire un corps de doctrine chrétienne. Ils virent même de l'utilité dans l'exécution de ce projet, parce qu'ils y trouvèrent des armes contre les ennemis du Christianisme. En effet, pourquoi se soulever contre cette religion sainte, si ce qu'elle enseigne s'accorde avec ce que les philosophes ont dit de mieux, et si elle ne les combat que lorsqu'ils tombent dans l'erreur?

N'étoit-ce pas la confirmer, que de faire voir que les meilleurs esprits en avoient connu les principales vérités, et qu'elle seule étoit exempte des erreurs dont ils n'avoient pu se garantir? n'étoit-ce pas démontrer que, pour éclairer les hommes, il falloit une autre sagesse qu'une sagesse humaine? et l'événement ne venoit-il pas à l'appui, quand on remarquoit que douze pêcheurs ignorans avoient fait ce que les plus habiles législateurs et les plus grands philosophes n'avoient osé tenter?

Ainsi, bien loin d'abandonner tout-à-fait les philosophes, les pères en conseillèrent l'étude, et en donnèrent eux-mêmes l'exemple. Il est vrai qu'ils avertissent des précautions qu'il faut prendre ; qu'ils recommandent d'avoir toujours la foi pour guide ; et qu'ils exhortent sur-tout à l'étude de l'écriture. Ils se servent même à ce sujet d'une comparaison, représentant la philosophie comme une esclave qui doit obéir, et la foi comme une maîtresse qui doit commander.

Cependant ils se rapprochoient des philosophes, et se confondoient même avec eux, autant qu'il étoit possible : car ceux qui l'avoient été en conservoient d'ordinaire l'habit et la profession, et ne parloient quelquefois de la religion chrétienne que comme d'une philosophie plus saine. Par-là ils paroissoient moins étrangers, et ils pouvoient se flatter, qu'en s'accoutumant à vivre avec eux comme avec des philosophes, on s'accoutumeroit encore insensiblement à vivre avec eux comme avec des Chrétiens. Mais ils ne prenoient plus le mot de philosophie dans toute son étendue, puisqu'eux-mêmes ils ne s'occupoient que du culte dû à la divinité, et qu'ils négligeoient d'ailleurs toute autre recherche. En un mot, ce qu'ils entendoient par philosophie n'en étoit que la partie que nous nommons théologie.

On parloit quelquefois de la religion comme si elle n'eût été qu'une philosophie plus saine.

Il y avoit du danger à vouloir la rune lier trop avec la philosophie.

Malgré les précautions qu'ils conseilloient de prendre, il y avoit des inconvéniens à se confondre avec les philosophes, et à chercher dans leurs systêmes les vérités de la religion chrétienne. Etoit-il possible que ceux qui, dès leur jeunesse, avoient été prévenus pour quelque secte, fussent toujours en état de bien discerner le vrai du faux ? pouvoit-on s'en flatter, sur-tout dans un siècle où le Sincrétisme avoit appris à concilier toutes les opinions, et où l'abus des allégories étoit plus répandu que jamais ? Il est vrai que les allégories, si on en faisoit un usage sobre, seroient propres à rendre la vérité sensible, et à la mettre à la portée des esprits les plus grossiers. C'est ainsi qu'elles sont employées dans l'écriture sainte. Il n'en n'est pas de même des allégories des Orientaux, et sur-tout de celles des Égyptiens : pendant long-temps leurs prêtres ne les ont prodiguées, que parce qu'ils vouloient faire un mystère de leur façon de penser, et pouvoir toujours s'accommoder à l'esprit du gouvernement ; et, dans la suite, leurs philosophes les trouvèrent commodes pour allier toutes les opinions. De cet abus cependant il ne pouvoit naître que de l'ignorance et des erreurs.

De pareils philosophes ne pouvoient donc se convertir, que la doctrine chrétienne ne fût en danger d'être corrompue. Aussi le second siècle de l'église est-il l'époque où les hérésies ont commencé à se multiplier davantage. C'est alors que les Gnostiques, qui auparavant avoient eu à peine quelques partisans, produisirent un grand nombre de sectes. Les philosophes se convertissoient : mais ils ne renonçoient pas à leurs anciennes opinions. Ils entreprenoient de les concilier avec les dogmes de l'église; ils vouloient même qu'elles servissent à les expliquer ; et ils rejetoient quelquefois ceux qui ne pouvoient pas cadrer avec leurs systêmes.

Il en naquit des hérésies.

Les hérésies n'ont pas peu contribué à rendre odieuse toute la philosophie ; et les pères, qui les ont réfutées, se sont plus d'une fois élevés contre les philosophes, et leur ont reproché d'être les patriarches de tous les hérétiques. En effet, la philosophie devoit produire bien des erreurs, ou mettre au moins beaucoup de confusion dans les idées. Un philosophe, pour être converti, ne cessoit pas toujours d'être philosophe. Il conservoit souvent et ses principes et son langage, et il ne cherchoit qu'à pouvoir concilier son ancienne façon de penser avec la nouvelle doctrine qu'il embrassoit. Il ne faut donc pas s'étonner si quelques pères de l'église se sont fait des idées peu saines de la spiritualité ; s'ils se sont représenté les ames et les anges comme formés d'une matière plus subtile, et si Tertullien paroît même donner un corps à Dieu; il ne faut pas non plus s'étonner si ceux qui sont sortis de l'école d'Alexandrie ont quelquefois adopté le langage des Platoniciens ; soit qu'ils aient voulu allier les dogmes de l'église avec une philosophie pour laquelle ils étoient trop prévenus, soit que plutôt ils aient jugé pouvoir se servir d'un langage qui leur étoit familier, et qui, n'étant pas étranger aux Gentils, les disposoit en faveur de la religion chrétienne. Mais il n'est pas nécessaire que j'expose toutes leurs erreurs, parce qu'il vous est très-permis de les ignorer, et que vous les trouverez, si jamais vous en avez la curiosité, dans Fleury, Tillemont, du Pin, Brucker, etc. Il suffit de vous faire remarquer que les pères ne se sont point égarés sur les principaux articles de notre foi, et que le Platonisme, qu'on découvre quelquefois dans leur langage, prouve seulement qu'on ne s'exprimoit pas encore avec assez de précaution. La doctrine a toujours été la même. Elle a été transmise de Jésus-Christ aux apôtres, des apôtres à leurs disciples, et elle s'est conservée par tradition jusqu'à nous. Seulement il a fallu du temps pour déterminer avec précision la manière dont chacun devoit parler des mystères; les disputes, auxquelles les hérétiques ont donné lieu, ne pouvoient manquer de répandre d'abord beaucoup de confusion dans le langage : ils étoient trop intéressés à brouiller toutes les idées. Cependant de ces disputes même devoit naître un choix d'expressions mieux déterminées. L'église, qui en étoit le juge infaillible, ôtoit les équivoques; et, en montrant ce qui avoit toujours été cru, elle apprenoit comment il falloit parler. C'est ainsi qu'elle

profitoit des hérésies même pour ôter tout
prétexte à l'erreur. Elle ne faisoit pas des
dogmes : elle proposoit ceux qu'elle conservoit pas tradition ; elle empêchoit qu'on ne
s'égarât par l'abus du langage.

CHAPITRE VIII.

Depuis le commencement du troisième siècle jusqu'en 325 que Constantin donna la paix à l'église.

C'EST, sur-tout, dans le troisième siècle que la philosophie devint l'étude des écrivains qui prirent la défense de la religion chrétienne; l'usage de recueillir les vérités éparses par-tout fut même si général, qu'il prit alors le nom d'Éclectisme. Les ennemis de l'église s'attachèrent plus particulièrement à cette méthode : ils s'approprièrent souvent nos dogmes, afin que le Christianisme n'eût point d'avantage sur eux ; et ils ne conservèrent de la philosophie que ce qui leur paroissoit propre à le combattre.

L'Éclectisme étoit la philosophie du troisième siècle.

Les Éclectiques aimoient à se dire Platoniciens, parce qu'en effet le Platonisme dominoit dans leurs systêmes; cependant

Dangers de cette philosophie ténébreuse.

ils s'accordoient peu les uns avec les autres, parce que chacun prenoit par-tout à son choix, et que la première régle des ces philosophes étoit de ne s'assujettir aux opinions de personne. Au reste ce Platonisme s'écartoit en bien des choses des sentimens de Platon : car il s'allioit, comme je l'ai déjà remarqué, avec les opinions des Orientaux et des Égyptiens, en sorte que les émanations de Zoroastre en étoient comme la base. Cette philosophie ténébreuse n'étoit certainement pas capable de conduire dans le choix des vérités. Aussi verrez-vous naitre de nouvelles erreurs, dont les Chrétiens eux-mêmes auront souvent bien de la peine à se garantir. La tradition conservera les dogmes : mais les mauvais raisonnemens et le desir de se concilier les philosophes répandront une obscurité, que les meilleurs esprits auront bien de la peine à dissiper. Il faudra que l'église s'assemble ; et, jusqu'à ce qu'elle ait donné son jugement, chacun croira pouvoir adopter les opinions qu'il ne jugera pas contraires à l'évangile. De-là plusieurs hérésies. Je remarquerai que, dans les trois premiers siècles, elles sont presque toutes venues des lieux où les Platoniciens étoient le plus répandus ; c'est-à-dire, de l'Asie et de l'Afrique.

Les Éclectiques ne se bornoient pas à la philosophie ; ils s'appliquoient encore à tous les genres de littérature, et sur-tout à l'éloquence : plus jaloux de persuader que de convaincre, ils dissertoient en orateurs plutôt qu'en philosophes ; et souvent ils accumuloient les preuves, au lieu de les choisir ; c'étoient des sophistes, qui, sans critique et sans logique, abusoient étrangement des allégories.

Les Éclectiques se piquoient d'être gens de lettres, et sur-tout orateurs.

Ce fut une occasion de s'éloigner encore de la simplicité avec laquelle les apôtres avoient exposé la doctrine. Comme les pères du second siècle avoient voulu être philosophes, ceux du troisième voulurent être philosophes et orateurs. On crut que les ornemens du discours étoient nécessaires pour se rendre favorables jusqu'aux esprits les plus délicats, et qu'il importoit de vaincre autant par l'éloquence que par la force de la vérité : cette façon de penser devoit naturellement prévaloir, quoiqu'il fût à craindre qu'en cherchant les images qui séduisent

Les pères de l'église, qui se prêtent au goût du siècle, s'appliquent à toutes les études des Grecs, et s'éloignent de plus en plus de la simplicité des apôtres.

l'imagination, on ne s'écartât de l'exactitude qui fait la solidité des raisonnemens. Mais si les ennemis de la religion avoient eu seuls les avantages du style, ils n'en auroient que plus facilement répandu leurs erreurs. Les pères s'appliquèrent donc à toutes les études des Grecs, et l'église eut des orateurs du premier ordre. Tel est l'esprit qui distingue ce siècle des deux précédens. Il nous reste à le parcourir.

Sous Sévère, une persécution excite le zèle de Tertullien.

Vers le commencement du troisième siècle il s'éleva une persécution plus cruelle que les précédentes, et à laquelle Sévère donna lieu, en défendant de prêcher l'évangile. Elle excita le zèle de Tertullien, qui, s'étant déjà distingué dans le siècle précédent, prit alors la défense de l'église. Sa première profession avoit été le barreau : il avoit fait une grande étude des différentes sectes de la Grèce, et il joignoit l'éloquence à la philosophie. Comme son apologie est la plus célèbre et aussi la plus complète, je vous ferai connoître une partie des raisonnemens qu'elle contient.

Objet de Tertullien dans son apologie.

Il montre d'abord combien il est injuste de punir les Chrétiens, uniquement parce qu'ils s'avouent Chrétiens, et sans examiner les crimes dont on les accuse: il montre combien il est absurde de les mettre à la question, pour les forcer à désavouer ce nom seul; et de les absoudre, lorsque les tourmens leur ont arraché un mensonge. Il insiste sur ce renversement des lois: il fait voir que celles qu'on a portées contre les Chrétiens doivent être abrogées, comme tant d'autres l'ont été puisqu'elles sont injustes: et il relève sur-tout la contradiction où tomboit Trajan, lorsqu'il défendoit de rechercher les Chrétiens, et qu'il ordonnoit de les punir, si on les trouvoit; comme si le crime ne consistoit qu'à ne pas savoir cacher son crime.

Il vient ensuite aux calomnies: car on reprochoit des horreurs aux Chrétiens, entre autres, d'égorger des enfans, et de se nourrir de leur chair. Après avoir montré que ces abominations, sans preuves, sont contraires à l'esprit de la religion et aux mœurs des fidelles, il fait voir qu'elles n'appartiennent qu'au paganisme, et que les Romains avoient eux-mêmes immolé des hommes à leurs dieux.

Il fait des recherches sur ces dieux; et il trouve des hommes, qui sont morts après avoir vécu dans le crime; qui protégent le vice, qui en donnent l'exemple, et qu'on tourne en ridicule sur les théâtres, tant ils sont méprisables aux yeux même des payens.

A ce culte absurde, il oppose celui des Chrétiens, dont on se faisoit des idées fausses : car quelques uns leur attribuoient d'adorer le soleil, parce qu'ils prioient tournés vers l'orient; d'autres, des croix; d'autres, une tête d'âne. Il montre donc que le Dieu des Chrétiens est unique, qu'il a créé le ciel et la terre; qu'il punira les méchans, qu'il récompensera les bons; que ses ouvrages prouvent son existence; que nous ne pouvons l'ignorer ; que la nature nous le révèle. C'est lui, dit-il, que nous invoquons lorsque nous nous écrions : *Mon Dieu! plût à Dieu* etc., expressions qui sont le témoignage d'une ame naturellement chrétienne.

Dès le commencement, ajoute Tertullien, ce Dieu a envoyé des hommes dignes de le connoître. Il les a remplis de son esprit, il leur a manifesté l'avenir, et leurs prophéties se sont accomplies. Il démontre toutes ces choses par les faits et par l'autorité des livres de Moyse, et il vient ensuite au culte dû à Jésus-Christ.

Il remarque l'état déplorable où étoient alors les Juifs, auparavant le seul peuple agréable à Dieu : mais c'est un malheur dont ils avoient été menacés. Il avoit été prédit que Dieu se choisiroit enfin des adorateurs parmi toutes les nations; qu'il enverroit son fils pour les éclairer, et qu'il leur accorderoit une grâce abondante.

Ce fils, c'est la parole, la raison, la puissance. Vos sages, dit Tertullien, conviennent que *Logos*, c'est-à-dire, le Verbe, la parole semble être l'ouvrier de l'univers. Or nous croyons encore que la propre substance de ce Verbe, de cette raison, par laquelle Dieu a tout fait, est l'esprit; que Dieu a proféré cet esprit; qu'en le proférant il l'a engendré; et c'est pourquoi il est nommé fils de Dieu. Quand le soleil pousse un rayon, la substance n'est pas séparée, mais étendue. Ainsi le Verbe est esprit d'un esprit, Dieu de Dieu, comme une lumière allumée d'une autre lumière. Ainsi ce qui procède de Dieu est Dieu, fils de Dieu, et les deux ne sont qu'un. Ce Verbe, comme il avoit été prédit, est descendu dans le sein d'une Vierge; il s'est fait chair, et il est né Homme-Dieu. Voilà Jésus-Christ.

Il démontre que le Sauveur est ce Verbe Dieu, et par l'autorité des prophètes, et par les miracles qu'il a faits, et par les ténèbres qui se répandirent au moment de sa mort. A ces preuves, il ajoute l'établissement miraculeux de l'église, et le pouvoir que les Chrétiens avoient sur les mauvais anges. Faites venir, dit-il, aux payens, devant vos tribunaux un possédé: si un Chrétien, pris au hasard, l'interroge, l'esprit, qui se dit ailleurs un Dieu, avouera qu'il n'est qu'un démon. Il en est de même de ces dieux, que vous croyez inspirer vos prêtres et vos prêtresses. Si, en présence d'un Chrétien, ils ne s'avouent pas pour ce qu'ils sont, répandez le sang de ce Chrétien téméraire. Voilà cependant l'objet de votre culte. Chaque peuple, chaque province, chaque ville a de pareilles divinités. On peut tout adorer chez vous, hors le vrai Dieu; et il n'y a que les Chrétiens auxquels vous ne permettez point de culte particulier. A cette occasion Tertullien réfute l'erreur des payens qui attribuoient à leurs dieux la grandeur de l'empire ; il fait voir encore avec combien peu de fondement on accusoit les Chrétiens de sacrilège et de lèse-majesté, parce qu'ils n'adoroient pas de pareils dieux, et qu'ils ne leur offroient pas des sacrifices pour l'empereur. Il tourne en ridicule la piété des payens, qui croyoient honorer le prince et les divinités lorsqu'ils se livroient à des désordres de toute espèce ; dressant des tables dans les rues, faisant de la ville un cabaret, et courant par troupes pour commettre des insolences. A cette conduite, il oppose la modestie des Chrétiens, qui invoquent le seul vrai Dieu, et qui demandent pour l'empereur une longue vie, un règne tranquille, un sénat fidelle, de braves soldats, un peuple soumis, et tout ce qu'un prince peut desirer. Nous prions, dit-il, et parce que l'écriture sainte nous le commande, et parce qu'étant persuadés que le monde finira avec l'empire romain, nous voudrions retarder les maux dont nous sommes menacés. Nous le détruirions cet empire, si nous voulions armer, car nous remplissons vos villes, vos îles, vos châteaux, vos bourgades, vos champs, vos tribus, vos palais, le sénat, les troupes, tout, en un mot, excepté vos temples. Et combien ne serions-nous pas redoutables, nous qui affrontons la mort avec tant de fermeté? Mais notre loi nous ordonne de souffrir.

On n'a donc rien à craindre des motifs qui nous unissent. Nous faisons un corps, parce que nous avons la même religion, la même morale, la même espérance. Nous nous assemblons pour prier, et pour lire l'écriture ; nous nous exhortons, nous nous corrigeons, nous nous jugeons avec équité, comme Dieu nous jugera : et tout est à craindre pour celui qui a mérité d'être privé de la participation aux choses sacrées. Ceux qui président à nos assemblées sont des vieillards éprouvés. La vertu seule les élève à cet honneur. Les choses saintes ne se vendent pas; et, si nous avons une espèce de trésor, c'est le fruit d'une contribution volontaire. Chacun apporte ce qu'il veut, quand il veut ; les biens sont communs entre nous, et nous les employons à entretenir les pauvres, les orphelins, les vieillards, les infirmes ; à secourir les fidelles relégués dans les îles, condamnés à travailler aux mines, ou enfermés dans les prisons pour avoir confessé Jésus-Christ. Nous nous regardons comme frères, nous faisons en commun des repas de charité : nous prions avant de nous mettre à table, nous prions après ; et nous nous séparons sans désordre et avec modestie. Telles sont nos assemblées. Cependant si le Tibre inonde et si le Nil n'inonde pas, on crie: *Les Chrétiens au lion.* On veut que nous soyons la cause de tous les malheurs, comme si, avant la venue de Jésus-Christ, il n'étoit pas arrivé de semblables calamités.

Que trouve-t-on en nous, sinon des vertus supérieures à celles des plus sages philosophes ? j'ajoute même, et plus de science à certains égards : car si Platon disoit qu'il est difficile de trouver l'auteur de l'univers, et encore plus difficile d'en parler devant le peuple, parmi nous, le moindre artisan connoît Dieu, et le fait connoître. Mais quand nos opinions seroient fausses, au moins sont-elles utiles, puisqu'elles nous rendent meilleurs : certainement elles ne nuisent à personne ; et, s'il les falloit punir, ce seroit par le ridicule, et non par le fer, le feu, les croix, les bêtes. Ces persécutions produisent un effet contraire à celui qu'on attendoit. Le mépris de la mort se montre bien mieux dans notre conduite que dans les discours des philosophes ; on est étonné de notre courage : on en veut pénétrer la cause, et bientôt on desire de souffrir comme nous. Ainsi le sang des Chrétiens devient une semence féconde.

<small>Erreurs où tombe Tertullien.</small>

On ne voit pas que cette apologie ait produit aucun effet. La persécution continua, et fut grande à Carthage même, où il paroît que Tertullien avoit écrit et publié son ouvrage. Ce qui est plus étonnant, c'est que, quelques années après, cet écrivain embrassa l'hérésie des Montanistes : croyant reconnoître le Paraclet dans un visionnaire, et trouvant les nouvelles prophéties de Montan bien supérieures à celles de Jésus-Christ. Tant qu'il défendit la vérité, il montra du génie : dès qu'il écrivit pour l'erreur, on ne vit plus en lui qu'un esprit foible, faux et crédule. Son imagination bouillante ne lui permit jamais de revenir sur ses pas. Il tomba de précipice en précipice ; et finitssant par se séparer des Montanistes, il devint le chef d'une secte nouvelle.

Caracalla, Macrin et Héliogabale ne persécutèrent pas les Chrétiens : Alexandre Sévère leur fut même favorable, et mit Jésus-Christ parmi les dieux, auquel il rendoit un culte en particulier. Les fidelles commencèrent donc à respirer. Cependant la paix ne fut pas entière, et il y eut encore quelques martyrs ; c'est que l'église avoit des ennemis déclarés dans les jurisconsultes, auxquels Alexandre avoit donné une grande part dans le gouvernement. Ces hommes, attachés aux anciennes lois, regardoient la religion chrétienne comme une nouveauté qui ne pouvoit causer que des troubles.

Dans les temps de paix les Chrétiens étoi nt persécutés par les jurisconsultes.

Le zèle des prêtres et des évêques ne se ralentissoit point : soit dans la persécution, soit dans la paix, ils travailloient avec la même ardeur à la conversion des payens ; il y avoit des écoles pour instruire ceux qui se préparoient au baptême ; et c'est par ce moyen que la doctrine se conservoit dans la

Zèle des Chrétiens et leurs écoles.

plupart des églises. On écrivoit peu encore: l'instruction se faisoit par la parole et par l'exemple, et l'usage d'écrire ne s'introduisoit que dans les provinces, où les lettres étoient cultivées; l'école chrétienne d'Égypte dut donc produire, et produisit en effet les plus grands écrivains.

S. Clément d'Alexandrie prend la défense de la religion.

Un des plus illustres est Saint Clément d'Alexandrie, qui appartient à la fin du second siècle, et qui avoit vécu jusqu'au règne d'Alexandre. Écrivain élégant et d'une érudition immense, il combattit l'idolâtrie, et montra l'excellence de la religion chrétienne. Il s'attachoit sur-tout à la morale ; et, lorsqu'il parloit des mystères, il affectoit quelque confusion, afin de ne pas les découvrir à ceux qui n'étoient pas encore initiés. Cette conduite pouvoit avoir des inconvéniens.

Source des erreurs où il est tombé.

Saint Clément étoit né payen, et il avoit eu plusieurs maîtres ; un de Cèle-Syrie, un autre d'Égypte, un troisième d'Assyrie et un quatrième de Palestine, Hébreu d'origine. Ce dernier étoit Pantenus, Stoïcien converti, qui enseignoit dans l'école chrétienne d'Alexandrie. Saint Clément se fixa en Égypte pour l'entendre, le préférant à tous les autres, et mérita dans la suite de lui succéder.

Quand on considère tous ces différens maîtres, et les pays d'où ils étoient, on a lieu de craindre qu'il ne se soit pas assez tenu en garde contre les opinions alors répandues en Orient et en Égypte. En effet, on peut lui reprocher de s'abandonner trop aux allégories, et d'avoir, pour un Chrétien, fait trop de cas des sectes de la Grèce. Bien loin de trouver du danger dans la philosophie de son temps, il en recommande l'étude : aussi le Sincrétisme a-t-il été son écueil. Voulant, par exemple, concilier Moyse et Platon, il fait dire à tous deux que le monde a été engendré de Dieu, comme le fils du père, quoique Moyse enseigne que la matière a été créée, et que Platon prétende qu'elle est éternelle, et que Dieu n'a fait que l'arranger. Il avoit sans doute pris cette génération du monde dans les émanations, qui faisoient alors partie du Platonisme. Il peignoit encore quelquefois le vrai Chrétien avec les mêmes couleurs que les Stoïciens peignoient leur sage, voulant qu'il fût impassible, disant que Jésus Christ avoit été insensible à la douleur et au plaisir, et qu'il en avoit été de même des apôtres après la résurrection du Sauveur. Je ne parle pas de son livre des institutions, où le Platonisme se montre sensiblement avec plusieurs erreurs des Gnostiques. Il faut qu'il ait fait cet ouvrage dans un temps où il étoit encore mal instruit; car, dans tous les autres, il enseigne une doctrine toute différente.

Origènes, célèbre de bonne heure, et persécuté par Demetrius, évêque d'Alexandrie.

Lors de la persécution de Sévère, plusieurs s'enfuyoient d'Alexandrie, et S. Clément, qui fut de ce nombre, abandonna son école; pensant avec raison que, si un Chrétien ne doit pas craindre la mort, il ne peut pas non plus s'y exposer témérairement, sans se rendre coupable. Origènes l'un de ses disciples, lui succéda, et commença d'enseigner en 203, quoiqu'il n'eût encore que dix-huit ans. Il tint cette école plusieurs années, avec une grande réputation, non seulement dans l'église, mais encore chez les payens. En 216, étant venu en Palestine, les évêques de cette province le chargèrent d'expliquer publiquement

l'écriture, et d'instruire le peuple en leur
présence ; et en 228, dans un second voyage,
ils l'ordonnèrent prêtre. Démétrius, évêque
d'Alexandrie, jaloux peut-être de l'honneur
fait à Origènes, et sur-tout irrité d'une ordination faite sans sa participation, as-
sembla un concile, dans lequel il lui fit
défendre d'enseigner à Alexandrie et même
d'y demeurer. Origènes, s'étant retiré en
Palestine, établit son école à Césarée, où
Démétrius le poursuivit encore ; l'ayant
fait excommunier dans un nouveau concile,
et ayant écrit à tous les évêques pour le
faire rejeter de la communion de toutes les
églises. Or, en pareil cas, une condamnation étoit reçue par-tout : car ceux qui ne
connoissoient pas celui qu'on avoit condamné le devoient supposer coupable ; et
ceux qui le connoissoient trouvoient moins
d'inconvéniens à consentir à une excommunication même injuste, qu'à violer l'ordre de la discipline. Origènes, excommunié, n'eût pour lui que les évêques de Palestine, et quelques autres qui conservoient
une estime singulière pour sa personne. Il
continua d'enseigner à Césarée, fit quel-

ques voyages, fut pris et persécuté pour la foi; et, ayant recouvré sa liberté, il mourut à Tyr, vers l'an 252. Il avoit fait un grand nombre de disciples. dont le plus illustre a été Grégoire Thaumaturge, évêque de Néocésarée, également célèbre par sa piété et par ses miracles. Il sortit d'ailleurs de son école quantité de docteurs, d'évêques, de confesseurs et de martyrs. Elle fut toujours florissante. La persécution même qu'il essuya ne diminua pas le concours : non-seulement les catholiques s'empressoient pour l'entendre, mais encore les hérétiques et les payens mêmes. On le jugeoit capable d'enseigner toutes les sciences; et il les avoit en effet toutes étudiées. Il vouloit les rapporter à la religion, attirer à l'église les savans du siècle, et faire une moisson abondante des vérités répandues par-tout. Cet Éclectisme, qu'il professoit et qu'il avoit appris d'Ammonius, l'un de ses maîtres, fut un écueil contre lequel il échoua.

Il a formé un grand nombre de disciples.

Les anciens ne parlent qu'avec étonnement du nombre de ses ouvrages, et de la facilité avec laquelle il travailloit. Il a sur-

Il a fait quantité d'ouvrages.

tout écrit sur l'écriture sainte, et il a combattu, avec succès, toutes les hérésies qui avoient paru jusqu'à lui; un de ses derniers livres, et le plus utile de ceux qui nous restent, est contre Celse, philosophe épicurien, qui avoit écrit contre la religion chrétienne. Origènes détruit parfaitement toutes les objections, et présente avec une nouvelle force les preuves que les autres apologistes avoient déjà apportées. Je dois vous faire remarquer que Celse reconnoissoit les miracles de Jésus-Christ, et que, ne pouvant les nier, il n'avoit d'autre ressource que de les attribuer à la magie.

Les anciens pères sont fort partagés sur Origènes; les uns lui ayant reproché des erreurs dont les autres le disculpent. Il est au moins certain qu'il paroît peu d'accord avec lui-même, et qu'il seroit bien difficile de déterminer ce qu'il pensoit. Si d'un côté il fait profession de croire la doctrine de l'église, de l'autre, il établit des principes philosophiques, avec lesquels elle ne peut se concilier. Cette contradiction a pu avoir pour causes la promptitude avec laquelle il composoit ses ouvrages, le plan qu'il

Il est tombé dans des erreurs.

s'étoit fait de trouver toujours dans l'écriture des sens cachés, son goût pour les allégories qu'il préféroit à la lettre, et le dessein de puiser dans les différentes sectes tout ce qu'il croyoit pouvoir s'accorder avec les dogmes de la religion chrétienne. Étoit-il possible que toutes ces allégories, et tous ces principes philosophiques, saisis à la hâte, lui permissent de combiner toujours ce qu'il pensoit avec ce qu'il avoit pensé, et de former un système bien suivi? Il devoit flotter entre les opinions les plus contraires, les adopter et les rejeter tour-à-tour, parce que, dans des circonstances différentes, son imagination étoit frappée différemment.

Il reconnoit, par exemple, avec l'église l'éternité des peines et des récompenses dans une autre vie; et cependant il dit, avec les Platoniciens, qu'elles auront une fin. Cette erreur est une conséquence du système des émanations, suivant lequel tout étant sorti de Dieu, tout y doit retourner pour en ressortir, et cela par une suite éternelle de révolutions. Aussi croit-il qu'il y a eu plusieurs mondes; qu'il y en aura plusieurs encore; que les ames ont été envoyées dans les corps comme dans une prison; qu'elles passeront de corps en corps; qu'elles se purifieront; qu'elles deviendront anges; et que les diables mêmes seront un jour délivrés de leurs tourmens. Il donne des ames aux astres : il confie le soin des choses inanimées aux anges, qu'il multiplie et qu'il répand au gré de son imagination. En un mot, il semble vouloir confondre le Platonisme et le Christanisme. Sa conduite est un exemple sensible de l'abus de l'Éclectisme; elle fait voir combien il étoit dangereux de s'écarter de la simplicité des apôtres, et de vouloir se concilier les philosophes, en cherchant à parler et à penser comme eux. Vous en seriez encore plus convaincu si j'exposois toutes les erreurs d'Origènes.

En 235 Maximin, ayant fait assassiner Alexandre, fut reconnu empereur par l'armée; et bientôt, sous prétexte d'une conspiration, il fit mourir plus de quatre mille personnes, parmi lesquelles il se trouva plusieurs Chrétiens; ce fut le commencement d'une persécution. Cet empereur néanmoins

Persécution sou Maximin, assassin d'Alexandre Sévère.

n'ordonna de sévir que contre les Chrétiens qui enseignoient : mais c'étoit assez qu'il se déclarât ennemi de la religion pour rallumer la haine des payens contre tous les fidelles.

Les Chrétiens avoient alors des églises publiques.

Il y eut alors des tremblemens de terre, sur-tout dans la Cappadoce et dans le Pont, où des villes entières furent abymées. Le peuple ne manqua pas, suivant sa coutume, d'en rejeter la cause sur les Chrétiens. La persécution fut donc grande dans ces provinces, et plusieurs églises furent brûlées. C'est la première fois qu'il est fait mention des églises des Chrétiens : non qu'ils n'eussent auparavant des lieux consacrés à leurs assemblées, mais ils avoient été obligés de les tenir cachés. La paix dont ils avoient joui pendant vingt-quatre ans, c'est-à-dire, depuis la mort de Sévère, et la protection sur-tout d'Alexandre, les avoient sans doute enhardis à élever de pareils édifices sous les yeux des infidelles.

Leurs mœurs se corrompent, parce qu'ils auront long-temps sans être persécutés.

La persécution finit avec Maximin. Elle n'avoit été qu'une interruption d'environ deux ans à la paix, qui dura ensuite jusqu'à la mort de Philippe, c'est-à-dire, jusqu'en 249; et, comme elle n'a pas été générale, il se trouve que le calme a régné dans la plupart des églises pendant 38 ans. Une si grande tranquillité amena le relâchement dans les mœurs et dans la discipline. Il y avoit, à la vérité, plusieurs grands hommes, respectables et par leur science et par leur sainteté : mais la corruption gagnoit le corps des fidelles. Les calomnies, les haines, les divisions avoient pris la place de la charité chrétienne : la simplicité et l'humilité avoient disparu : on cherchoit la pompe, le luxe, les plaisirs : on amassoit des richesses par toutes sortes de moyens : ce n'étoit qu'artifices, infidélités et parjures. L'intégrité ne se trouvoit pas même dans les ministres de la religion. Les plus saints étoient méprisés; et les autres, dédaignant les choses de leur ministère, se mêloient dans les affaires du siècle, abandonnoient leurs diocèses, alloient de provinces en provinces, s'enrichissoient par toutes sortes de trafics, et souvent par des fraudes. Au lieu d'assister les pauvres, ils abusoient de la simplicité des riches : ils les dépouilloient de leurs biens, et ils en frustroient les héritiers légitimes. De pareilles ames n'étoient pas faites pour résister à la persécution, et le moment approchoit où elles devoient succomber.

Cruelle persécution. Décius, maître de l'empire, voulant défendre les anciennes superstitions, entreprit d'arrêter les progrès de la religion chrétienne, et publia un édit sanglant, qu'il envoya à tous les gouverneurs. On s'arma de toutes parts, comme pour exterminer jusqu'au nom des Chrétiens. La prison, le fer, le feu, les bêtes, les supplices de toute espèce étoient employés. On essayoit sur-tout de lasser la patience des confesseurs par la longueur des tourmens; et on offroit des récompenses à ceux qui renieroient Jésus-Christ pour sacrifier aux idoles.

Grand nombre de Chrétiens succombent. Le désordre fut grand dans l'église : souvent les Chrétiens, épouvantés à la vue des supplices, n'attendoient pas d'être interrogés : ils couroient d'eux-mêmes à la place publique, se présentoient aux magistrats, et demandoient avec empressement de pouvoir prouver qu'ils renonçoient à Jésus-Christ. Ceux qui étoient tombés invitoient les autres à se précipiter avec eux, ou dénonçoient leurs parens et leurs amis; les pères et les mères entraînoient leurs enfans aux pieds des idoles : et la lâcheté, autorisée par l'exemple, augmentoit tous les jours le nombre des apostats.

Il semble que la fuite étoit l'unique ressource pour conserver sa foi. La plupart des fidelles n'étant pas assez forts pour une persécution si violente, les plus saints évêques leur conseilloient la retraite, et leur en donnoient l'exemple. Ainsi les Chrétiens, fuyant de toutes parts, abandonnoient leurs biens, leur patrie, et cherchoient un asyle au fond des déserts, chez les Barbares, ou dans les pays où chacun croyoit n'être pas connu. Au reste, il y eut différens degrés de chûte. Les uns sacrifièrent aux idoles : d'autres leur offrirent de l'encens : d'autres donnèrent de l'argent aux magistrats pour n'être pas inquiétés; et ils obtinrent des billets, par lesquels ils paroissoient avoir renoncé au Christianisme, quoiqu'ils n'en eussent rien fait. On nommoit ceux-ci *libellatiques*.

Beaucoup aussi souffrent le martyre.

Quelque grande que fût la multitude des apostats dans toute l'église, cette lâcheté cependant ne fut pas universelle. Il y eut par-tout beaucoup de fidelles qui confessèrent Jésus-Christ avec courage, et qui subirent le martyre. Enfin cette persécution cessa. Elle n'a duré que deux ans dans toute sa force, Décius n'ayant régné que trente mois.

La persécution ayant cessé, on demande si l'église pouvoit absoudre les apostats.

La tranquillité ayant été rétablie, les apostats demandoient à rentrer dans le sein de l'église, et cependant plusieurs ne vouloient pas se soumettre à la rigueur de la pénitence. C'est ce qui occasionna des troubles et des schismes.

L'église étoit alors dans l'usage d'accorder le pardon à la prière des confesseurs, lorsque celui qui étoit tombé se présentoit avec un billet d'indulgence, écrit de leur main. Or cet usage dégénéra en abus par la facilité de quelques confesseurs, et la discipline étoit en danger. Cependant cet abus même eut en Afrique des partisans qui furent excommuniés par S. Cyprien, évêque de Carthage.

Erreur de Novatien à ce sujet.

Il semble que dans les disputes on passe

presque toujours d'une extrémité à l'autre. Ainsi Novatien, à Rome, soutint que l'église ne devoit jamais accorder de pardon à ceux qui étoient tombés dans l'apostasie ; que même elle ne le pouvoit pas ; qu'ils n'avoient point de salut à espérer, et que la pénitence, le martyre même leur seroit inutile. Il en disoit autant de tous les péchés mortels, et il refusoit à l'église tout pouvoir de lier et de délier.

Tout-à-la-fois schismatique et hérétique, il eut l'ambition d'occuper le premier siége. Il accusa le pape S. Corneille d'avoir acheté un billet du magistrat pour se soustraire à la percécution, et d'avoir communiqué avec des évêques qui avoient sacrifié aux idoles. Sur ce fondement, il sépara plusieurs confesseurs et quantité de fideiles de la communion de Corneille, et il se fit ordonner évêque de Rome. C'est le premier anti-pape.

Novatien est le premier anti-pape.

Dans toutes les provinces on fut d'abord partagé entre ces deux papes ; plus la discipline étoit alors sévère, plus Novatien en imposoit par son faux zèle ; et, comme il trouva des esprits disposés en sa faveur, son hérésie se répandit beaucoup. Elle dura jusques dans le cinquième siècle.

Il est condamné.

Cependant sa doctrine étoit évidemment contraire à la tradition. Il fut condamné dans deux conciles, l'un tenu à Rome, l'autre à Antioche. Bientôt ceux qu'il avoit séduits ouvrirent les yeux. Il ne lui resta des sectateurs que dans quelques provinces.

L'église fut encore persécutée sous Gallus et sous Valérien, quoique celui-ci eût été favorable aux Chrétiens les premières années de son règne. Lorsqu'il fut pris par les Perses en 259, Gallien, son fils, rétablit la paix; et l'église en jouit jusqu'en 302, la dix-huitième année de Dioclétien. Il est vrai, que vers 274, Aurélien publia des édits contre les Chrétiens; mais ils produisirent peu d'effets, parce que ce prince fut assassiné l'année suivante. La persécution ne se fit presque sentir que dans les Gaules.

Au commencement du règne de Valérien, il s'éleva une grande dispute qui partagea toute l'église. Il s'agissoit du baptême des hérétiques. S. Cyprien soutenoit qu'il étoit nul, sur ce principe que la grâce ne se donne point et ne se reçoit point hors de l'église catholique ; et il en concluoit que les hérétiques qui rentroient dans l'église devoient être baptisés, comme s'ils ne l'avoient pas été. Il entraîna dans son sentiment beaucoup d'évêques, et il fut appuyé des décisions de plusieurs conciles.

Le pape S. Étienne, au contraire, étoit pour la validité du baptême des hérétiques. Il jugeoit que la grâce dépendoit uniquement du sacrement, quelle que fût d'ailleurs la façon de penser du ministre ; et, comme il se fondoit sur la tradition, il accusoit S. Cyprien de vouloir innover.

On ne sait pas quelle fut alors la fin de cette contestation. Mais quelque temps après l'église a déclaré qu'on ne devoit point renouveler le baptême, donné en invoquant les trois personnes, quoiqu'il eût été administré par des hérétiques, cet usage étoit en effet le plus universel.

On reproche à S. Étienne d'avoir mis de la passion dans cette dispute, jusqu'à traiter durement ceux qui ne pensoient pas comme lui. S. Cyprien se conduisit avec beaucoup de modération et de sagesse. Il avoit trop de vertu et trop de zèle pour songer à faire un schisme, et, s'il se trompa sur une question qui paroissoit alors problématique, on ne peut lui reprocher d'ailleurs aucune des erreurs du second et du troisième siècle. Il est le premier des auteurs ecclésiastiques qui ait été véritablement éloquent. Le caractère de son esprit est la facilité, la fertilité et la netteté; et il a été une des plus grandes lumières de l'église. Il souffrit le martyre à Carthage, lors de la persécution de Valérien.

Manès. C'est vers ce temps, ou peu après, que parut en Perse l'hérésiarque Manès dont la secte fit des progrès rapides; elle étoit déjà fort répandue sur la fin du troisième siècle. Ce Manès étoit un esclave qu'une femme avoit fait instruire dans les sciences des Perses, et auquel elle avoit laissé les écrits de Buddas où il puisa sa doctrine; et c'est d'un nommé Seithien, Sarrazin établi à Alexandrie, et fort instruit dans la philosophie égyptienne, que Buddas avoit lui-même emprunté ses principes. Vous voyez que, si le Manichéisme naquit en Perse, il tiroit cependant son origine d'Alexandrie.

Cette hérésie étoit un ramas de ce que les Gnostiques et d'autres ont dit de plus absurde, et elle admettoit une multitude d'esprits de toute espèce. Ce qui lui appartient plus particulièrement, c'est de reconnoître pour principe de tout deux dieux éternels, indépendans; l'un bon, l'autre mauvais, et essentiellement ennemis. De leur concours, ou plutôt de leurs combats, est sorti le monde. Par-tout leurs substances se répandent et se mêlent, en sorte que chaque homme a deux ames, dont l'une est une parcelle du bon principe, et l'autre une parcelle du mauvais. C'est d'après ces absurdités que les Manichéens prétendoient rendre raison du bien et du mal. On s'est long-temps occupé de ce système extravagant; il ne mérite cependant pas de nous arrêter. Vers l'an 290, Dioclétien ordonna que les chefs des Manichéens seroient brûlés avec leurs écrits ; et que les autres, suivant leur condition, auroient la tête tranchée, ou seroient dépouillés de leurs biens et condamnés aux mines. Il paroît que les empereurs suivans, lors même qu'ils toléroient les hérétiques, ont tous

Il établissoit deux principes.

traité les Manichéens avec la même rigueur.

Persécution sous Dioclétien

La persécution à laquelle Dioclétien fut porté par Galère dura depuis 302 jusqu'en 310, que Galère lui-même rendit la paix à l'église, dans une maladie dont il mourut. Elle produisit une quantité étonnante de martyrs dans tout l'empire, excepté dans les Gaules qui en furent exemptes. Constance n'y fit mourir aucun Chrétien, et permit seulement d'abattre les églises.

Lâcheté de ceux qu'on nommas Traditeurs.

La persécution ne fut nulle part plus violente qu'en Afrique. Dioclétien avoit ordonné de faire mourir, sans distinction, tous les Chrétiens qui persisteroient, et de brûler publiquement les livres de l'écriture. Il vouloit qu'on fît une recherche exacte de ces livres, et il y alloit de la vie des magistrats, s'ils étoient convaincus de négligence ou d'indulgence à cet égard. Cette recherche troubla sur-tout l'Afrique, où beaucoup de fidelles aimèrent mieux périr dans les tourmens que de livrer les saintes écritures. Mais, après une longue paix, dont le relâchement est une suite ordinaire, on ne pouvoit pas se flatter que tous les Chrétiens auroient le même zèle. Il y eut donc des ames assez lâches pour livrer les livres saints; et ce crime ne fut pas seulement celui de quelques laïcs, ce fut encore celui de plusieurs prêtres et de plusieurs évêques. Les coupables furent nommés *Traditeurs*.

La paix donnée par Galère ne dura que six mois; et, dans cet intervalle, il se forma un schisme.

Mensurius, évêque de Carthage, étant mort pendant la persécution, Cécilien, élu par le suffrage du peuple et ordonné par un évêque voisin, redemanda aux anciens des vases d'or et d'argent que son prédécesseur leur avoit confiés. Ceux-ci, ne voulant pas les rendre, formèrent un parti auquel se joignirent Botrus et Célensius, irrités qu'un autre leur eût été préféré, et Lucilla, femme riche et puissante.

<small>Schisme des Donatistes.</small>

A leur sollicitation, des évêques de Numidie vinrent à Carthage, au nombre environ de 70, et, sous prétexte que c'eût été à eux d'ordonner l'évêque de cette ville, ils se déclarèrent contre Cécilien. On ne sait pas si cette raison avoit quelque fondement, parce que nous ignorons les usages qu'on suivoit en Afrique. Il est certain qu'ailleurs un métropolitain étoit ordonné par un évêque de sa province; celui d'Ostie, par exemple, ordonnoit celui de Rome. Quoi qu'il en soit, ils condamnèrent Cécilien, parce qu'il ne s'étoit pas présenté à leur concile, parce qu'il avoit été ordonné par des Traditeurs, et parce qu'étant diacre il avoit empêché de porter de la nourriture aux martyrs qui étoient en prison. Aucune de ces allégations n'étoit prouvée; et, ce qu'il y a de plus singulier, c'est que la plupart de ces évêques étoient Traditeurs eux-mêmes. Ils ordonnèrent cependant un nommé Majorin, domestique de Lucilla, qui, dans cette occasion, leur ouvrit sa bourse. Cécilien fut reconnu dans toutes les autres églises; mais ses ennemis aimèrent mieux se séparer de communion que de se désister, et toute l'Afrique fut divisée en deux partis. Telle fut l'origine de ces schismatiques qui prirent le nom de Donatistes, de Donat, un de leurs chefs.

Commencement de l'Arianisme.

Depuis Galère jusqu'en 325, que Constantin, seul maître de l'empire, fit triompher l'église, il y eut encore trois persécutions, dont la première fut ordonnée par Maximin, les deux autres par Licinius; et il naquit une hérésie qui devoit troubler la paix. C'est l'Arianisme, ainsi nommé de l'hérésiarque Arius, qui, ayant été condamné dans deux conciles tenus à Alexandrie, se retira en Palestine où il entraîna plusieurs évêques dans son parti. Il nioit la divinité de Jésus-Christ. Nous en parlerons.

CHAPITRE IX.

De la discipline dans les trois premiers siècles.

<small>Pourquoi la discipline a varié dans les trois premiers siècles.</small> LA doctrine de l'église a été la même dans tous les temps et dans tous les lieux. La discipline au contraire, dans les trois premiers siècles, sans plan général et uniforme, a varié suivant les lieux, et quelquefois dans le même lieu d'un temps à un autre.

Le premier soin des apôtres fut d'établir la doctrine. Il n'est pas à présumer qu'ils aient négligé les cérémonies ; mais ils s'y appliquèrent moins, parce qu'elles sont en effet moins nécessaires. C'est sous leurs successeurs qu'on régla peu-à-peu celles qu'il falloit observer dans l'administration des sacremens, dans les assemblées, dans le gouvernement des églises, dans la forme des jugemens ecclésiastiques, en un mot, dans tout ce qui concerne la discipline

Ces choses devoient souffrir quelques variétés, soit parce qu'elles ne sont pas toutes de nature à être les mêmes en tout temps et en tout lieu, soit parce que les évêques, toujours traversés, ne pouvoient pas agir avec assez de concert pour adopter les mêmes usages. Chacun faisoit ce qu'il croyoit convenir aux circonstances, ou ce qu'elles lui permettoient. Mais quand, sous la protection de Constantin, l'exercice de la religion fut libre dans tout l'empire, alors les évêques, assemblés sans obstacles, firent des réglemens généraux, et la discipline fut bientôt la même dans toute l'église : voici quelle étoit à-peu-près celle des trois premiers siècles.

Les Chrétiens s'appeloient frères. Dans les assemblées, ils se donnoient le baiser de paix, et ils faisoient souvent le signe de la croix. Ils s'assembloient particulièrement le dimanche : ils faisoient leurs prières étant tournés vers l'orient ; ils les prononçoient d'une voix modérée, sans chanter : ils ne prioient point à genoux le dimanche, ni depuis pâques jusqu'à la pentecôte. Ils faisoient des oblations pour les morts, et célé-

Usages généraux.

broient le sacrifice de la messe en leur mémoire. Ils prioient les saints et les martyrs, persuadés qu'ils intercédoient auprès de Dieu pour les vivans.

Lieux où l'on s'assembloit.

Les lieux où l'on s'assembloit étoient simples et sans ornemens, plus ou moins secrets, suivant les conjonctures. On ne leur donnoit point le nom de temple. C'étoient des maisons où l'on conservoit des reliques, ou des cimetières dans lesquels reposoient les corps des martyrs.

Peu de cérémonies.

La table sur laquelle on célébroit l'eucharistie étoit appelée quelquefois autel, et quelquefois table. Il ne paroît pas que l'usage des croix et de l'encens fût fort commun : les lumières n'étoient employées que pour éclairer les fidelles, et elles ne faisoient pas encore partie des cérémonies.

Jours solemnels.

On célébroit avec solemnité les fêtes de noël, de pâques et de la pentecôte. L'évêque, ou, en son absence, le prêtre présidoit à l'assemblée. On y lisoit l'écriture, et souvent l'évêque prêchoit la parole de Dieu.

Comment les Gentils étoient reçus dans l'église.

Les Gentils qui vouloient se convertir n'étoient pas aussitôt admis parmi les Chrétiens ; ils étoient d'abord faits catéchumènes par l'imposition des mains de l'évêque ou du prêtre, qui les marquoit au front du signe de la croix. Un catéchiste les instruisoit d'ordinaire pendant deux ans ; temps qui se prolongeoit ou s'abrégeoit, suivant les progrès qu'on faisoit dans la doctrine, et sur-tout dans les mœurs.

On baptisoit, en plongeant trois fois dans l'eau, au nom de la trinité ; et ce sacrement ne s'administroit solemnellement qu'aux fêtes de pâques et de la pentecôte. On faisoit aux baptisés une onction d'huile, qu'on croyoit leur servir intérieurement : en quelques églises, on leur donnoit du lait et du miel à goûter. Enfin on leur imposoit les mains pour faire descendre sur eux la plénitude du S. Esprit ; et on considéroit cette imposition, réservée ordinairement à l'évêque, comme un sacrement différent du baptême.

On ne réitéroit jamais le baptême, si ce n'est dans les églises, où l'on croyoit que celui des hérétiques étoit nul. Il falloit subir une pénitence publique pour obtenir la rémission des crimes commis après avoir été baptisé. Le pénitent, privé de la com-

Pénitence publique.

munion, chassé des assemblées, étoit obligé de jeûner, de s'humilier, de se mortifier à la porte de l'église. Cette pénitence ne s'accordoit qu'une fois; et ceux qui retomboient n'étoient jamais réconciliés à l'église, et n'attendoient le pardon que de Dieu seul.

Elle étoit communément de plusieurs années : suivant que les églises étoient plus indulgentes ou plus sévères, elles en abrégeoient la durée ou l'étendoient. Il y en avoit où ceux qui étoient tombés dans l'idolâtrie, ou qui avoient commis un homicide, ne pouvoient jamais obtenir le pardon de ces crimes : mais elles se relâchèrent dans la suite; et elles l'accordèrent à la mort ou après une longue pénitence. Cependant on étoit en général dans l'usage d'abréger les pénitences en faveur de ceux qui étoient recommandés par des confesseurs ou par des martyrs.

Ce que l'église exige[...]

Ceux qui avoient subi une pénitence publique n'étoient jamais admis dans le clergé. On ne soumettoit pas les clercs à cette pénitence, si ce n'est dans quelques églises; et ceux qui tomboient dans des crimes étoient seulement privés pour toujours de leur ministère. Mais on avoit grand soin de ne choisir pour ministres que des hommes dont les mœurs fussent irréprochables ; habillés comme le reste des fidelles, ils ne devoient se distinguer que par la sainteté de leur vie. On ne vouloit pas qu'ils se mélassent des affaires temporelles : on leur défendoit tout gain sordide : ils administroient les sacremens sans rien exiger ; le peuple les nourrissoit volontairement. Si les prêtres étoient mariés avant leur ordination, il leur étoit permis de garder leurs femmes : mais, dès qu'une fois ils avoient été ordonnés, il ne leur étoit plus permis de se marier. On permettoit cependant le mariage aux diacres.

L'évêque étoit ordinairement élu par les suffrages du peuple, et ordonné par plusieurs évêques qui lui imposoient les mains. C'étoit le chef de son clergé : rien ne se faisoit sans lui, ou du moins sans les pouvoirs qu'il accordoit. Le baptême même lui étoit réservé. Les diacres étoient les trésoriers : ils distribuoient les oblations aux pauvres, et, en cas de nécessité, ils

Subordination qui s'établit parmi eux.

pouvoient, dans quelques églises, imposer les mains aux pénitens.

On croyoit qu'il n'y avoit proprement qu'un épiscopat, dont chaque évêque gouvernoit une partie. C'étoit une conséquence que toutes les églises fussent dans l'obligation de se secourir mutuellement. Aussi tous les évêques vivoient-ils dans une grande union. Il s'établit cependant une subordination entre eux : car ceux des grandes villes eurent des prérogatives dans les ordinations et dans les conciles, et celui de Rome fut considéré comme le premier de tous. On ne le jugeoit pourtant pas infaillible : la dispute sur le baptême des hérétiques en est la preuve. Le sentiment de l'église universelle étoit l'unique règle de la foi ; et on croyoit qu'il n'y avoit point de salut pour ceux qui ne s'y soumettoient pas.

Usage des excommunications. On veilloit sur les mœurs, et on excommunioit non seulement les hérétiques, mais encore ceux qui troubloient la discipline, ou qui menoient une vie déréglée. Dès qu'un homme avoit été excommunié par son évêque, il étoit rare qu'il trouvât une église qui le reçût à sa communion.

Le sacrifice des Chrétiens étoit la célé- *La célébration de l'eucharistie.* bration de l'eucharistie. Il se faisoit d'une manière simple et avec peu de cérémonies. La matière en étoit un pain ordinaire et du vin mêlé d'eau. Les fidelles l'apportoient : le prêtre ou l'évêque, qui présidoit à l'assemblée, la consacroit : les diacres la distribuoient, et on communioit sous les deux espèces. Il semble qu'il y ait eu des églises où chacun s'approchoit de la table, et prenoit sa portion de l'eucharistie. On la donnoit aux enfans sous l'espèce du vin. On la recevoit souvent, et ordinairement toutes les fois qu'on se trouvoit aux assemblées, quelquefois le matin, et quelquefois au milieu du repas. Mais, parce qu'en approchant de ce sacrement on protestoit recevoir le corps et le sang de Jésus-Christ, on croyoit n'y pouvoir participer qu'autant qu'on vivoit saintement, et on le recevoit avec le plus grand respect. Afin même de ne pas l'exposer à être profané, on prenoit la précaution de se cacher des catéchumènes et des infidelles. C'étoit assez l'usage de ne pas s'ouvrir à eux sur les mystères.

<small>Les jeûnes des Chrétiens.</small>

Les Chrétiens jeûnoient ordinairement les mercredis et vendredis, jusqu'à la neuvième heure seulement : plusieurs passoient même ces jours en prières ; ce qu'ils appeloient station. Ils jeûnoient encore et se mortifioient, sur-tout dans les temps de calamités, et quand ils étoient en pénitence. Le jeûne le plus solemnel étoit avant pâques, plus ou moins long, suivant les différentes coutumes des églises. D'ailleurs les Chrétiens pensoient qu'il étoit défendu de jeûner le dimanche ; et, depuis pâques jusqu'à la pentecôte, ils ne mangeoient ni viandes étouffées, ni sang, ni aucune des choses qui avoient été offertes aux idoles. Ils condamnoient la coutume où l'on étoit de brûler les morts, et ils les ensevelissoient.

<small>Les opinions qu'on avoit sur le mariage portoient au célibat.</small>

Le mariage se célébroit en présence des prêtres. On jugeoit le célibat plus saint. C'est pourquoi quelques-uns ont condamné les secondes noces. Il y a même eu des hérétiques qui regardoient le mariage comme un état criminel. Quelques églises permettoient de répudier sa femme, et d'en épouser une autre, pour cause d'adultère seulement.

Il y avoit quantité d'hommes et de femmes qui vivoient dans le célibat et dans l'austérité. Les opinions qu'on avoit sur le mariage invitoient à ce genre de vie. Souvent les persécutions mettoient dans la nécessité de l'embrasser, parce que les Chrétiens, forcés de fuir, n'avoient pas de retraite plus sûre que les déserts. Les esprits n'étoient nulle part plus portés à une solitude austère : nous en avons déjà vu des exemples. C'est aussi là qu'on trouve les premiers hermites, et les commencemens de l'ordre monastique.

Sous la persécution de Décius, une des plus cruelles, les Chrétiens d'Égypte s'enfuirent dans les déserts. La faim, la soif, les maladies, les bêtes, les voleurs en firent périr un grand nombre ; et plusieurs, pris par les Sarrazins, tombèrent en esclavage. Un jeune homme de vingt-trois ans, nommé Paul, échappa, entre autres, à tous ces dangers, et se retira dans une caverne où il vécut quatre-vingt-dix ans. C'est le premier hermite dont l'histoire fasse mention. Cependant il y en avoit déjà dès le temps de S. Marc, soit que des Thérapeutes se

Commencement de l'ordre monastique.

fussent convertis, soit que les Chrétiens eussent cherché la solitude pour vivre plus saintement.

Si quelques-uns, comme Paul, prirent d'abord ce genre de vie par nécessité, d'autres l'embrassèrent par choix ; et, dans les temps de paix, ils s'établissoient volontiers aux environs des bourgs. Le plus célèbre de ces solitaires égyptiens est S. Antoine, qui, à l'âge de vingt ans, se retira en 270 auprès de Coma, village où il étoit né. Il demeura quinze ans dans cette retraite, visitant tous les hermites dont il entendoit parler, et s'exerçant à toutes les vertus. Enfin son zèle ardent lui fit chercher une plus grande solitude ; il se retira dans un désert ; et, la réputation de sa sainteté lui ayant attiré des disciples, il fut le fondateur de plusieurs monastères chrétiens. Je dis *chrétiens*, parce qu'il y avoit long-temps que les Thérapeutes avoient les leurs : ils donnoient même ce nom à leurs cellules. Quoi qu'il en soit, S. Antoine est regardé comme l'instituteur de la vie monastique. Les monastères se multiplièrent beaucoup en Égypte, sur-tout depuis la persécution de Dioclétien. C'est de ces moines, d'abord épars et solitaires, que se formeront dans la suite des communautés, qui suivront une même règle, sous la conduite d'un supérieur, nommé abbé ou archimandrite.

Les moines gardoient le célibat, vivoient dans l'obéissance et dans la pauvreté, faisoient des jeûnes excessifs, pratiquoient les plus grandes austérités ; en un mot, ils renonçoient entièrement au monde pour être uniquement à Jésus-Christ. Tels sont à-peu-près les usages qui se sont établis dans les trois premiers siècles de l'église.

CHAPITRE X.

Conclusion de ce livre.

<small>Les apôtres étoient convaincus de la vérité de l'évangile qu'ils prêchoient.</small>

QUAND la religion chrétienne n'auroit point trouvé d'obstacles, ce seroit encore une chose merveilleuse que la rapidité avec laquelle elle s'est répandue: Cette révolution seroit unique dans son espèce. Que penserons-nous donc si, tout se trouvant contraire à sa propagation, elle a eu à combattre les mœurs, les préjugés, les superstitions des peuples? Quel projet que celui des apôtres! annoncer une religion, qui se déclare l'ennemie de tous les cultes: l'annoncer, non seulement dans l'empire, la porter encore au-delà, et chez des nations dont ils ne savoient pas les langues. Ce projet pouvoit-il s'exécuter sans des secours extraordinaires? pouvoit-il seulement se former? Considérons sur-tout qu'ils sortoient d'un peuple géneralement méprisé, qu'ils étoient méprisés eux-mêmes : or ce mépris n'étoit certainement pas le moindre obstacle. Comment donc ces ignorans réussissent-ils, tandis que tant d'imposteurs, qui paroissent dans le même siècle, échouent, et des imposteurs parmi lesquels on trouve des philosophes instruits et considérés, tels qu'Apollonius de Tyanes ? Ont-ils voulu eux-mêmes en imposer ? Pourquoi donc combattent-ils tous les vices ? pourquoi enseignent-ils une morale si pure et si sainte ? Le caractère de l'imposture est-il de sacrifier tout intérêt humain, et de souffrir les tourmens et la mort pour le mensonge ? Reconnoissons donc que les apôtres étoient convaincus, et voyons sur quel fondement.

Il n'est pas douteux que les Juifs n'attendissent le Messie dans le temps même de l'avénement de Jésus-Christ. Quantité de prophéties l'avoient annoncé, et ce n'est point après coup qu'on les interpréta. L'espérance des Juifs, à cet égard, étoit si connue, que le bruit s'en étoit répandu jusques chez les payens : *Pluribus persuasio inerat*, dit Tacite, *antiquis sacerdotum*

<small>L'accomplissement des anciennes prophéties, premier motif de leur conviction.</small>

litteris contineri, eo ipso tempore fore ut valesceret oriens, profectique Judæa rerum potirentur. Et Suétone : *Percrebuerat oriente toto vetus et constans opinio esse in fatis, ut eo tempore Judæa profecti rerum potirentur.* Voilà le Messie, d'après l'idée que la plupart des Juifs s'en formoient.

Or les apôtres avoient les prophéties sous les yeux ; ils étoient témoins des actions de Jésus-Christ ; et ils l'ont reconnu pour le Messie prédit. L'accomplissement des prophéties a donc été le premier fondement de leur foi.

Les miracles de J sus-Christ, Lorsque deux disciples de S. Jean-Baptiste vinrent demander à Jésus-Christ s'il étoit le Messie, il répondit par des miracles. *Les aveugles voient,* dit-il, *les boiteux marchent, les lépreux sont guéris, les sourds entendent, les morts ressuscitent.* Les miracles que les apôtres voyoient, et dont les plus simples et les plus ignorans étoient à portée de se convaincre, ont été le second fondement de leur foi.

L'accomplisse- Jésus-Christ fit plusieurs prédictions,

dont les unes s'accomplirent pendant sa vie, et d'autres après sa mort. Il prédit la trahison de Judas, le reniement de saint Pierre, et le lâche abandon de tous ses disciples. Ce sont les évangélistes mêmes qui on publié ces circonstances, aveu humiliant, que l'amour de la vérité pouvoit seul arracher.

ment des prophéties de Jésus-Christ, troisième motif.

Il falloit de nouveaux prodiges pour rallumer la foi des apôtres et des disciples. Le voile du temple se déchira : la terre trembla : elle se couvrit de ténèbres : Jésus-Christ ressuscita le troisième jour : il apparut plusieurs fois pendant quarante jours : il monta au ciel à la vue des apôtres : et il leur envoya le S. Esprit. Convaincus une seconde fois, ils se reprochèrent leur lâcheté ; ils se rappelèrent qu'elle avoit été prédite ; ils devinrent inébranlables.

Or comment ces hommes si lâches sont-ils devenus si courageux ? C'est qu'ils ont été convaincus, et ils l'ont été, parce qu'ils ont vu. Toutes les circonstances des apparitions de notre Seigneur prouvent qu'ils n'ont pas cru légèrement.

Si je ne parlois que des motifs que nous

avons de croire, l'incrédule pourroit dire que les évangélistes ont inventé ces faits. Mais les apôtres n'auroient pas pu croire sur des faits que les évangélistes auroient inventés depuis. S'ils ont cru, ils ont donc vu, et les faits n'ont pas été inventés. Or il n'est pas douteux qu'ils n'aient cru.

Jésus-Christ fit des prédictions qui s'accomplirent après sa mort. Il a prédit que ses disciples seroient conduits en présence des gouverneurs et des rois, à cause de lui, pour lui servir de témoignage devant eux et devant les nations. Il est vrai qu'il n'étoit pas impossible de prévoir qu'il s'éleveroit des ennemis contre une religion, qui vouloit s'établir sur les ruines de tous les cultes. Cependant avant qu'elle attirât l'attention des gouverneurs et des rois, il falloit qu'elle fît des progrès considérables : car les souverains ne s'en seroient pas occupés si elle fût restée dans l'obscurité où elle étoit encore lorsque Jésus-Christ faisoit cette prédiction. Or il n'étoit pas facile de prévoir ces progrès : quiconque ne fera attention qu'aux obstacles conviendra qu'il eût été bien plus naturel de juger que la religion chrétienne seroit étouffée dès sa naissance. Cependant Jésus-Christ ne craint point d'en prédire la propagation, assurant que son évangile seroit prêché par toute la terre, et que ses disciples instruiroient toutes les nations. Il montre bien quelle est sa confiance lorsqu'il dit : *Quiconque me confessera devant les hommes, je le confesserai devant mon père qui est dans les cieux ; et quiconque me reniera devant les hommes, je le renierai aussi devant mon père qui est dans les cieux.*

C'est sur-tout par les apôtres que cette prédiction devoit s'accomplir ; plus ils étoient ignorans, plus ils avoient de peine à le comprendre ; et, si elle s'accomplissoit, c'étoit pour eux un nouveau motif de conviction.

Mais la prophétie sur la ruine de la ville et du temple de Jérusalem, et sur la dispersion des Juifs, est bien plus étonnante encore. Dans le temps où Jésus-Christ disoit qu'il ne resteroit pas pierre sur pierre, cet événement ne paroissoit pas vraisemblable. Il ne le paroissoit pas même lorsque Titus formoit le siège de Jérusalem : car rien n'étoit moins dans le caractère de ce prince. En effet, il prit des mesures pour sauver au moins le temple : ses efforts furent inutiles. Quel motif de conviction pour les apôtres et pour les disciples qui vivoient encore! pour S. Jean, par exemple, et pour S. Siméon qui vécurent jusqu'au second siècle. Celui-ci, qui gouvernoit alors l'église de Jérusalem, se retira lorsqu'il vit les aigles romaines; et il suivit en cela le conseil que Jésus-Christ avoit donné.

<small>Comment les apôtres convaincus ont donné de nouveaux motifs de conviction.</small>

J'ai prouvé, d'un côté, que les apôtres étoient convaincus, et, de l'autre, qu'ils l'étoient avec fondement. Il faut donc croire, sur leur autorité, que la religion qu'ils ont prêchée est toute divine ; et, quand il n'y auroit pas d'autres preuves pour nous, il ne resteroit pas de doute. Voyons cependant quels ont été les motifs de ceux qui ont cru sans avoir été témoins des miracles de Jésus-Christ.

Quand les apôtres et les disciples n'auroient fait qu'attester ce qu'ils avoient vu, l'assurer au milieu des tourmens, le confirmer en mourant, et se trouver heureux de mourir pour l'évangile, cette raison eût été suffisante pour déterminer tout esprit sage ; car une pareille conduite ne pourroit pas s'allier avec le mensonge. Mais, par ce moyen, la foi se seroit répandue trop lentement. Les apôtres prouvèrent donc les miracles de Jésus-Christ, en faisant des miracles eux-mêmes, en rendant la vue à des aveugles, en guérissant des paralytiques, des boiteux, en chassant les démons, en ressuscitant des morts, en faisant des prédictions. Ils firent plus, ils communiquèrent ce pouvoir à plusieurs de leurs disciples. De tous les miracles, celui qui dut sur-tout accélérer la conversion des Gentils, c'est le don des langues; car, par ce moyen, l'évangile se portoit facilement chez toutes les nations. Tel a donc été le premier siècle de l'église ; des miracles par-tout, et par-tout aussi des témoins qui les attestoient.

Cependant le plus grand nombre de ceux qui se convertissoient n'étoit encore, comme je l'ai dit, que des hommes du peuple; et j'ai dit *le plus grand nombre,* parce que dès-lors il y en eut plusieurs qui ne doivent pas être mis dans cette classe. Tels sont Joseph d'Arimathie, du grand sanhédrin des Juifs; Nicodème, un des principaux parmi les Pharisiens; Denis de l'aréopage; et Flavius Clément, sénateur, consul et parent de l'empereur. Mais c'est sur-tout dans le second siècle qu'il faut rechercher les motifs de conversion des savans et des gens du monde, parce que c'est alors qu'ils sont venus en foule dans l'église.

Motifs de conversion ou pour les hommes éclairés qui se sont convertis dans le second siècle.

Ce siècle a été un des plus éclairés. On s'occupoit des arts et des sciences, on cherchoit la vérité avec ardeur; et on ne peut pas présumer que les gens du monde et les savans qui se convertirent aient embrassé sans examen une doctrine qui les exposoit à la haine, au mépris, aux tourmens, à la mort. Si vous demandez pourquoi tous ne se convertirent pas, je vous répondrai qu'on étoit, en général, ou trop prévenu, ou trop occupé d'autres soins, pour apporter à cet examen toute l'attention nécessaire.

Les plus sages furent d'abord frappés de la patience courageuse des martyrs. Ils en voyoient des exemples dans toutes les provinces : ces exemples se renouveloient sans cesse, et ils n'imaginoient pas, comme Pline, que ce pût être l'effet d'une obstination aveugle. Ils jugeoient au contraire qu'une conviction éclairée pouvoit seule inspirer, dans tout l'empire, le même courage aux Chrétiens qui s'y répandoient. Il semble même que ce n'eût pas été assez pour les martyrs d'être convaincus : car, si on considère la longueur et la cruauté des tortures employées pour les faire succomber, on conviendra que leur foi avoit besoin d'être soutenue par des secours extraordinaires, et que leur constance peut être mise au nombre des miracles.

Après avoir été frappé du courage des Chrétiens, il étoit naturel d'en considérer les mœurs. Or on trouvoit un renoncement aux plaisirs, aux richesses, à la pompe, en un mot, à tout ce qui excite la cupidité. On trouvoit des ames pures qui se défendoient jusqu'à la pensée d'un crime. On trouvoit une charité sans bornes ; et on reconnoissoit qu'un payen baptisé devenoit un nouvel homme, qu'il étoit comme régénéré, comme né une seconde fois dans un état plus saint.

Quelle étoit donc la doctrine qui inspiroit tant de courage et tant de vertus ? Ici l'examen devenoit un nouveau triomphe pour la religion chrétienne. Supérieure, par sa théologie et sa morale, à tout ce que les plus grands philosophes avoient enseigné, elle élevoit l'ignorant à la connoissance de son créateur, et elle le remplissoit des maximes les plus pures.

Ces considérations suffisoient sans doute pour entraîner les Gentils qui examinoient sans prévention. Cependant ils pouvoient encore demander aux Chrétiens : Mais pourquoi courir à la mort ? pourquoi vous obstiner à combattre les cultes établis ? vous est-il donc nécessaire de les détruire pour exercer toutes vos vertus ? A ces questions, les Chrétiens répondoient par les miracles de Jésus-Christ, par ceux des apôtres, par ceux des hommes apostoliques, et par les prophéties.

Ces réponses étoient les mêmes par-tout où il y avoit des Chrétiens. Par-tout on attestoit les mêmes miracles ou de semblables : par-tout on professoit la même doctrine et avec le même courage. Ajoutons à cet accord, qui ne peut se trouver avec l'imposture, que les évangiles avoient été écrits avant la ruine de Jérusalem, et que les livres de l'ancien testament ne pouvoient être suspects, puisqu'ils étoient conservés par les Juifs, ennemis de la religion chrétienne. Voilà par quels motifs des savans se convertirent en grand nombre dans le second siècle. En effet, c'étoit assez qu'il existât encore plusieurs témoins des miracles faits dans le premier, et que d'ailleurs les prophéties fussent absolument accomplies.

Les œuvres de Jésus-Christ, disoit Quadrat dans l'apologie qu'il osa présenter à l'empereur Adrien, ont toujours été vues et connues, parce qu'elles étoient réelles. Elles n'ont certainement point été douteuses aux malades guéris et aux morts ressuscités. Or ceux-ci ont été vus non seulement dans le temps de leur résurrection et de leur guérison, mais long-temps après : non seulement dans le temps que notre Seigneur demeuroit sur la terre ; ils ont encore survécu de beaucoup à son ascension, et quelques-uns vivoient même de nos jours.

Si Quadrat parloit ainsi dans ce morceau, le seul qui nous reste de son apologie, vous pouvez juger combien il trouvoit de témoins existans des miracles des apôtres, et de ceux des hommes apostoliques. Il est un des premiers exemples des savans convertis. La religion, répandue par-tout, étoit déjà suffisamment prouvée, et les miracles devenoient tous les jours moins nécessaires. Aussi paroissent-ils avoir été plus rares dans le second siècle que dans le premier, et plus rares encore dans le troisième. Cependant ils ne cessèrent pas entièrement. Après avoir donc été converti sur le témoignage des autres, on se confirmoit dans la foi par les miracles dont on étoit témoin soi-même ; car ils ont été encore fréquens tant qu'il y a eu des hommes apostoliques, c'est-à-dire, pendant le cours du second siècle.

Motifs de conversion du troisième siècle.

Si nous passons au troisième, les preuves de la religion acquerront une nouvelle force par les nouveaux miracles, quelque rares qu'on les suppose. D'ailleurs nous verrons la tradition conserver dans toutes les églises ceux qui se sont faits auparavant : nous verrons la centurie des martyrs les attester par tout ; et les ennemis mêmes du Christianisme en reconnoître la vérité. Ni Celse, ni Porphyre, ne les ont révoqués en doute.

Je me suis borné à mettre sous vos yeux les motifs qui ont convaincu les payens dans les trois premiers siècles, parce que, si la religion étoit démontrée alors, elle l'est encore aujourd'hui, et elle le sera dans tous les temps. Cette matière mériteroit sans doute de plus grands éclaircissemens, et j'y suppléerai dans nos conversations. Mais je ne devois pas transcrire tout ce que d'autres ont dit avant moi; et j'aurai assez fait pour le présent, si l'ordre que j'ai suivi peut vous guider dans les lectures que vous devez faire.

———

LIVRE SEIZIÈME.

CHAPITRE PREMIER.

La conduite de Constantin, par rapport à l'église.

<small>Il suffit de considérer Constantin sous deux points de vue.</small>

JE ne suivrai point l'ordre des temps, parce que je veux abréger, et que d'ailleurs je crois plus instructif pour vous de considérer d'abord Constantin par rapport à l'église, et ensuite par rapport à l'état. Il faut pour cela reprendre les choses à l'année 312, époque de sa conversion.

Après la défaite et la mort de Maxence, le premier soin de Constantin fut de faire triompher la croix, et de manifester, par des monumens, qu'il devoit la victoire à Jésus-Christ. Il fit bâtir des églises, accorda des priviléges aux ecclésiastiques de

Rome, montra beaucoup de respect pour les ministres de la religion, et abolit le supplice de la croix.

Il reconnut la protection divine dans la défaite de Licinius; et, voulant réparer les maux que la persécution avoit faits en Orient, il ordonna de restituer aux églises et aux catholiques les biens qu'on leur avoit enlevés, de rendre la liberté à ceux qui avoient été condamnés, pour la foi, à l'exil, aux mines ou à la prison, et de rétablir dans les emplois ceux qui en avoient possédé.

Il répare les maux que la persécution avoit faits.

C'est la même conduite qu'il avoit déjà tenue avec les églises qui s'étoient trouvées dans le même cas que celles d'Orient: telles étoient sur-tout celles d'Afrique. Il voulut même que les ecclésiastiques fussent exempts de toute espèce de charges, et que les terres de l'église ne fussent sujettes à aucune imposition. Son dessein étoit surtout que les ministres de la religion ne fussent pas détournés du service des autels, persuadé qu'ils contribueroient plus à la prospérité de l'état par des prières que par des fonctions civiles. C'est pourquoi il les exempta des offices municipaux, of-

Il accorde des exemptions au clergé.

fices honorables, mais qui obligeoient à des soins et à des dépenses. Ceux qui les exerçoient étoient, entre autres choses, chargés de lever les impositions dans le district de leur cité, et d'en faire les deniers bons.

{Inconvéniens de ces exemptions.} Il étoit sage de ne pas donner ces offices au clergé ; mais les autres exemptions qu'on lui accordoit devenoient préjudiciables au reste des citoyens sur qui toutes les charges retomboient. Elles nuisoient encore au clergé même, parce que c'étoit lui faire oublier sa première destination pour lui donner l'amour des richesses ; et on remarqua bientôt qu'il se remplissoit de quantité de gens riches, qui n'y entroient que pour être plus riches encore, en jouissant des exemptions.

{En voulant remédier à ces inconvéniens, Constantin en occasionne d'autres.} Quand on ne considère que le zèle de Constantin, on peut l'excuser de n'avoir pas vu que ces exemptions étoient contraires au vrai bien du clergé ; mais il auroit dû prévoir qu'elles le seroient au bien de l'état. Il s'en apperçut enfin ; cependant il ne les révoqua pas. En considérant que c'étoit aux riches à porter les charges, il ordonna qu'on ne recevroit dans le clergé que des personnes qui auroient peu de bien. Ainsi, d'un côté, il combloit l'église de faveurs, de l'autre, il en blessoit la liberté, et la privoit de tout bon sujet qui seroit riche. En croyant donc remédier à un inconvénient, il en produisoit un autre ; telles sont les suites d'une fausse démarche. Malheureusement les princes ont souvent tort, et, ce qui est le plus malheureux, c'est qu'ils sont rarement capables de s'en appercevoir ; ou que, s'ils s'en apperçoivent, ils ne croient pas de leur dignité de l'avouer. Ils tombent donc de fautes en fautes.

Constantin, voulant que le dimanche fût consacré à la prière, défendit toute occupation pour ce jour-là ; et il se conduisit d'autant plus sagement, qu'il fit une exception en faveur des travaux de l'agriculture. Les soldats chrétiens passoient le dimanche à l'église, les autres étoient conduits dans une plaine où on leur faisoit réciter une prière au vrai Dieu.

Il consacre le dimanche à la prière.

Les empereurs avoient employé les peines et les récompenses pour engager les citoyens à se marier et à donner des enfans à l'état. Quelques-uns croient que

Il autorise le célibat, en croyant faire respecter la virginité.

Constantin laissa subsister les récompenses ;
il est au moins certain qu'il supprima les
peines, et qu'il abrogea en partie la loi
papia. Son motif étoit d'entrer dans l'esprit de l'église, et de faire respecter la virginité que l'évangile honore comme une
vertu. Cependant, abroger la loi *papia*,
c'étoit autoriser le célibat; et il y a une
grande différence entre le célibat et la virginité. D'ailleurs Constantin auroit dû
craindre d'entretenir dans l'erreur les hérétiques, qui jugeoient le mariage criminel. Enfin les payens, qui étoient encore
en grand nombre, pouvoient se prévaloir
de la loi de cet empereur ; ce qui étoit
nuisible à l'état, sans être utile à la religion. Il est vrai que, suivant la remarque de S. Ambroise, les pays où il
y avoit le plus de vierges étoient aussi les
plus peuplés ; mais, si cela est, certainement ce n'étoit pas parce qu'il y avoit
plus de vierges.

Il permet de faire les affranchissemens dans les églises.

Les affranchissemens se faisoient devant
les premiers magistrats, et il y falloit tant
de formalités, qu'il étoit quelquefois difficile à un maître de donner la liberté à

son esclave. Constantin leva toutes ces difficultés, en permettant d'affranchir dans l'église, et en déclarant que l'attestation des évêques ou des prêtres suffisoit pour faire un citoyen romain.

Il convenoit d'assurer à chaque église de quoi entretenir son clergé. Mais il faut qu'un prince sache toujours ce qu'il donne ; car il ne devroit jamais donner ni trop ni trop peu. Si cette réflexion est juste, vous ne trouverez pas assez de sagesse dans la loi par laquelle Constantin permit à chacun de laisser par testament, à l'église, telle part de son bien qu'il jugeroit à propos ; vous aurez de la peine à concilier cette loi avec celle qui ne permettoit l'état ecclésiastique qu'à ceux qui avoient peu de bien ; et vous voyez, qu'ouvrant la porte à l'avidité et à la séduction, elle ruinera bien des familles.

Il permet de laisser aux églises telle part de son bien qu'on jugera à propos.

Il permit par une loi, à tous ceux qui auroient des procès, de récuser les juges civils, pour appeler au jugement des évêques ; ordonnant que les sentences rendues dans un tribunal ecclésiastique seroient considérées comme s'il les avoit rendues lui-

Il confie l'administration de la justice aux évêques.

même; et enjoignant aux gouverneurs de les faire exécuter. (1)

Jusqu'alors les évêques avoient été en possession d'être les arbitres des procès qui s'élevoient parmi les Chrétiens. Cet usage auroit pu s'abolir peu-à-peu, parce que les raisons qui l'avoient introduit ne subsistoient plus. Il n'y avoit pas même d'inconvénient à le conserver; et il étoit juste de permettre aux partis de préférer des arbitres à des juges. C'est à quoi Constantin, ce me semble, auroit dû se borner.

En effet, étoit-il raisonnable de confier l'administration de la justice au clergé? Il y avoit, à la vérité, dans ce corps quantité d'évêques remplis de sainteté et de lumières. Cependant on peut présumer qu'en général leurs connoissances se bornoient aux choses de la religion; et que la jurisprudence, qui étoit un chaos pour les jurisconsultes, étoit un plus grand chaos pour eux. On ne peut donc pas supposer

---

(1) Il y a des critiques qui pensent que cette loi est supposée; mais elle sera bientôt portée par un des successeurs de Constantin, Honorius.

qu'ils soient devenus des juges éclairés par le seule force d'une loi qui les déclaroit juges. On dira sans doute que Constantin a voulu montrer son respect pour l'église; je réponds qu'il en pouvoit donner toute autre preuve. Il n'étoit pas sage d'anéantir les tribunaux civils, dont les magistrats sont au moins censés avoir appris leur métier, pour confier l'administration de la justice à des juges qu'on doit présumer n'avoir pas étudié les lois. Ajoutons que cette prérogative pouvoit rendre le clergé trop puissant.

La suite de l'histoire vous fera connoître les abus de ces exemptions et de ces priviléges accordés inconsidérément. Je vous prie seulement de remarquer que le clergé n'en jouissoit pas avant Constantin; c'est une chose que la plupart des princes ignorent, et que le clergé oublie volontiers.

Constantin ne cessoit de s'élever contre l'aveuglement des payens, et d'exhorter tous les peuples à se convertir. Cependant sa conduite à cet égard a été différente suivant les temps; lorsqu'il n'étoit pas encore seul maître de l'empire, il a permis de sa-

Moyens de Constantin pour abolir le culte des idoles.

crifier aux idoles dans les temples et en public. Il étoit alors si éloigné de persécuter les idolâtres, qu'il invitoit les Chrétiens à n'employer que la douceur, la persuasion et l'exemple. Dans la suite, il usa de violence. Il y eut des temples qu'on ferma, d'autres qu'on découvrit afin qu'ils tombassent en ruine, d'autres qu'on abattit. On les dépouilloit de toutes leurs richesses; on enlevoit les statues auxquelles l'art donnoit du prix; on brisoit toutes les autres.

Cette conduite étoit tout-à-fait contraire à l'esprit de la religion; car la violence ne fait que des hypocrites et des sacriléges, et cependant la persuasion fait seule les Chrétiens. Il ne falloit donc rien négliger pour éclairer les peuples; il ne falloit pas se lasser de les exhorter. Comment des Chrétiens pouvoient-ils eux-mêmes employer des persécutions, dont ils avoient éprouvé et démontré tant de fois l'injustice ?

Sa conduite avec les Donatistes. Constantin, voyant avec douleur les divisions qui troubloient l'église, entreprit de concilier les esprits, et de rapprocher les partis contraires; mais il eût été à souhaiter qu'il se fût conduit avec autant de prudence que de zèle.

Comme il avoit ordonné aux proconsuls d'Afrique de rechercher ceux qui troubloient, dans cette province, la paix de l'église catholique, les Donatistes, qui craignirent qu'on ne sévît contre eux, se hâtèrent de lui demander des juges, et lui adressèrent un mémoire à cet effet. La chose n'étoit pas sans difficulté; car à quel titre l'empereur pouvoit-il nommer les juges dans une affaire ecclésiastique, lui sur-tout qui n'étoit encore ni baptisé ni même catéchumène? Il est vrai qu'il ne s'agissoit pas du dogme, mais seulement des accusations faites contre Cécilien; et que par conséquent cette affaire étoit de nature à pouvoir être jugée par des laïcs. Cependant Constantin avoit un prétexte pour ne s'en point mêler, et il l'auroit dû saisir; car, dans ces sortes de disputes, les princes ne font souvent qu'irriter les partis, et leurs fausses démarches sont toujours dangereuses. Les Donatistes étoient déjà condamnés, puisque Cécilien avoit pour lui tous les évêques catholiques : cependant l'empereur convoque lui-même à Rome un concile, et nomme pour juges le pape Milliade, trois évêques des Gaules et quelques-uns d'Italie.

Les Donatistes furent condamnés et ne se soumirent pas. C'étoit le cas de regarder cette affaire comme décidée, puisqu'on pouvoit facilement prévoir que ceux qui avoient été rebelles à un premier concile le seroient encore à un second. L'empereur néanmoins eut la foiblesse d'en accorder un nouveau aux plaintes importunes des Donatistes. Il le fit tenir à Arles; et il reconnut bientôt ce qu'il n'avoit pas prévu, c'est-à-dire, l'obstination des schismatiques.

Ils appelèrent du concile à lui-même : il en fut irrité : il regarda cette démarche comme une impiété de leur part. *Quoi! disoit-il, on est dans l'usage d'appeler d'une moindre autorité à une plus grande, et ces méchans appellent du ciel à la terre, de Jésus-Christ à un homme ?* Il rejeta donc leur appel avec horreur; et, voulant punir tous ces rebelles, il ordonna de les lui amener. Ils vinrent; et, contre l'attente de tout le monde, il reçut leur appel, et les jugea.

Sa décision fut conforme à celle des deux conciles ; et les Donatistes, bien loin de se rendre, l'accusèrent de s'être laissé prévenir. Alors il en condamna à mort et au bannissement : il leur ôta les basiliques et les lieux où ils s'assembloient ; il confisqua même les biens de plusieurs, et ils firent plus de progrès que jamais. Lorsqu'ils furent tombés dans de nouvelles erreurs, et que, devenus plus audacieux, ils se croyoient tout permis, Constantin saisit ce moment pour prendre avec eux une conduite modérée, rappelant les exilés, exhortant les catholiques à les vaincre par la douceur, et disant qu'il falloit laisser à Dieu le soin de les punir. Telle fut la conduite de cet empereur ; et, quelques années après, il y eut en Afrique une si grande quantité de Donatistes, qu'on y trouvoit à peine des Catholiques.

En 324, Constantin, maître de tout l'empire par la défaite de Licinius, fit quelque séjour à Nicomédie, qui étoit en Orient la résidence ordinaire des empereurs : il y apprit la division que les Ariens causoient en Égypte ; et il écrivit à l'évêque Alexan-

Faux jugement de Constantin sur la doctrine d'Arius.

dre et au prêtre Arius pour les porter à la paix. Comme il n'étoit instruit de ces disputes que par un partisan d'Arius, Eusèbe, évêque de Nicomédie, il les traitoit de questions frivoles et de vaines subtilités, qui ne faisoient rien au fonds de la religion. Il en jugeoit mal, puisqu'il s'agissoit de savoir si Jésus-Christ est Dieu ou créature. C'est ainsi qu'un prince est exposé à se tromper, quand il en croit le premier qui lui parle.

Concile de Nicée. Sa lettre n'ayant produit aucun effet, il résolut d'assembler un concile composé des évêques d'Orient et d'Occident. Il le convoqua lui-même en 325 à Nicée, ville de Bithynie. Ce concile est le premier qu'on a nommé œcuménique, pour marquer qu'il y avoit des évêques de toutes les parties de la terre ; c'est-à-dire, dans le langage du temps, de toutes les parties de l'empire romain. Arius fut condamné ; mais les pères s'étant servis du mot *consubtantiel* pour exprimer avec précision que le fils est de même substance que le père, ce mot, parce qu'il étoit nouveau, et qu'on ne le trouvoit point dans l'écriture, servit de prétexte aux Ariens pour ne pas se soumettre au dogme. Il fut d'ailleurs généralement adopté, et tous les évêques signèrent la formule de foi, à l'exception de deux : ce même concile ordonna qu'on célébreroit la pâque le dimanche, et fit encore plusieurs réglemens sur la discipline.

Constantin bannit Arius, et, trois mois après, il relégua dans les Gaules Eusèbe de Nicomédie et Théognis de Nicée, parce qu'ils favorisoient l'Arianisme. Il ordonna aux fidelles de ces deux églises de choisir d'autres évêques. Il écrivit à ce sujet une lettre, dans laquelle, après quelques discours obscurs sur la divinité du Verbe, il accusoit Eusèbe de l'avoir surpris, d'avoir abusé de sa confiance, et même d'avoir été complice des cruautés de Licinius. Cependant il le rappela, ainsi que Théognis, au bout de trois ans; et il fut assez foible pour rendre sa confiance à l'un et à l'autre. Ces deux hommes, ayant autant de crédit qu'ils en avoient eu auparavant, rentrèrent dans leurs évêchés, et en chassèrent ceux qui y avoient été mis en leur place.

Conduite de Constantin avec les Ariens.

Il ne manquoit plus que de rappeler Arius: Constantin le rappela. Il le fit venir à sa cour, l'interrogea, le trouva orthodoxe, et jugea qu'il pouvoit être admis à la communion de l'église.

Sa conduite avec les Catholiques.

Dès que les Ariens furent protégés, ils tinrent aussi des conciles; et ce fut le tour des évêques catholiques d'être déposés et bannis: c'est ce qui arriva à S. Eustache, évêque d'Antioche, à S. Athanase, évêque d'Alexandrie, et à plusieurs autres.

Le même sort attendoit S. Alexandre, évêque de Constantinople. Constantin le fit venir, lui ordonna de recevoir Arius à sa communion, rejeta avec colère les excuses que ce saint voulut alléguer, et tout se disposoit pour faire violence à cet évêque, lorsque Arius mourut subitement.

Cette conduite de l'empereur étoit d'autant plus extraordinaire, que, quelque temps auparavant, il avoit entrepris de réfuter lui-même l'hérésie d'Arius: nous avons encore la lettre qu'il écrivit à ce sujet. Elle est longue; il y parle du ton d'un déclamateur emporté; il dit des injures, il raille, il tourne en ridicule l'extérieur d'Arius, et il tâche quelquefois de raisonner. Peut-être cependant doit-on seulement lui reprocher d'avoir adopté cette lettre : il y a tout lieu de présumer qu'il ne l'a pas faite, quoiqu'il eût la vanité de se croire théologien, et de prononcer publiquement de longs discours sur la religion. Il eût mieux fait de la protéger avec plus de jugement. Je ne crains pas de dire qu'il a fait plus de mal à l'église qu'aucun des empereurs qui l'ont persécutée.

CHAPITRE II.

La conduite de Constantin par rapport à l'empire.

<small>Rome croit trouver un libérateur dans Constantin.</small> APRÈS la défaite de Maxence, Constantin fut reçu à Rome comme un libérateur ; il se montra libéral et généreux. Entre plusieurs lois qui en sont la preuve, il en fit une qui ordonnoit de prendre, sur le trésor public ou sur son domaine, de quoi nourrir les enfans lorsque les pères seroient trop pauvres pour les entretenir. Il s'appliqua sur-tout, pendant trois ans, à rétablir l'ordre.

Mais il ne savoit pas que la générosité doit s'étendre jusques sur ses ennemis; car il fit livrer aux bêtes un grand nombre de prisonniers qu'il avoit faits sur les Francs : il avoit déjà donné un spectacle de cette espèce avant sa conversion. Si pour lors cette cruauté faisoit déjà horreur, que dirons-nous de la retrouver encore en lui lorsqu'il est chrétien ? La politique même ne sauroit excuser cette barbarie ; elle la condamne au contraire. Si les ennemis sont foibles, ce moyen est inutile ; et, s'ils sont puissans, il ne les contient pas : il leur fait prendre au contraire des mesures pour user un jour de représailles. Pendant ce règne, les Goths et les Sarmates furent défaits plusieurs fois ; et on abolit les tributs que les autres empereurs avoient payés à ces barbares.

Il n'appartient pas à tous les princes de faire de grands changemens ; tandis que les plus sages ne s'y hasardent qu'avec beaucoup de circonspection, d'autres osent exécuter tous les projets qu'ils imaginent ; comme si changer c'étoit toujours réformer. Considérons Constantin dans les changemens qu'il a faits.

Constantin veut tout changer.

Aussitôt qu'il fut maître de Rome, il cassa les gardes prétoriennes. Au lieu de deux préfets il en fit quatre, auxquels il ôta tout commandement sur les troupes : il ne leur laissa que les fonctions civiles.

Il ôte le commandement aux préfets du prétoire.

Vous avez vu quelle étoit la puissance des gardes prétoriennes, et vous jugez

Quelle avoit été la puissance des préfets du prétoire.

quelle étoit celle des chefs qui les commandoient. Il est vrai que les préfets cédoient le pas aux consuls, parce que le gouvernement conservoit la forme, au moins extérieure, de la république : mais, par l'autorité qu'ils acquirent insensiblement, ils devinrent les seconds après les empereurs. Aussi désignoit-on leur puissance par ces mots, *imperium secundum*, *imperium sine purpurá*, et d'autres semblables : ils étoient auprès du prince ce qu'étoit auprès du dictateur le général de la cavalerie.

Leur autorité s'étendoit dans tout l'empire : leurs édits avoient force de lois dans toutes les provinces : c'est par eux que les ordres du prince passoient aux magistrats : ils s'étoient arrogé de choisir, de rejeter les juges, de les punir : on appeloit à eux des jugemens des autres : ils jugeoient en dernier ressort : ils pouvoient infliger toutes sortes de peines : ils avoient droit de vie et de mort : en un mot, ils présidoient à tout, et paroissoient les dépositaires de toute l'autorité. Le symbole de leur puissance étoit un glaive que l'empereur mettoit lui-même entre leurs mains ; vous vous rappelez les paroles de Trajan : *Recevez ce glaive : si je gouverne bien, servez-vous-en pour ma défense ; et, si je gouverne mal, servez-vous-en contre moi.*

Les empereurs n'ont élevé leurs préfets que pour abaisser les magistrats de la république ; jugeant qu'ils seroient bien plus maîtres lorsque l'autorité seroit dans des hommes à eux : mais telle est la nature des moyens qui tendent au despotisme, c'est qu'ils tendent à renverser le despote même. La vie des empereurs fut entre les mains de leurs préfets ; elle eût été mieux entre celles du peuple, s'ils eussent toujours été capables de bien gouverner. Il est beau de voir Trajan livrer le glaive à ses préfets, pour s'en servir contre lui : mais, s'il ne les eût pas trouvés en possession de cette puissance, il ne la leur eût pas donnée : il eût mieux aimé confier sa vie aux magistrats de la république.

La confiance de Trajan est celle d'un homme que la supériorité des talens met au-dessus des dangers. Quel qu'ait été Constantin, il n'a pas eu la même confiance ; et, pour se défendre contre une autorité qu'il redoutoit, il n'a su que l'abolir : il eût été plus grand de savoir la régler.

C'est en vain que, pour l'excuser, on exagéreroit les désordres causés par les gardes prétoriennes. Ces désordres ne sont point arrivés sous les princes faits pour être respectés, ou ils n'ont été qu'une suite du gouvernement des mauvais princes qui avoient précédé. Pertinax n'auroit pas été égorgé si Commode n'avoit pas régné avant lui. C'est toujours la faute du général quand la discipline n'est pas dans les troupes; et certainement l'habileté n'est pas à les casser, mais à s'en faire obéir.

Conséquences qui en dévoient résulter.

Cependant, comme le remarque M. de Montesquieu, la vie des empereurs fut plus assurée ; ils purent mourir dans leur lit : mais cette sécurité enfantera la mollesse. Les princes se montreront moins aux gens de guerre : ils seront plus oisifs, plus ignorans, plus livrés à leurs domestiques, plus attachés à leur palais, plus séparés de l'empire. Les valets, les femmes, les hypocrites les gouverneront. Ils flatteront leurs passions; ils les dégoûteront de leurs devoirs;

ils ne les occuperont que d'amusemens frivoles; ils épuiseront tout ce que l'art imagine pour chasser l'ennui qu'ils ne chasseront pas, et ils leur diront sans cesse : *Commandez, vous êtes maîtres.*

Les plus honnêtes gens n'auront plus d'accès à la cour : les plus sages représentations paroîtront des crimes : les meilleurs ministres et les meilleurs capitaines seront à la discrétion des intrigans, qui ne peuvent ni servir l'état, ni souffrir qu'on le serve. Malheur aux ames honnêtes qui surprendront le prince pour l'engager dans des entreprises utiles à l'empire, si ces entreprises exigent des soins de sa part ou des fonds qu'il destinoit à ses plaisirs ! En effet il ne manquera pas de s'en plaindre à ses favoris. Forcé de faire le bien, il en rejettera la faute sur ceux qui le lui auront conseillé, et il s'en repentira à temps. On verra des disgraces : toute la cour applaudira : *Il faut amuser le prince*, ce sera la maxime favorite, la maxime à laquelle on croira devoir sacrifier le salut des peuples ; et cependant on ne l'amusera pas.

Le ministère, les armées, les provinces offriront des changemens continuels, parce que l'intrigue disposera tout. Ce sera le règne de la flatterie, de l'hypocrisie, de l'artifice en un mot. La tyrannie n'agira plus avec audace : elle se montrera avec les vices des ames foibles : elle sera sourde, elle minera l'empire insensiblement, elle le détruira.

Voilà, Monseigneur, ce qui doit arriver, parce que Constantin a cassé les gardes prétoriennes ; c'est en partie les observations de M. de Montesquieu : je me serois borné à les copier, si mon dessein n'étoit pas de vous faire lire son ouvrage.

Constantin partage l'empire en quatre gouvernemens, et croit assurer sa puissance.

Avant Constantin, l'autorité des deux préfets du prétoire s'étendoit indistinctement sur toutes les provinces. Cet empereur, qui l'avoit affoiblie en leur ôtant tout commandement sur les troupes, l'affoiblit encore en faisant quatre préfets au lieu de deux, et en leur donnant des départemens séparés. L'empire fut partagé en quatre grands gouvernemens, celui d'Orient, celui d'Illyrie, celui d'Italie, et celui des Gaules. Vous trouverez ailleurs les provinces que chaque gouvernement renfermoit.

Vous vous souvenez du partage fait par Auguste. Il a subsisté jusqu'à Dioclétien, époque où les deux Augustes et les deux Césars partagèrent l'empire entre eux, sans avoir égard aux provinces qui appartenoient au sénat. Constantin ne les rendit pas, parce qu'il n'aimoit pas qu'il y eût une autre puissance que la sienne : d'ailleurs il étoit occupé du projet d'avilir le sénat. Trajan, Adrien, Antonin, Marc-Aurèle n'auroient pas pensé comme lui.

Jusqu'alors les dignités avoient toujours été des charges ; et cela étoit raisonnable, parce que les honneurs devroient toujours être joints aux services. Lorsque les plus grands titres n'exigent rien, on les donne à ceux qui ne méritent rien. Dès-lors l'émulation s'éteint, et les dignités s'avilissent. Qu'est-ce en effet qu'un grand qui n'a que des titres, et qui d'ailleurs ne peut rien par lui-même ?

Il semble que Constantin n'eût voulu donner que des dignités sans pouvoirs, soit qu'il craignît de partager sa puissance, soit qu'il aimât à se voir entouré de grands inutiles. C'est dans cette vue qu'il créa des patrices; espèce bien nouvelle dans l'empire puisqu'ils étoient sans fonctions, et que cependant ils avoient le rang au-dessus des préfets du prétoire.

On nommoit *comites*, d'où nous avons fait le mot *comte*, les sénateurs qui formoient le conseil des empereurs, et qui les accompagnoient quelque part qu'ils allassent. Cet emploi étoit considéré avec fondement. Constantin imagina de donner la considération, en accordant le titre sans accorder l'emploi ; et on eut des comtes comme nous en avons encore.

Il créa le titre de *nobilissime* pour deux de ses frères ; voulant vraisemblablement les consoler de les avoir tenus long-temps loin des affaires, loin même de la cour, et comme en exil. Les vains titres se sont multipliés à mesure qu'on est devenu plus barbare.

C'est aussi par cette raison qu'il porta le siège de l'empire à Constantinople.

Depuis seize ans, Constantin étoit maître de Rome ; il n'y avoit fait aucun séjour considérable. On peut conjecturer qu'il n'aimoit pas à se trouver dans une ville qui avoit été le centre de la liberté, dans laquelle au moins on se souvenoit d'avoir été libre, et où l'empereur, si l'on en jugeoit par des restes des anciens usages, ne paroissoit que le dépositaire des pouvoirs que le sénat lui confioit.

Mais ce n'étoit pas assez pour lui de s'absenter souvent. Jaloux du pouvoir arbitraire, il desiroit de ruiner tout-à-fait une puissance qui, quelque foible qu'elle fût déjà, lui donnoit encore de l'ombrage. Le moyen le plus prompt étoit d'établir ailleurs le siége de l'empire : la paix, dont on jouissoit, étoit une circonstance favorable à l'exécution de ce projet, et il fonda Constantinople. Tel est vraisemblablement le motif de cette entreprise ; à quoi on peut ajouter la petite vanité de donner son nom à une nouvelle ville.

Il est vrai cependant qu'il a publié dans une loi, qu'en cette occasion Dieu l'avoit éclairé, et lui avoit ordonné de bâtir à Bysance. Mais cette révélation est au moins l'ouvrage d'une imagination crédule : car la suite de l'histoire vous fera voir que cette seconde capitale n'a pas été moins funeste à l'église qu'à l'empire.

L'empereur y fit bâtir des palais, des fontaines, des cirques, des places, des églises et des édifices de toute espèce. Il dépouilla les autres villes et Rome même pour l'enrichir : il y transporta tout ce qui avoit orné les temples des idoles : ce qui étonna davantage, c'est la promptitude avec laquelle tant de bâtimens furent achevés. On revint cependant de cette surprise, lorsque leur peu de durée fit connoître qu'ils avoient été faits avec peu de solidité ; et on blâma Constantin de les avoir trop précipités. Il étoit si impatient dans ces occasions, que, lorsqu'il avoit commandé un édifice, il vouloit presque aussitôt apprendre qu'il étoit achevé. Cette impatience est l'effet d'une vanité peu raisonnable.

Il ne négligea rien pour peupler la nouvelle ville aux dépens de toutes les autres. Les blés d'Égypte y furent portés : Rome en fut privée, et ce fut une nécessité de l'abandonner. Les plus riches citoyens passèrent à Constantinople avec leurs biens et leurs esclaves, c'est-à-dire, avec la plus grande partie du peuple ; et l'Italie resta presque déserte.

Cette ville jouit de tons les priviléges dont Rome jouissoit. Le peuple y fut divisé par tribus. Elle eut un sénat et deux proconsuls. En un mot, ces deux villes se gouvernèrent sur le même plan : l'une fut la capitale de l'Orient, et l'autre de l'Occident.

Il semble que, pour les rendre égales, Constantin ait cru devoir transporter à Constantinople jusqu'aux abus de Rome. Il y établit sans nécessité des distributions de blés, d'huile, etc. Il ne vit pas que cet usage étoit à Rome un inconvénient que les circonstances avoient introduit, et qu'elles n'avoient pas permis de corriger.

Constantin mourut avec le surnom de Grand, dans la soixante-quatrième année de son âge et dans la trente-unième de son règne. Il avoit reçu le baptême quelque temps auparavant.

Si nous n'avions pas des faits, il ne nous seroit pas possible de nous faire une idée de cet empereur ; car les écrivains en portent des jugemens bien différens, suivant qu'ils le trouvent favorable ou contraire à la religion ou à la secte qu'ils suivoient

Mort de Constantin. 337.

Mais ses panégyristes mêmes l'accusent d'avoir donné sa confiance avec trop de facilité, et de n'avoir pas eu la force de punir ceux qui en abusoient ; ce qui a produit bien des désordres. Cependant il lui arrivoit quelquefois de punir trop légèrement. Je n'en donnerai qu'un exemple. Fausta, sa seconde femme, jalouse de voir au-dessus de ses enfans Crispus, né d'un premier lit, calomnia ce prince, et l'accusa de rebellion et d'autres crimes. Constantin, sans examiner, condamna son fils à mort ; et, ayant reconnu quelque temps après son innocence, il fit mourir, avec la même précipitation, Fausta, et avec elle un grand nombre de personnes innocentes et coupables. Il étoit donc naturellement inconsidéré et cruel. Sa piété qui se soutint toujours, autant du moins qu'une piété mal réglée peut se soutenir, occasionna même de grands maux, parce qu'il n'eut pas assez de discernement pour se garantir des hypocrites qu'elle attiroit auprès de lui.

CHAPITRE III.

De l'état de l'empire vers les temps de Constantin.

Il seroit difficile de se faire une idée de l'épuisement de l'empire. Depuis long-temps les provinces se ruinoient par les incursions des Barbares ou par des guerres civiles : les succès les plus brillans étoient des victoires funestes : les pertes se renouveloient sans cesse, et ne se réparoient jamais.

Épuisement de l'empire lors de la fondation de Constantinople.

La misère étoit générale, et cependant les impôts se multiplioient à mesure que les peuples s'appauvrissoient. L'empire ne pouvoit se soutenir, et les efforts qu'on faisoit pour l'étayer l'affoiblissoient de plus en plus. C'est ce temps d'épuisement que Constantin choisit pour bâtir Constantinople, c'est-à-dire, une ville qu'il voulut tout-à-coup égaler à Rome. Falloit-il donc, pour satisfaire son ambition ou sa vanité, se jeter dans des dépenses immenses, qui lui faisoient une nécessité de fouler encore les peuples ? N'avoit-il pas assez de charges, et lui restoit-il tant de ressources ?

Accroissement du luxe. Il fit plus ; il porta le luxe dans sa nouvelle capitale. Il regarda la magnificence comme un attribut de sa grandeur. Son front étoit ceint d'un diadème ; son habit étoit chargé de perles ; sa suite étoit nombreuse : il n'eût pas cru ses fils dignes de lui s'il ne leur eût pas donné un attirail qu'il jugeoit dû à leur naissance, et qu'il disoit propre à leur élever l'ame. En un mot, il se fit grand par tout ce qui l'entouroit ; et il parut grand, parce que le vulgaire croit que les princes sont ce qu'ils affectent de paroître. Il est vrai qu'on pourroit faire en partie ces reproches à quelques-uns de ses prédécesseurs ; mais Constantin devoit moins rechercher le luxe que l'abolir ; il l'augmenta cependant.

Les vains titres dont il introduisit l'usage ajoutèrent encore à ce désordre ; car les grands auroient paru moins que rien, s'ils avoient été sans extérieur comme sans emplois ; et ils n'étoient dans le vrai qu'une partie du luxe de la cour de Constantin.

D'autres maux naissoient de la différence des religions et de la multitude des sectes. Elles se persécutoient mutuellement, et elles armoient les princes contre les sujets; comme si, pour établir le culte, il falloit détruire les peuples. Les hypocrites remplirent la cour ; de faux Chrétiens flattèrent les vices du souverain ; l'austérité des préceptes disparut ; la morale de l'évangile fut prostituée ; et l'empereur se persuada que l'unique chose nécessaire à son salut étoit de protéger la secte qu'il avoit embrassée, et de persécuter toutes les autres.

Haine mutuelle des sectes qui arment tour-à-tour le souverain contre les sujets.

Jusqu'à Constantin, l'Italie avoit été comme la maîtresse de l'empire. Dans les guerres civiles mêmes, on paroissoit moins prendre les armes pour la dominer que pour lui soumettre toutes les autres provinces. C'est pourquoi on la laissoit toujours au sénat, et c'étoit en apparence lui laisser tout. En effet, il sembloit que les empereurs ne commandoient dans les autres parties de l'empire que comme minis-

Quels étoient anciennement les droits du sénat.

tres ou généraux de ce corps. Dans les partages que firent les triumvirs Antoine, Auguste et Lépidus, aucun d'eux ne s'attribua l'Italie. Cette politique, qui subsista jusqu'à Dioclétien, étoit un aveu que la souveraineté résidoit de droit dans la nation seule; et que les empereurs n'exerçoient la puissance qu'en vertu des titres qu'ils recevoient du sénat, comme aujourd'hui les ministres l'exercent sous les rois.

Il est vrai que le sénat, forcé de céder à la force, étoit rarement maître du choix ; mais enfin les généraux n'ont jamais cru que les soldats eussent le droit de conférer l'empire ; et, quoique à la tête des armées qui les avoient élus, ils demandoient encore au sénat les magistratures et les titres qui donnoient l'exercice de la puissance. Une observation confirme encore les droits dont ce corps jouissoit, c'est qu'il ne communiquoit pas toujours les pouvoirs dans la même étendue. Il permettoit, par exemple, à chaque empereur de proposer des affaires dans chaque séance ; mais il en fixoit le nombre à une, à deux, à trois, à quatre, et jusqu'à cinq, et les pouvoirs des empereurs, à cet égard, n'ont pas toujours été les mêmes.

L'empereur n'étoit proprement qu'un membre du sénat ; il ne paroissoit dans les séances que comme le premier entre ses égaux. Le droit d'y présider n'étoit pas attaché à sa personne, il ne présidoit que lorsqu'il étoit consul annuel. Alors il proposoit les affaires, il recueilloit les voix, et il exerçoit toutes les fonctions du consulat ; mais son collègue les exerçoit alternativement et avec la même autorité.

A quoi se bornoient ceux de l'empereur.

Lorsqu'il étoit consul désigné, il n'avoit que le droit d'opiner, comme tout autre sénateur l'auroit eu ; et le rang où il devoit opiner, lorsqu'il n'étoit pas en charge, ne paroit pas avoir été déterminé : on sait seulement que sa voix n'étoit comptée que pour une, et qu'elle n'a jamais été prépondérante. Il ne faut donc pas se représenter l'empereur, au milieu du sénat, comme un souverain qui, dans son conseil, sans avoir égard au nombre des suffrages, prend de lui seul le parti qu'il juge à propos. C'est le sénat qui décidoit ; et les décrets étoient en son nom, et jamais au nom du prince. Il est seulement vrai que l'empereur, en vertu de sa puissance tribunicienne, pouvoit arrêter les délibérations.

Les bons empereurs ont reconnu des bornes à leur puissance.

Telle est l'idée que les bons princes se faisoient de leur autorité, et telle est celle que nous devons nous en faire nous-mêmes ; il seroit peu raisonnable de chercher les droits de la puissance impériale dans les abus que les tyrans en ont fait. Il ne faut donc pas regarder, comme des séditieux, les sénateurs qui s'élèvent contre ces monstres. Puisque la souveraineté vient d'eux, ils ont droit de juger ceux à qui ils en ont confié l'exercice ; et, lorsque, tous en corps, ils condamnent Néron, ce ne sont pas des rebelles, ce sont des souverains qui jugent leur ministre.

Les flatteurs même, sont aux yeux de l'opinion publique, à dire la vérité à respecter ces bornes.

Aussi à quelque excès que la flatterie ait été portée sous les mauvais princes, on n'a jamais osé leur dire qu'ils étoient la source de toute autorité ; et que le sénat n'avoit que les pouvoirs qu'il vouloit bien lui communiquer. Cette proposition, contraire aux opinions reçues, eût été trop contredite par la force même de l'administration. Seulement il y a eu un temps où l'on a dit aux successeurs de Constantin, et peut-être à Constantin lui-même, que toute la puissance du peuple avoit été transférée aux empereurs, et réunie en leur personne seule. Si cette proposition étoit alors vraie, elle confirmoit les droits du peuple, et montroit les usurpations faites sur lui.

J'ai cru, Monseigneur, devoir choisir le règne de Constantin pour vous donner une idée plus précise des droits du sénat et de ceux de l'empereur. Ces réflexions se seroient moins fixées dans votre esprit, si je vous les avois fait faire plus tôt; et j'ai jugé que le temps, où l'ancien gouvernement finit et où le nouveau commence, est la circonstance la plus favorable pour vous faire comprendre l'un et l'autre. Voyons comment le sénat a peu-à-peu perdu, je ne dis pas ses droits, mais sa puissance.

Gallien lui porta le premier coup par la loi qui défendoit aux sénateurs le service militaire, et qui les bornoit aux fonctions civiles. C'étoit les désarmer tout-à-fait, et achever de ruiner le peu de considération

<small>Comment le sénat perd ses droits.</small>

qu'ils conservoient encore dans l'esprit des soldats.

Le sénat étant avili, il ne fut pas difficile aux empereurs de se saisir de toutes les provinces, en y comprenant même l'Italie. Dioclétien, Maximien, Galère et Constance n'eurent donc aucun égard au partage qui avoit été fait, et qu'on avoit respecté jusqu'alors. Auparavant les tyrans avoient abusé de leur pouvoir en insensés; mais les abus pouvoient au moins être corrigés par leurs successeurs. Le plan réfléchi de Dioclétien ne laissoit pas la même espérance, et c'étoit le commencement du despotisme. Sa conduite est donc une usurpation manifeste. Une chose seule pourroit l'excuser, c'est qu'il n'usurpa que pour défendre l'empire, et qu'il l'a gouverné avec gloire pendant vingt ans.

Mais rien n'excuse Constantin, qui a mis le sceau à l'usurpation, en transportant le siége à Constantinople. L'Italie dépeuplée se ruina de plus en plus, parce que toutes les richesses passèrent en Orient, et que cependant les empereurs continuèrent d'exiger de cette province les mêmes impôts, ne comptant que ce qu'elle avoit toujours payé, et ne considérant pas la misère où ils l'avoient réduite. C'est alors que Rome perdit tout son éclat ; et les droits du sénat ne parurent plus que de vieilles prétentions que les courtisans traitoient de chimères. On cessa de le consulter ; et, s'il continua de conférer les magistratures aux empereurs, ceux-ci dédaignèrent de prendre des titres qui faisoient voir d'où leur puissance émanoit. Afin même d'effacer jusqu'aux plus légères traces du gouvernement républicain, Constantin enleva du Labarum les quatre lettres initiales qui désignoient le sénat et le peuple romain. Il prit, à la vérité, pour prétexte d'y mettre le monogramme de Jésus-Christ ; mais son respect pour la religion n'excluoit certainement pas celui qu'il devoit à un corps de qui il tenoit toute sa puissance. Au contraire, la religion étoit un motif de plus pour ne pas usurper, pour craindre même une autorité sans bornes, et pour reconnoître les droits du sénat.

Le siége de l'empereur pouvoit changer de lieu ; le siége de l'empire ne le pouvoit

<small>Combien les droits du sénat de Constantino-</small>

pas. Celui-ci restoit de droit là où étoit la souveraineté, c'est-à-dire, dans le sénat; et celui-là devoit être par-tout où la présence de l'empereur, comme général, étoit nécessaire; par conséquent il y a toujours eu une différence essentielle entre les deux capitales et les deux sénats.

Le sénat de Constantinople tenoit tous ses pouvoirs des empereurs, et les empereurs tenoient les leurs du sénat de Rome. Quand Constantin eût pu les rendre parfaitement égaux, en les faisant participer aux mêmes droits, il ne l'eût pas fait; car il se fût donné deux maitres.

Le sénat de Constantinople n'avoit donc qu'un pouvoir emprunté. On n'y trouvoit point cette majesté dont il restoit au moins l'ombre dans le sénat de Rome, et qui auroit pu reprendre une partie de son éclat, si le prince n'eût pas préféré le despotisme au pouvoir légitime.

Cependant la présence de l'empereur et quantité de priviléges donnoient au sénat de Constantinople une espèce de grandeur qui l'égaloit en apparence au sénat de Rome; la flatterie affecta de ne point voir de différence entre l'un et l'autre, soit parce qu'elle vouloit élever l'ouvrage de Constantin, soit parce qu'en supposant les deux sénats égaux, elle ôtoit les droits de souveraineté à celui de Rome, sans les donner à celui de Constantinople. L'ignorance adopta le langage de la flatterie. Tout fut confondu, et cette confusion se voit encore dans les historiens. On oublia donc tout-à-fait les usurpations qui avoient été faites. Le despotisme fit des progrès; il passa en habitude; il se conserva sous les meilleurs princes. Ce gouvernement, mauvais par lui-même, l'étoit surtout pour un empire épuisé. Si Constantin a cru ne pas usurper, s'il n'a pas vu l'injustice de ce despotisme, s'il n'en a pas prévu les abus, il faut convenir qu'il a manqué de lumières.

Il y avoit déjà eu plusieurs empereurs à-la-fois. Mais l'empire, qui n'avoit pas été divisé sous Marc-Aurèle et sous Dioclétien, le fut réellement, lorsque Galère et Constance devinrent Augustes. Constantin auroit prévenu les maux dont il avoit été témoin, s'il n'eût donné qu'un seul maître à l'empire. Il aima mieux le partager entre

Cette confusion permit à Constantin de regarder l'empire comme son patrimoine.

ses enfans, et il en disposa comme de son patrimoine. Vous verrez naître de là des guerres civiles et la ruine entière de sa famille. Voilà les fruits du despotisme.

CHAPITRE IV.

Digression sur les grands empires, et sur les peuples qui environnoient l'empire romain après la mort de Constantin.

J'AI remarqué, Monseigneur, qu'il faut souvent recommencer : je vais donc encore revenir sur mes pas.

<small>Pourquoi il importe de considérer la chûte des empires qui se sont précipités les uns sur les autres.</small>

Il y a eu de grandes révolutions dont j'ai à peine parlé, et qu'il ne faut cependant pas ignorer tout-à-fait. Vous demanderez peut-être pourquoi j'ai si peu suivi l'ordre des temps ; et vous serez étonné que je me sois mis dans la nécessité de suspendre en quelque sorte le cours de l'empire romain, pour vous ramener à des événemens que j'aurois pu vous expliquer plus tôt. Mais, Monseigneur, comme on ne s'instruit que par des comparaisons, je crois qu'il faut souvent rapprocher les choses les plus éloignées. Voilà pourquoi j'ai jugé que l'époque, où l'empire romain menace ruine, est le moment favorable pour vous faire considérer les grands empires qui ont été et qui ne sont plus. Lorsque vous les verrez passer rapidement, vos yeux s'accoutumeront à voir leur chûte ; votre imagination n'en sera plus étonnée : vous concevrez qu'ils tombent plus facilement qu'ils ne s'élèvent : vous apprécierez enfin la grandeur des souverains, et vous reconnoîtrez qu'elle ne se mesure pas par le nombre des provinces. Vous vous garantirez, en un mot, des fausses idées qui éblouissent le vulgaire, et qui, confondant la puissance avec l'étendue de la domination, ne permettent pas d'imaginer ce qu'on a vu si souvent, je veux dire, la chûte des grands empires. Alors, revenant sur vous-même, vous vous trouverez heureux de n'avoir que de petits états. Vous sentirez que, moins à craindre à vos voisins, vous serez moins exposé à leurs injustices, et que vous pourrez être tout entier au bonheur de vos sujets. La considération que vous acquerrez fera votre puissance ; ce sera une barrière qu'aucun ennemi n'osera franchir.

Car quel souverain, pour une aussi petite et aussi facile conquête que celle de Parme, voudroit s'attirer le reproche odieux d'avoir enlevé le meilleur des princes au peuple dont il feroit le bonheur? L'ambition n'est pas aveugle à ce point. Les monarques les plus puissans, retenus aujourd'hui par la considération de l'estime publique, n'osent pas toujours tout ce qu'ils peuvent. Mais, Monseigneur, si vous êtes sans vertus, on envahira vos états, et personne ne songera qu'on vous a fait une injustice.

Les Romains se croyoient les maîtres du monde : cependant leur empire, trop grand en lui-même pour se soutenir, étoit bien petit par rapport aux vastes régions qui l'environnoient. Condamnés à ne découvrir que les lieux où ils portoient les armes, ils comptoient pour rien tout ce qui étoit au-delà. Ils ne connoissoient pas les peuples qui les devoient conquérir; et ils s'imaginoient que leur empire ne finiroit qu'avec le monde, jugeant de sa durée aussi faussement que de son étendue. Vous n'êtes pas dans les mêmes préjugés; mais, comme il importe de vous faire connoître les causes

Fausses idées que les Romains se faisoient de leur empire.

extérieures qui vont achever la ruine des Romains, c'est le moment de vous donner quelque idée de ces nations qu'ils appeloient barbares : je crois même que le tableau que j'en vais faire sera plus intéressant aujourd'hui pour vous que si je m'étois hâté de le mettre plus tôt sous vos yeux.

<small>Les anciens empires ne sont connus que par des traditions vagues.</small>

L'empire d'Assyrie, le plus ancien que nous connoissions, a été encore un des plus étendus. Il étoit borné à l'occident par la Mer Méditerranée ; à l'orient par l'Indus ; au midi par l'Arabie, le Golfe Persique et la Mer Erytréène ; au nord par le Pont-Euxin la Mer Caspienne et une chaîne de montagnes qui s'étend depuis la Mer Caspienne jusqu'au nord du fleuve Hermandus. C'est ce qu'on voit par une inscription qui avoit été faite pour conserver le souvenir des conquêtes de Sémiramis.

Au-delà, entre l'Indus et le Gange, est l'Inde proprement dite ; et plus à l'orient, est la Chine. Il paroît que, plus de deux mille ans avant Jésus-Christ, des colonies avoient déjà pénétré dans ces deux contrées de l'Asie. Si même nous en croyons

Ctesias, Sémiramis échoua contre un roi de l'Inde, auquel il donne une armée plus grande que celle qu'il a donnée à cette reine. Mais nous ne connoissons les anciens peuples que par des traditions vagues. Il en est de même des Égyptiens, dont on prétend que le royaume étoit déjà florissant dans les temps les plus reculés. Il en est de même de l'empire des Titans qui, si nous en croyons des traditions grecques, régnoient sur une grande partie de l'Europe. Si les anciens écrivains avoient moins ignoré les autres parties de la terre, ils y auroient trouvé des traditions, et ils y auroient sans doute créé des empires. Leur silence nous permet au moins de conjecturer qu'elles étoient ou désertes ou barbares.

Il faut cependant remarquer que les anciennes traditions ne se trouvent que dans une région qui s'étend de l'occident de l'Europe à l'orient de l'Asie, avec plus ou moins de largeur; car cette observation paroît prouver que ce climat est le plus favorable à la population et aux progrès de l'esprit humain, dont les commencemens ont été par-tout des fables. La vérité ne se montra que chez un seul peuple, et il fallut que Dieu la conservât lui-même.

peut se faire de l'ancien empire d'Assyrie; L'empire d'Alexandre et celui des Romains s'étant formés de plusieurs royaumes, nous jugeons qu'il en a été de même de celui d'Assyrie ; et nous imaginons une multitude de royaumes qui existoient auparavant, ce qui supposeroit bien des révolutions et bien des siècles. C'est que nous employons toujours les mots de *royaume* et *d'empire*, quoique les choses, que nous exprimons par ces mots, doivent avoir été bien différentes, suivant les temps et les lieux. Il est certain que, du temps d'Abraham, l'agriculture n'étoit pas si généralement répandue en Asie, qu'il n'y eût encore des troupes de pasteurs qui erroient de province en province. Or, sur de pareils peuples, il n'est pas possible d'avoir la même domination que sur des hommes qui labourent chacun leur champ, ou qui cultivent les arts dans les villes. Toutes les fois au moins qu'ils pourront s'éloigner, ce qui doit arriver souvent, il leur sera facile de conserver leur liberté. Ils fuiront jusqu'à ce qu'ils soient arrêtés par des mers, des fleuves, des montagnes; et, forcés, de fuir encore pour se conserver libres, ils franchiront même ces obstacles. En effet telles ont été les bornes de l'empire d'Assyrie.

Les rois d'Assyrie avoient donc pour sujets des troupes fixées, qui cultivoient la terre, et des troupes errantes de pasteurs. Qu'on se représente à-peu-près la puissance qu'ils avoient sur les premières par celle dont jouissent nos souverains ; nous ne pouvons pas supposer qu'ils aient eu la même puissance sur les autres. Pour assujettir également toutes ces troupes errantes, il faudroit qu'ils eussent été toujours par-tout avec des forces supérieures. Cela ne se pouvoit pas. Ils étoient donc exposés à perdre leur domination sur une province, tandis qu'ils l'étendoient sur une nouvelle. En conséquence, je me représente Ninus comme un chef qui porte la terreur devant lui, et qui ne sauroit assurer toutes ses conquêtes. On subit le joug par-tout où il passe : dès qu'il a passé, on le secoue ; ou, si on hésite encore, c'est qu'on appréhende qu'il ne revienne. Ainsi il est plutôt craint qu'il n'est obéi. Une raison cependant pouvoit contribuer à sa puissance, c'est que sous sa protection les troupes foibles étoient à l'abri de toute insulte.

Je crois même que, lorsque nous parlons des anciens peuples, nous attachons des idées fausses aux mots *guerres* et *conquêtes*, comme aux mots *empire* et *royaume;* car il me semble qu'il a fallu bien des siècles, avant qu'on imaginât de subjuguer de grandes provinces et de lever de grandes armées. En effet, les anciennes traditions ne font pas de Bacchus un conquérant semblable à ceux qui ont paru depuis, lorsqu'elles le font marcher à la conquête des Indes, ayant pour soldats des femmes pêle-mêle avec des hommes, et pour armes des thyrses et des tambours. Voilà, je pense, les premiers conquérans. C'étoient des chefs, qui, marchant à la tête d'une peuplade avec plus de bruit et avec plus de spectacle, étonnoient plus qu'ils n'effrayoient. S'ils ont paru acquérir quelqu'autorité sur d'autres peuplades, c'est qu'au lieu de les fuir on venoit à eux par curiosité, et qu'on les suivoit ensuite pour apprendre d'eux les commodités de la vie. Je ne vois pas que, dans ces temps où une partie des peuples erroient encore, les hommes aient eu besoin de s'exterminer. Alors on devoit penser que les troupes sont naturellement indépendantes ; et ce préjugé les invitoit plutôt à se donner mutuellement des secours qu'à imaginer ce que nous appelons *empire* et *domination*. Je crois donc que la bienfaisance a été la première arme de ces hommes que l'on dit avoir été conquérans. Quoi qu'il en soit, un empire tel que celui de Ninus se détruit par lui-même ; et, s'il survient un prince pacifique, il se resserrera dans des bornes bien étroites : c'est ce qui dut arriver sous Ninias, quoique les historiens ne le remarquent pas.

Environ seize siècles avant Jésus-Christ, Sésostris, après s'être fait craindre dans la Lybie, dans l'Éthiopie, dans l'Arabie, se fit craindre encore jusqu'au Gange, jusqu'au Tanaïs, jusqu'au Danube ; et les historiens ont l'exactitude de remarquer que le défaut de vivres l'arrêta dans la Thrace. Je suis étonné qu'ayant su s'en pourvoir dans celui-là, ou qu'en ayant manqué en Thrace, il n'en ait pas manqué

De celui de Sésostris.

ailleurs. On donna le nom de conquête à cette course rapide ; et l'empire égyptien qui finissoit d'un côté lorsqu'il commençoit d'un autre, passa, comme une ombre, sur la surface que Sésostris avoit parcourue. Vous voyez que ce conquérant confirme l'idée que je me suis faite des empires de ces siècles reculés. Il paroît que le seul fruit qu'il retira de son expédition, fut de transporter en Egypte beaucoup de richesses et beaucoup de prisonniers. Voilà donc ce qu'on appeloit alors conquérir : il s'agissoit moins d'acquérir de nouvelles provinces que d'augmenter les richesses et la population des anciennes ; et les malheurs de la guerre ne tomboient que sur les nations étrangères. Aujourd'hui nous nous faisons des idées bien différentes, et bien moins raisonnables. Car vous verrez qu'on appellera conquérans des princes qui ruineront leurs états pour acquérir quelques places qu'ils rendront même à la paix ; en sorte qu'ils paroîtront avoir pris les armes pour dévaster leurs provinces.

La course conquérante de Sésostris affoiblit sans doute la monarchie des Assyriens, et fut favorable aux peuples qui voulurent secouer le joug. C'est alors que se formèrent plusieurs royaumes, tels que ceux de Phrygie, de Lydie et de Troie. Il faut même que la Palestine se soit soustraite alors, ou quelque temps après, à la domination des Assyriens, puisqu'ils ne s'opposèrent point aux Hébreux qui s'y établirent vers 1440 avant Jésus-Christ.

La domination des rois d'Assyrie a dû faire souvent échapper les troupes errantes par les passages que les gorges des montagnes du Nord offroient à la liberté. Elles refluèrent donc de ce côté : mais avec le regret de quitter des campagnes plus fertiles, et n'attendant que le moment où elles pourroient y revenir. Elles communiquèrent vraisemblablement à d'autres le désir de les suivre : elles reparurent lorsque Sésostris eut passé, et c'est alors qu'elles s'établirent, sous le nom de Parthes, aux environs de la Mer Caspienne.

Commencement des Parthes.

Cette irruption des peuples du Nord étant la plus ancienne dont l'histoire ait conservé le souvenir, ils est à propos de faire, à cette occasion, quelques observations sur ces peuples, afin de n'être plus obligé d'y revenir.

Le Nord et le midi occupés par des nations bien différentes.
Les anciens confondoient sous le nom de Scythes, toutes les nations du nord de l'Asie, peut-être parce que c'étoit là le nom de quelqu'une des plus voisines et des plus connues.

Il est certain que les peuples d'Asie, qui se sont policés les premiers, habitoient au midi du Pont-Euxin, de la mer Caspienne et des montagnes qui partagent ce continent d'occident en orient. Au nord de cette barrière, tous les peuples étoient chasseurs, pêcheurs, et sur-tout pasteurs. C'étoient des hordes qui, errant de contrée en contrée, se poussoient les unes les autres, se divisoient, se mêloient et se confondoient continuellement. Attirés vers les campagnes les plus fertiles, ces Barbares ont souvent fait des irruptions dans le midi de l'Asie. Ils ont soumis plusieurs fois la Chine, subjugué les Indes, la Perse, la Syrie, parcouru l'Europe, et achevé la ruine de l'empire romain.

Flux et reflux de ces nations.
Mais ces grandes révolutions ont été précédées de beaucoup d'autres. Tantôt les

nations policées ont été forcées d'abandonner des terres aux Barbares, et d'autres fois elles les ont repoussées, et elles ont etabli des colonies dans les pays qu'elles leur avoient enlevés. Vous concevez que, par les établissemens que ces peuples faisoient tour-à-tour les uns chez les autres, la barbarie, qui se répandoit au midi, arrêtoit souvent le progrès des arts; et que les lois, qui se portoient au nord, policoient insensiblement de nouvelles nations.

Il y a eu bien des migrations, et par conséquent bien des mélanges, avant que les hommes aient su se fixer. On voit encore des traces de ces migrations dans le midi de l'Asie au temps d'Abraham, puisqu'il y avoit alors des troupes errantes de pasteurs: quant aux peuples du Nord, ils ne connoissoient que la vie errante, et les troupes y étoient plus barbares, parce qu'elles n'erroient pas parmi des nations policées.

Combien toutes ces nations se confondoient.

De cette manière de vivre, il résulte une confusion qui ne permet pas de remonter à l'origine des anciens peuples: il seroit sur-tout impossible de déterminer quelles sont les familles qui se sont établies les premieres au nord de l'Asie. Tous ces Barbares ont été ignorés tant qu'ils ne sont pas sortis des lieux où ils se sont multipliés; et, lorsqu'ils se sont fait connoître par des irruptions, leurs différentes troupes s'étoient sans doute déjà mêlées de bien des manières, et avoient changé de nom bien des fois. Tantôt on aura désigné les troupes qu'on ne connoissoit pas par le nom de celle qu'on aura connue la première ; tel est celui de Scythes. D'autres fois, par un nom plus relatif à leur origine; tel est celui de Nomades : car ce dernier signifie des peuples qui changent continuellement de lieux pour chercher de nouveaux pâturages.

Des peuples du nord de l'Asie et de leur genre de vie.

Il paroit que les Chinois ont été plus à portée de connoître quelques-unes de ces nations barbares. M. de Guignes, qui en a cherché l'origine dans leurs écrivains, croit que les Huns, qui étoient au nord de la Chine, sont une des plus anciennes, et que c'est d'eux que sont sortis les Turcs, les Tartares, les Mogols et d'autres peuples dont nous aurons occasion de parler. On voit, dans l'histoire qu'il en donne, des guerres, des conquêtes, des royaumes, des empires et des révolutions fréquentes qui n'ont pas permis aux Chinois de démêler tous ces peuples barbares, quelque critique qu'on leur suppose : encore cette histoire ne remonte-t-elle pas bien haut. Mais laissons ces recherches, elles seroient peu instructives pour nous, et demanderoient plus d'érudition que nous n'en avons l'un et l'autre. Bornons-nous à ce qu'on sait de la manière de vivre de ces peuples.

Le nord du Pont-Euxin, de la Mer Caspienne, de l'Oxus, de l'Inde et de la Chine, est aujourd'hui habité par des nations que nous confondons sous le nom de Tartares. On nomme Khans les chefs qui les conduisent, et dont l'autorité dépend sans doute beaucoup plus de leur habileté que d'aucune règle fixe. Il n'est donc pas possible de rien déterminer à cet égard.

Ce vaste pays est coupé par des déserts, des fleuves, des montagnes; et les peuples, toujours divisés, y sont continuellement en guerre les uns avec les autres. Ce sont là des obstacles qui ne permettent pas au commerce de s'introduire parmi eux, et d'adoucir leurs mœurs. Ceux qui habitent sur les frontières des nations policées sont un peu moins barbares. Tantôt ils se font craindre, tantôt ils dépendent ; mais l'autorité qu'on a sur eux est fort bornée, et on est forcé de les ménager.

Le genre de vie qu'ils ont embrassé est conforme à la nature des lieux ; ils errent, avec leurs troupeaux, dans les campagnes qui, étant arrosées par de grands fleuves et par quantité de rivières, leur offrent des pâturages abondans : toujours en guerre, ils sont soldats autant que pasteurs, parce qu'ils ne sont maîtres nulle part qu'autant qu'ils sont les plus forts. C'est ainsi qu'une troupe, venant à se faire craindre dans une certaine étendue de pays, en force plusieurs autres à reconnoître sa supériorité, et qu'un Khan se fait un empire qui peut être puissant pour un temps, mais qui ne peut pas être durable.

Ils sont tous cavaliers, soit parce que le pays abonde en chevaux, soit parce qu'ils sont dans la nécessité de faire souvent de grandes courses. Ils ont des chars qui sont comme des maisons ambulantes, avec lesquelles ils transportent leurs femmes, leurs enfans, leurs bagages, et dans lesquelles ils se retirent. Il y en a qui ensemencent des terres, et cependant ils ne se fixent pas ; parce que les bestiaux, faisant encore la principale partie de leur subsistance, ils sont forcés de quitter une contrée aussitôt qu'ils en ont consommé les pâturages. D'autres se sont établis à demeure ; mais ils n'en sont guère moins barbares. Leurs cabanes ressemblent plus à des tentes qu'à des maisons ; et, préférant le butin à l'agriculture, ils font continuellement des incursions chez leurs voisins, et ne sont contenus que par la crainte.

Tels sont encore aujourd'hui les Tartares ; et vous pouvez juger quelle a été la barbarie des Huns et des Scythes. En effet, on retrouve à-peu-près les mêmes usages et les mêmes mœurs chez les uns et chez les autres, soit parce qu'ils ont tous une origine commune, soit plutôt parce qu'ils ont habité successivement les mêmes pays ou des pays semblables : car les hommes se font des besoins suivant les lieux, et ils choisissent un genre de vie d'après leurs besoins. Ils pourront donc avoir des mœurs différentes, quoique l'origine soit la même; et avoir les mêmes mœurs, quoique l'origine soit différente.

<small>Pourquoi ils ont fait et pourront faire encore de grandes révolutions dans les pays policés.</small>

Or, si nous considérons que cette partie de l'Asie, coupée par des pays stériles et par des montagnes, est séparée des nations policées par des barrières que les arts peuvent difficilement franchir, nous jugerons que les hommes y doivent contracter naturellement un caractère féroce. Si d'ailleurs nous y trouvons des pâturages abondans, nous ne serons pas étonnés que les habitans y cherchent leur subsistance dans des troupeaux auxquels ils donnent tous leurs soins. Ils seront tous soldats, parce que la vie errante est un état de guerre; et ils mettront toute leur force dans la cavalerie, parce que les vastes déserts qu'ils ont à traverser leur font une nécessité d'être presque toujours à cheval. La guerre deviendra donc leur principale occupation; ce sera l'étude favorite de la jeunesse, le seul moyen d'acquérir de l'estime, et souvent l'unique moyen de subsister. Il n'est pas étonnant que de pareils peuples aient fait de grandes révolutions lorsqu'ils ont reflué sur l'Asie et sur l'Europe, c'est-à-dire, sur des nations pour qui la guerre est toujours un fléau, et qui se ruinent même avec des succès soutenus. Pourquoi n'en feroient-ils pas encore ?

Il est vrai que, s'ils faisoient des irruptions pour s'établir dans les provinces qu'occupent aujourd'hui les nations policées, ils échoueroient d'abord contre deux écueils : l'art de la guerre et les places fortes. Mais des barbares, accoutumés à une vie errante, ne pensent pas à se fixer. Ils sont incapables des soins que demande un établissement; ils craindroient de les prendre; ils n'ont besoin que de butin; ils se borneroient donc à faire des courses dans les pays fertiles dont ils seroient voisins : ils en feroient jusqu'aux portes mêmes des places fortifiées. Il est vrai qu'ils seroient souvent exterminés : mais les victoires seroient ruineuses pour des nations chez qui l'argent est le seul nerf de la guerre; pour des nations que le luxe amollit; où le gouvernement, toujours plus vicieux, offre toujours moins de ressources; qui, ne connoissant ni leurs intérêts, ni leur foiblesse, se détruisent mutuellement par des entreprises sans objet et sans succès, et qui, après bien des revers, doivent enfin se trouver sans fortifications et sans soldats.

Cependant les hordes continuent leurs irruptions, soit parce qu'elles sont attirées par le butin, soit parce que la trop grande population des pays qu'elles habitent les met dans la nécessité de refluer. Alors les peuples policés commencent à leur céder des terres : ils s'allient de quelques-unes pour se défendre contre d'autres. Bientôt c'est leur unique ressource dans les guerres qu'ils se font : ils n'ont plus d'autres forces ; et il vient un temps où les barbares, remplissant les armées, les campagnes, les villes, s'apperçoivent qu'ils sont les maîtres. Voilà à-peu-près comment ils envahiront les provinces de l'empire romain.

<small>Invasions des Scythes lorsque les Mèdes secouoient le joug des Assyriens.</small> Six cent trente et quelques années avant Jésus-Christ, les Scythes se répandirent dans l'Asie, la ravagèrent pendant vingt-huit ans, pénétrèrent dans la Judée, s'avancèrent jusques sur les frontières d'Égypte, et forcèrent Psamméticus à se racheter du pillage. Les circonstances étoient favora-

bles à leur invasion; car les Assyriens, fort affoiblis, étoient en guerre avec les Mèdes qui s'étoient révoltés. Cependant, par les soins que ces deux peuples donnèrent à la défense de leurs provinces, une partie des barbares fut repoussée dans la Scythie occidentale, sur les bords du Tanaïs.

Bientôt après Ciaxare, roi des Mèdes, et petit-fils de Déjocès, fit alliance avec Nabopolassar, roi de Babylone et père de Nabuchodonosor. Ils assiégèrent Ninive, la prirent, la rasèrent, et partagèrent entre eux l'empire d'Assyrie. *L'empire des Assyriens détruit par les Mèdes et les Babyloniens.*

Le royaume des Mèdes et celui des Babyloniens furent détruits par Cyrus qui fonda la monarchie des Perses 560 ans avant Jésus-Christ, et qui subjugua les Lydiens, les Hyrcaniens, les Syriens, les Assyriens, les Saques (1), les Arabes, les *Qui succombent à leur tour.*

_____

(1) Les Perses donnoient le nom de *Saques* aux peuples que les Grecs nommoient *Scythes*, et que nous nommons *Tartares*. Mais les Saques, proprement dits, habitoient sur les bords du Jaxartes, au pied du mont Imaüs. Il paroit qu'avant Cyrus une de leurs colonies s'étoit établie au midi de la Babylonie, et que depuis ils envahirent la Bac-

Bactriens, les Indiens, les Cappadociens, les Phrygiens, les Cariens, les Ciliciens et beaucoup d'autres nations.

Empire d'Alexandre, auquel plusieurs monarchies succédèrent.
Vous savez avec quelle facilité cette vaste monarchie fut renversée par Alexandre, et ce que devint l'empire de Macédoine après la mort de ce conquérant. Vous avez vu Séleucus régner avec gloire dans la Syrie : mais ce royaume s'affoiblit bientôt. Vers la 60ᵉ. année de l'ère des Séleucides, sous Antiochus II, surnommé Dieu, Arsace souleva les Parthes, et jeta les fondemens d'une nouvelle monarchie. Théodote, à son exemple, prit le titre de roi de la Bactriane dont il étoit gouverneur ; et, les principaux peuples de l'Orient s'étant soulevés les uns après les autres, Antiochus perdit toutes les provinces situées au-delà de l'Euphrate.

Empire des Parthes, qui se rendent redoutables aux Romains.
Comme il y avoit toujours eu de grands empires en Asie, il étoit difficile que tous

triane, une partie de l'Arménie, et qu'ils se répandirent jusques dans la Cappadoce. Mais nous sommes bien loin de connoître toutes les invasions des peuples du Nord.

ces nouveaux souverains fussent capables de se renfermer chacun dans les bornes de leurs états. L'ambition fut donc une source de guerres. Mais les Arsacides furent les plus habiles ou les plus heureux ; de sorte que Mithridate, cinquième roi des Parthes, étendit sa domination sur tous les pays qui sont entre le mont Caucase, l'Euphrate et le Gange. Ayant borné ses conquêtes à ces barrières que la nature sembloit lui prescrire, il fit régner la paix et l'abondance, et il montra des vertus qui le firent regretter de ses sujets.

Phraate I, son fils, vainqueur du roi de Syrie, eut la guerre avec les Scythes qu'il avoit appelés à son secours, et perdit la bataille et la vie. Les Scythes ravagèrent ses états, et Artabane, son oncle et son successeur, qui marcha contre eux, reçut une blessure dont il mourut.

Enfin, sous Pacore II, fils d'Artabane, les Parthes et les Romains commencèrent à s'observer. Ce roi envoya même des ambassadeurs à Sylla pour s'allier de la république, et depuis il renouvela cette alliance avec Lucullus. Deux peuples aussi belliqueux ne pouvoient être long-temps alliés puisqu'ils étoient voisins. La guerre s'éleva souvent entre eux; les bornes des deux empires varièrent, et ils s'affoiblirent mutuellement sans pouvoir se détruire. Cependant les Parthes furent toujours redoutables aux Romains.

Les vastes monarchies sont foibles en elles-mêmes, lors même qu'elles paroissent plus puissantes au-dehors; et cette foiblesse est l'effet des vices du gouvernement, et quelquefois des guerres dont les souverains s'applaudissent. Elles s'épuisent par leurs succès.

<small>217.
Nouvel empire des Perses sur les ruines de celui des Parthes.</small>

Artabane avoit vaincu les Romains, et l'empereur Macrin avoit été forcé d'acheter la paix. Il sembloit donc que les Parthes et leur roi n'avoient rien à craindre. Cependant Artabane, contraint de marcher bientôt contre les Perses qui s'étoient révoltés, tombe entre les mains des rebelles,

<small>216.</small>

est mis à mort, et son armée est entièrement défaite. Les Parthes restent assujettis; un nouvel empire des Perses recommence, et cette révolution est l'ouvrage d'un soldat de fortune. L'épuisement où les guerres précédentes avoient mis la monarchie des Parthes fut pour lui une circonstance favorable. Il prit le nom d'Artaxerce.

Il étoit à peine sur le trône, qu'entreprenant d'étendre sa domination sur toutes les provinces qui avoient appartenu aux Perses, il ordonna aux gouverneurs romains d'évacuer la Syrie et l'Asie mineure; ce qui fut le sujet de la guerre qu'il eut avec Alexandre Sévère. Plusieurs de ses successeurs eurent les mêmes prétentions; et Sapor II se disposoit à les faire valoir, lorsque Constantin mourut.

Vous avez vu en Europe des peuples jaloux de leur liberté, et toujours difficiles à vaincre : tels ont été les Grecs, les Italiens les Espagnols, les Germains, les Gaulois et les Bretons. Vous remarquerez encore que vous n'y avez vu pendant long-temps que de petits états, et que vous n'y comptez que deux vastes monarchies : l'une formée lentement par un peuple libre, et l'autre dont les conquêtes n'ont été rapides que lorsqu'elles se sont faites hors de l'Europe. En Asie au contraire le despotisme règne : les peuples y sont dans une espèce d'esclavage :

Combien les peuples de l'Europe sont différens des peuples de l'Asie.

les révolutions fréquentes s'y font presque sans obstacles, et il s'y forme toujours de vastes monarchies. Si vous êtes curieux de connoître la raison de cette différence, elle vous sera facile à trouver : il suffira presque de jeter les yeux sur la carte.

Nations barbares ou peu policées de l'Asie.

En considérant le nord de l'Asie, vous avez compris pourquoi les peuples y ont toujours été barbares et le sont encore. Vous comprendrez qu'il en doit être de même de l'Arabie, presqu'île formée par le Golfe Persique et par la Mer Rouge. Comme on y trouve de grands déserts, des montagnes et des pâturages, les peuples qui l'habitent, au lieu de se fixer, erreront par troupes, et seront pasteurs et brigands. C'est ce qu'ont été les Arabes et ce qu'ils sont aujourd'hui. Je remarquerai seulement qu'ils sont moins à craindre que les Tartares, parce que le climat n'est pas propre à produire d'aussi bons soldats.

Il y a encore de grands déserts dans la Syrie, dans le cœur et au midi de la Perse. Or ce sont là autant de retraites pour les brigands qui veulent se soustraire à toute domination. Il ne faudroit pas s'étonner si un de leurs chefs faisoit quelque révolution en Perse ou en Turquie.

Des Tartares, qui se sont établis depuis six à sept siècles au midi de la Mer Caspienne et dans les montagnes d'Arménie, prouvent combien les peuples du nord de l'Asie sont difficiles à policer. Ils vivent à-peu-près comme ils vivoient sur les bords de l'Oxus et du Jaxartes, d'où ils sont venus. Il est vrai que ceux qui sont au midi de la Mer Caspienne cultivent la terre ; mais, comme leur principale richesse est dans leurs troupeaux, ils passent l'été sous les tentes, changent continuellement de lieu, et ne se retirent dans leurs villages que lorsque l'hiver les y contraint. Les autres, plus barbares, ne connoissant pas l'agriculture, subsistent uniquement de leurs troupeaux. Ils campent toujours, se répandant l'hiver dans les campagnes arrosées par l'Euphrate, et se retirant l'été dans les vallons que forment les montagnes d'Arménie. Ces peuples se nomment Turcomans.

Comme il y a des parties de l'Asie où les hommes ont toujours été barbares, il y en a d'autres où ils paroissent déjà policés

Nations policées, dès les siècles les plus reculés.

dans les siècles les plus voisins du déluge; et ce sont l'Asie mineure, la Syrie, la Perse les Indes et la Chine. On y trouve des pays riches, où l'agriculture a dû être connue de bonne heure; parce que les productions naturelles, qui ne pouvoient pas manquer de s'observer, indiquoient les moyens de rendre les terres encore plus fertiles. Or de l'agriculture naissent successivement la police, l'abondance, la douceur des mœurs, les arts, le luxe et la mollesse. L'histoire des Assyriens prouve combien ce progrès est rapide.

Cette différence entre les nations de l'Asie est la cause de révolutions fréquentes.

De pareilles nations sont aisées à conquérir. Par conséquent, s'il s'en trouve une moins amollie que les autres, elle en subjuguera facilement plusieurs. Il ne faut que lui supposer un chef ambitieux qui, pour son siècle, ne soit pas sans talens. Mais le vainqueur, s'amollissant à son tour, offrira bientôt une conquête facile. Ainsi les Assyriens ont été subjugués par les Mèdes, les Mèdes par les Perses, les Perses par les Macédoniens, les Macédoniens par les Parthes, les Parthes par les Perses; et de pareilles révolutions ne pouvoient manquer d'être fréquentes, puisqu'il y avoit toujours en Asie des nations nées pour la servitude, et des peuples nés pour l'indépendance.

Ces monarchies ont été nécessairement vastes, parce que, les nations étant peu capables de résister, les mers, les déserts et les montagnes sont les seules barrières qui pouvoient arrêter le vainqueur.

<small>De l'étendue des monarchies de l'Asie.</small>

Le gouvernement en a été despotique tout aussi nécessairement ; car, d'un côté, les peuples vaincus étoient trop foibles pour ne se donner qu'à certaines conditions ; de l'autre, le peuple conquérant, aimant à se croire seul libre, croyoit ajouter à sa gloire en les assujettissant davantage ; et le monarque, profitant de cette disposition des esprits, étendoit insensiblement sur les vainqueurs le pouvoir absolu qu'ils lui avoient laissé prendre sur les vaincus.

<small>Du despotisme de ces monarchies.</small>

Vous concevez donc pourquoi les monarchies dans l'Asie doivent être vastes, despotiques et sujettes à de grandes révolutions. Aucune de celles que vous connoissez n'eût été capable de résister à des voisins tels que les Gaulois et les Germains. Que deviendra donc l'empire, dont Artaxerce a été le fondateur, si les barbares, qui sont aux frontières, font jamais une irruption dans la Perse? Mais passons en Europe, et suivons les peuplades qui s'y sont transportées de proche en proche.

Par où les peuplades ont passé d'Asie en Europe.

Elles ont eu deux chemins, l'un par l'Hellespont, l'autre par les pays qui sont au nord de la Mer Caspienne et du Pont-Euxin. Peu auront pris le premier, parce que la partie la plus étroite de l'Hellespont aura été long-temps un obstacle insurmontable, et parce qu'il n'est pas naturel que les peuple de l'Asie mineure aient quitté des établissemens assurés, pour se hasarder dans des pays qu'ils ne connoissoient pas. Quelques aventuriers auront les premiers tenté ce passage, et se seront répandus le long des côtes de la Thrace et de la Grèce.

Genre de vie des premiers habitans de l'Europe.

Ils ont trouvé dans ces contrées des montagnes et des bois, des plaines plus petites que celles de l'Asie, et quelques-unes sujettes à des inondations qui ne permettoient pas de s'y fixer. Enfin les pâturages étoient rares. Les habitans n'ont donc pas eu la ressource d'y nourrir des troupeaux. Réduits à n'être que chasseurs et pêcheurs, ils auront vécu en petites troupes, et auront été plus barbares encore que les Scythes.

Les plus grandes migrations se seront faites par le Nord, où les peuples, chassés par d'autres, trouvoient toujours des terres devant eux. Ils se seront répandus entre le Tanaïs et le Borysthène, de là jusqu'au Danube et ainsi de suite, avançant toujours au Midi tant qu'ils ne trouvoient pas d'obstacles, et ne se rejetant au Nord que lorsqu'ils y étoient forcés.

Comme ces peuples étoient pasteurs en Scythie, ils l'auront été dans les nouvelles contrées, par-tout où ils auront trouvé des pâturages abondans. Il y auront encore apporté l'amour de l'indépendance; et ils auront eu pour préjugé, qu'ils est moins glorieux de labourer la terre que d'être libre et de vivre du butin.

L'Europe, beaucoup moins grande que l'Asie, en diffère encore par la forme et par le sol. Les parties occidentales paroissent comme resserrées par les mers. Plusieurs sont même des presqu'iles. On n'y trouve pas des plaines immenses dont la stérilité fait des déserts. Elles sont toutes propres à la

Pourquoi les parties occidentales de l'Europe se civilisent les premières.

culture. Enfin elles sont séparées par des barrières difficiles à franchir.

Par conséquent, à mesure qu'elles se peupleront davantage, il sera moins facile d'y mener une vie errante. Il arrivera enfin qu'il n'y aura plus de terres qui puissent être au premier occupant. Chaque peuple sera entouré d'autres peuples. Aucun n'aura la liberté de changer de lieu pour subsister. Ce sera donc une nécessité de s'appliquer à l'agriculture.

Il s'y forme des cités. Ces nations se fixent donc peu-à-peu. Les guerres étendent ou resserrent leurs frontières : les rivières et les montagnes en marquent les limites, et l'Europe se divise en plusieurs cités. Vous savez que le mot cité comprend tous les citoyens qui vivent sous les mêmes lois et sous les mêmes magistrats.

Esprit de ces cités. Ces cités étant voisines, elles apprennent à s'observer. Elles s'occupent des moyens de se défendre : elles cherchent l'occasion d'empiéter les unes sur les autres: elles contractent des alliances ; elles s'appliquent à chercher le gouvernement qui leur convient davantage : et elles se policent mutuellement. C'est ainsi que les mêmes hordes, qui erroient en Scythie dans des pâturages, séparées par de vastes déserts, deviennent des corps de citoyens, lorsqu'en Europe elles sont resserrées dans des pays fertiles.

Cependant elles conserveront toujours des restes de leur premier caractère. Si elles s'adonnent à l'agriculture, ce ne sera qu'autant qu'elles y seront forcées par le besoin Elles ne cultiveront qu'une partie de leurs terres, si elles ne sentent pas la nécessité de les cultiver toutes. Il n'y aura pour elles de gloire que dans les armes. Elles aimeront à vivre de butin: elles seront toujours portées à faire de nouveaux établissemens : et elles feront des irruptions fréquentes.

Tous ces peuples auront donc en Europe le même amour pour la liberté, qu'ils avoient dans le nord de l'Asie; et, comme ils auront de plus une patrie à défendre, ils y seront encore meilleurs soldats.

Tous les législateurs ont senti que l'égalité seule peut conserver la liberté, et prévenir le luxe et les abus qui en naissent. Cependant dès que les citoyens ont des

Usages des Germains pour maintenir l'égalité.

champs en propre, l'inégalité ne peut manquer de s'introduire. Les riches seront jaloux de jouir des avantages qu'ils ont sur les pauvres : l'intérêt particulier sera préféré au bien public : bientôt le luxe et la misère rendront les citoyens peu propres ou peu intéressés à défendre l'état.

Pour prévenir ces inconvéniens, les Germains imaginèrent d'exercer l'agriculture, sans donner des champs en propriété. Dans cette vue, les magistrats faisoient tous les ans une nouvelle distribution des terres. Par-là, celui qui une année avoit cultivé un champ, en cultivoit un autre l'année suivante. Il ne s'attachoit donc à aucun ; et cependant tous les citoyens ensemble s'intéressoient également aux terres qui appartenoient à la cité. Ce moyen, qui n'est praticable que dans de petits états, fait voir combien les Germains s'étudioient à maintenir l'égalité et la liberté.

Les Grecs cultivent les arts et n'en sont pas moins jaloux de leur liberté.

Pendant que la Germanie, les Gaules, l'Espagne et l'Italie se peuploient, et qu'il s'y formoit un grand nombre de petites cités, les Grecs commençoient à cultiver les arts qui leur avoient été apportés par des colonies étrangères. Dès qu'ils les connurent, ils en sentirent d'autant plus l'utilité, qu'ils habitoient des contrées peu fertiles. Mais, nés libres, ils continuèrent d'être jaloux de leur liberté; et, en prenant des mœurs plus douces, ils ne prirent pas des chaînes comme les peuples du midi de l'Asie. C'est cet amour de la liberté, concilié avec les arts, qui les rendit si long-temps invincibles. Ils l'avoient puisé dans le premier état où ils avoient vécu, et ils le conservoient, parce que les barrières que la nature et les circonstances avoient mises entre eux ne laissoient à aucun peuple le pouvoir de subjuguer les autres, et donnoient à tous les mêmes droits à l'indépendance.

A peine remarquons-nous les traces de l'amour de la liberté dans les monarchies de l'Asie, parce qu'elles sont déjà policées lorsque l'histoire nous les fait connoître. C'est parmi les hordes errantes que cet amour se trouve dans toute sa force : il s'affoiblit aussitôt qu'elles se fixent; et il est éteint lorsque les arts de luxe ont amolli les mœurs. Vous avez déjà vu qu'à mesure

Chez quelles nations se trouve davantage l'amour de la liberté.

que nous nous sommes policés au Midi; nous avons été moins libres; et vous verrez dans la suite que la liberté nous sera apportée par les nations du Nord, parce qu'elles seront moins policées que nous. Il est impossible de concilier, sur-tout dans de grands états, les progrès des arts et l'amour de la liberté.

<small>Effet de cet amour.</small>

Mais cet amour de la liberté ne produit chez des barbares qu'un courage aveugle et téméraire; au lieu que, chez des peuples qui cultivent les arts sans en connoître encore les abus, il ajoute continuellement des ressources au courage. Les Scythes ne se défendent que par les montagnes et les déserts, qui permettent rarement de pénétrer jusqu'à eux; et ils ne peuvent vaincre que des nations amollies. Les Européens, au contraire, se défendent moins par la nature des lieux que par la forme du gouvernement, et par une valeur plus éclairée. Voilà pourquoi ils ont été si difficiles à subjuguer.

<small>Les arts, passant d'une nation à l'autre, les amollissent successivement</small>

Pendant long-temps, les Romains ont été aussi barbares que les autres peuples d'Italie; et d'abord ils l'ont même été plus que les Toscans. Dans la suite, leur empire a frayé le chemin aux arts : les nations vaincues se sont éclairées : la lumière a pénétré plus ou moins au-delà même des provinces romaines.

Telle devoit être la route des arts : d'Asie en Grèce, de Grèce en Italie, d'Italie dans les Gaules, en Espagne, etc. Ils ne pouvoient se répandre de proche en proche qu'en s'établissant chez les peuples fixés et policés jusqu'à un certain point. Il n'étoit pas possible que des hordes errantes les apportassent en Europe à travers les déserts de la Scythie.

Mais les arts arrivoient avec les abus qu'ils entraînent. Les peuples s'accoutumoient tout-à-la-fois au joug et à la mollesse ; leur courage s'énervoit ; ils connoissoient moins la liberté et l'usage des armes. Les Gaulois, par exemple, n'étoient plus, au temps de Constantin, ces mêmes Gaulois qui avoient fait trembler Rome.

Comme les arts suivoient la route des armes des Romains, ils n'avoient pas pu s'établir où les Romains ne s'étoient pas établis eux-mêmes. C'est pourquoi les Ger- {Les Germains ne s'amollissent pas.}

mains conservoient leurs anciennes mœurs : ils n'avoient pas dégénéré comme les Gaulois, parce qu'ils n'avoient pas été conquis. Car la Germanie supérieure et la Germanie inférieure, où les Romains ont été maîtres, n'étoient qu'un démembrement de la Belgique, auquel Auguste avoit donné lui-même le nom de Germanie, parce que les habitans en étoient Germains d'origine. La Germanie proprement dite, étoit au-delà du Rhin, bornée au midi par le Danube, à l'orient par la Vistule, et au nord par la mer. C'est un pays que les Romains ont ravagé; mais ils n'y ont jamais fait d'établissement considérable et solide.

Je ne m'arrêterai pas sur les Germains, quoiqu'il soit important de les étudier pour vous préparer aux révolutions que l'histoire va mettre sous vos yeux. Je compte que vous serez en état de lire Tacite; et vous jugerez que je fais bien de ne pas écrire, quand je puis vous donner un pareil maître. Pour le présent, un seul passage de cet historien vous fera connoître combien ces peuples étoient redoutables.

Les Germains L'an de Rome, dit-il, 640, sous le con-

sulat de Cécilius Météllus et de Papirius *au temps de Tacite.*
Carbo, le bruit de l'armement des Cimbres se fit entendre pour la première fois. Deux cent dix années se sont écoulées depuis jusqu'au dixième consulat de l'empereur Trajan; et les Germains sont si difficiles à dompter, que ce long intervalle n'a été pour eux et pour nous qu'une alternative de revers. Les Samnites, les Carthaginois, les Espagnols, les Gaulois, les Parthes mêmes, ne nous ont pas donné de si fréquentes alarmes. Car les Germains défendent tout autrement leur liberté que les Arsacides leur empire.... Par la défaite de Carbo, de Cassius, d'Aurélius Scaurus, de Servilius Cepio, de C. Manlius, ils ont enlevé cinq armées consulaires à la république; et depuis, à l'empereur Auguste, Varus avec trois légions. Ce ne fut pas sans de grandes pertes que Marius les vainquit en Italie, Jules-César dans les Gaules, Drusus, Tibère et Germanicus dans leur pays... Pendant nos guerres civiles ils ont chassé nos légions des quartiers d'hiver, et ont osé entreprendre la conquête des Gaules. Nous les avons repoussés : mais,

dans les derniers temps, nous avons plutôt triomphé d'eux que nous ne les avons vaincus.

Depuis Tacite, les nations germaniques se font connoître sous de nouveaux noms.

Depuis Tacite, la Germanie a montré aux Romains de nouveaux peuples et de nouveaux ennemis, ou plutôt des nations germaniques avec des noms auparavant inconnus : car les Allemands, les Goths, les Francs, etc., étoient Germains. Des savans ont tenté de découvrir la première origine de ces peuples : quelques-uns même sont remontés de génération en génération jusqu'à Noé. Pour nous, nous remarquerons seulement que les Allemands, les Goths, les Francs et d'autres, sont sortis de la Germanie. Je joins en note une réflexion de M. Freret. (1)

---

(1) Les plus grandes difficultés qui arrêtent les critiques lorsqu'ils traitent des migrations des anciens peuples, viennent de ce qu'ils n'ont pas fait assez de réflexion aux ligues dans lesquelles plusieurs peuples différens prenoient un nom commun, qui faisoit disparoître les noms particuliers. Lorsque la ligue venoit à se détruire, le nom général cessoit d'être employé ; et les différens peuples paroissoient sous des noms particuliers, ou prenoient

ANCIENNE. 263

Le résultat de ce que j'ai dit dans ce chapitre, c'est que, pendant que l'empire romain et celui des Perses se craignent

Au temps de Constantin, deux vastes empires, qui se craignoient, et

celui de la nouvelle ligue lorsqu'il s'en formoit une. C'étoit cependant toujours la même nation qui occupoit le même pays. C'est ainsi que les noms des Marcomans et des Quades s'éteignirent, lorsqu'ils entrèrent dans la ligue des Goths ; et que ceux des Gépides, des Vandales et des Lombards, commencèrent à devenir célèbres lorsque, la ligue des Goths ayant été détruite par l'invasion des Huns, les peuples qui en avoient fait partie formèrent des cités particulières, et se firent connoître sous leurs propres noms. Ces Gépides restèrent dans la Hongrie au nord du Danube, et aux environs du Sirmium et de Belgrade ; au temps de l'invasion des Avares, ou de la seconde colonie des Huns, ils se retirèrent dans la Transylvanie, où ils sont encore aujourd'hui. L'extinction d'un ancien nom n'est point une marque de la destruction du peuple qui le portoit ; elle montre seulement qu'il a été forcé de se joindre avec un autre peuple plus puissant, et de faire partie d'une nouvelle cité. Par une raison semblable, de ce qu'on trouve un nouveau nom de peuple dans l'histoire d'un pays, il ne faut pas conclure qu'une nouvelle nation est venue l'habiter, à moins qu'on n'en ait des preuves ; car il a pu se faire que ce soit seulement le nom d'une nouvelle ligue qui s'étoit formée dans le pays.

qui devoient être envahis par des nations barbares qu'ils ne craignoient pas.

réciproquement, et qu'ils ont l'ambition de se détruire sans en avoir la force, les peuples barbares qui les environnent se préparent à les envahir, et les envahiront. Ces révolutions font un tableau dont je dois vous montrer les principales parties, car mon dessein n'est pas d'entrer dans les détails dont les histoires particulières vous instruiront.

Vous prévoyez que la barbarie va peu-à-peu couvrir la surface de la terre : mais les lettres renaîtront en Europe et se répandront chez les principales nations, où elles feront des progrès surprenans. Quant à l'Asie, elle restera dans l'ignorance, ou ne fera que de vains efforts pour en sortir. Vous en sentirez la raison lorsque vous connoîtrez les peuples qui l'auront subjuguée.

CHAPITRE V.

Depuis la mort de Constantin jusqu'à celle de Jovien.

La prospérité et les revers d'un état durent encore après le souverain qui le gouverne. Aurélien n'étoit plus; et l'empire, sans troubles quoique sans chef, se soutint par l'ordre qu'il avoit établi. Probus le défendit avec gloire tant qu'il vécut, et continua de le défendre en quelque sorte après sa mort, parce qu'il laissa pour généraux des hommes de mérite, qu'il sut discerner et qu'il ne craignit pas d'employer. Constantin hâta la décadence de l'empire.

Il laissoit dans l'église des divisions qu'il avoit fomentées : et il en sema encore dans l'empire par la manière dont il en disposa.

A Constantin, l'aîné de ses fils, il donna

Les dispositions de Constantin : occasionnelle m a acre d'une partie de sa famille.

les Gaules, l'Espagne et la grande Bretagne; à Constance, le second, l'Asie, la Syrie et l'Egypte; et à Constant, le dernier, l'Illyrie, l'Italie et l'Afrique. Il fit encore un partage à deux de ses neveux : Delmace eut la Thrace, la Macédoine et l'Achaïe, et Annibalien eut l'Arménie mineure, le Pont et la Cappadoce.

Si Constantin se flatta que sa volonté seroit respectée après sa mort, il se trompa; et c'est une erreur où tombent les souverains qui aiment à régner avec faste. Accoutumés à voir tout plier devant eux, ils s'imaginent qu'on pliera encore devant leur ombre. Mais le partage de Constantin étoit trop extraordinaire pour être généralement approuvé. On demandoit de quel droit il disposoit ainsi de l'empire. On prévoyoit des guerres civiles; et tant de souverains, nés dans la pourpre, n'étoient certainement pas d'un heureux présage. Il suffisoit de se rappeler Commode, qui seul, jusqu'alors, étoit né d'un père déjà empereur.

Le sénat eût été en droit de rejeter tous ces princes, et de choisir un Auguste dans une autre famille; le droit cède à la force, et les trois fils de Constantin furent reconnus et proclamés. Les deux neveux, comme plus foibles, périrent; les soldats leur ôtèrent la vie. Ils égorgèrent encore deux frères de Constantin, Jule-Constance et Annibalien, et cinq autres de ses neveux dont on ignore les noms. Gallus, âgé d'environ douze ans, fut ménagé parce qu'il ne paroissoit pas devoir vivre; et Julien, âgé de six, dut son salut à Marc, évêque d'Aréthuse, qui le déroba aux assassins. Ils étoient, l'un et l'autre, fils de Jule-Constance, mais de deux lits différens. On n'attribue ces massacres qu'à Constance seul. Il est au moins certain qu'il ne s'y est pas opposé; et il est très-vraisemblable qu'il a contribué à la fureur des soldats; il y gagna la Thrace et les états d'Annibalien. Constant acquit la Macédoine et l'Achaïe : et Constantin conserva des prétentions sur l'Italie et sur l'Afrique. Les trois frères s'étoient assemblés en Pannonie, pour faire eux-mêmes ce partage sur lequel il reste d'ailleurs beaucoup d'obscurité.

Les écrivains de ce temps, sacrifiant chacun la vérité aux intérêts de sa secte Ses trois fils méritent peu d'être connus.

ou de sa religion, paroissent n'avoir voulu faire que des panégyriques ou des satires. Les uns ne voient que des vertus où les autres ne voient que des vices; et, comme ils ont souvent altéré jusqu'aux faits, il est bien difficile d'asseoir un jugement; on voit seulement que les princes qu'ils louent ou qu'ils blâment méritent peu d'être connus.

On dit cependant que les enfans de Constantin avoient eu la meilleure éducation qu'on puisse donner à des princes. Peut-être le croyoit-on, parce qu'ils avoient eu un grand nombre de maîtres. Ce nombre néanmoins en devoit faire juger différemment. J'avoue d'ailleurs que je ne conçois pas comment, au milieu de la cour de Constantin, des princes pouvoient être bien élevés.

Guerre de Constance avec la Perse. Constance, attaqué par Sapor, roi de Perse, ne reçut aucun secours de ses frères. Cette guerre, ruineuse pour les deux peuples, dura autant que son règne et au-delà. Elle fut seulement suspendue de temps en temps, parce que Sapor avoit à se défendre contre les barbares du Nord. Quoiqu'on en connoisse peu les détails, on voit que Constance se fit mépriser, et que Sapor acquit peu de gloire.

Il y avoit environ deux ans et demi que Constantin étoit Auguste, lorsqu'il arma contre Constant, passa les Alpes, tomba dans une embuscade, fut défait et perdit la vie ; Constant se trouva maître de tout l'Occident.

Défaite et mort de Constantin, son frère.

340.

Constantin n'est connu que par son panégyriste. Jamais les panégyristes n'ont été si communs que sous ces derniers règnes ; et cela n'est pas étonnant, puisque les empereurs se piquoient d'être théologiens. Car, dans ce siècle où les différentes sectes avoient chacune intérêt de ménager les souverains qui les protégeoient, des princes théologiens ne pouvoient manquer de panégyristes.

Les sources où ces docteurs puisoient n'étoient pas toujours bien pures. Souvent, en croyant prendre un parti avec connoissance, ils ne faisoient que suivre les impressions de quelque hypocrite, ou les scrupules de quelque dévote. Il y avoit alors à Constantinople un prêtre arien qui, s'étant introduit auprès de Constantia, sœur de Constantin-le-Grand, gagna peu-à-peu la

Pourquoi Constance est favorable aux Ariens.

confiance de cette princesse, et lui persuada que la persécution d'Arius étoit une injustice criante. Constantia, au lit de la mort, communiqua ses scrupules à son frère, en lui recommandant le prêtre par qui elle croyoit avoir été éclairée. Aussitôt le grand Constantin se crut éclairé lui-même; et, quoiqu'il eût en horreur de se donner pour juge en matière de religion, il ne balança pas entre l'autorité du concile de Nicée et les scrupules d'une femme trompée par un prêtre. Ce fut alors qu'il rappela d'exil Arius, et qu'il persécuta les catholiques.

Le prêtre arien conserva sur l'esprit de Constantin le même crédit qu'il avoit eu sur celui de Constantia. Il fut même le dépositaire du testament de cet empereur, avec ordre de ne le remettre qu'entre les mains de Constance. Cette confiance lui ayant donné beaucoup de considération, il entraîna dans son parti tous ceux qui gouvernoient le prince, c'est-à-dire, les femmes et les eunuques. Vous voyez que Constantin-le-Grand, pour avoir partagé les foiblesses de sa sœur, sera la première cause des progrès de l'Arianisme.

Constance favorisa donc les Ariens; mais Constant prit avec zèle la défense des catholiques, et menaça de rétablir par les armes les évêques déposés; c'eût été la première guerre de religion. L'église cependant, qui ne fait pas les évêques par les armes, n'autorisoit pas à les rétablir par cette voie. Quoi qu'il en soit, la crainte eut plus de pouvoir sur l'ame de Constance que la religion, et même que les intrigues de la cour. Il consentit donc au rappel de S. Athanase et des autres évêques éxilés.

Constant néanmoins n'étoit pas à redouter. Il y avoit à peine deux ans qu'il avoit effrayé son frère, lorsque Magnence fut proclamé Auguste dans la ville d'Autun. A cette nouvelle, généralement abandonné, il prit la fuite, et perdit la vie dans les Pyrénées, lorsqu'il étoit sur le point de passer en Espagne. Il étoit âgé de trente ans, et en avoit régné douze.

On doit sans doute des éloges à la protection qu'il a donnée à l'église. Cependant, s'il a pensé comme bien des princes que cette protection tient lieu de toute vertu, il ne mérite certainement pas le titre de bienheureux que les pères lui ont donné. On sait qu'il préféroit ses plaisirs à ses devoirs, ce qui seul suffit pour déshonorer un prince. Ainsi, sans se donner la peine de démêler ce qu'il étoit, c'est assez de considérer la manière dont il a perdu l'empire et la vie, pour juger combien il étoit haï et méprisé.

Magnence, né au-delà du Rhin, avoit été fait captif et transporté dans les Gaules. Avec beaucoup de vices, peu de talens, point de vertus, il s'éleva par la faveur de Constantin-le-Grand. Son règne, qui fut court, dévoila son avarice et sa cruauté. Maître des Gaules et de l'Espagne par la mort de Constant, il le fut bientôt de l'Italie, de la Sicile et de l'Afrique. L'Illyrie cependant se déclara pour Vétranion, qui commandoit l'infanterie dans la Pannonie. On dit même que ce fut Constantine, sœur de Constance, qui revêtit ce général de la pourpre, afin de l'opposer à Magnence. On ajoute qu'elle croyoit avoir le droit de faire un empereur, parce que Constantin, son père, lui avoit donné à elle-même le diadème et le titre d'Auguste. Cette prétention, de la part d'une femme, paroît fort

Constantine, sœur de Constance, donne la pourpre à Vétranion.

singulière quand on se rappelle les siècles précédens. Il falloit, en effet, que les enfans de Constantin eussent des idées bien étranges. Vous voyez avec quelle facilité le despotisme fait disparoître les droits des peuples.

Vétranion, né dans les pays incultes de la haute Mœsie, étoit un vieux soldat si ignorant, qu'il ne sentit le besoin d'apprendre à lire que lorsqu'il fut empereur. Quoique grossier, il ne manquoit ni de probité ni d'expérience. Il étoit même généralement aimé. Il écrivit à Constance qu'il ne se regardoit que comme son lieutenant, et qu'il n'avoit pris la pourpre que pour arrêter les progrès de Magnence : il étoit bien simple s'il croyoit que Constance voulût pour lieutenant un second empereur.

Sur ces entrefaites, Népotien, proclamé Auguste par une troupe de bandits ramassés de toutes parts, se rendit maître de Rome, et livra cette ville au pillage. Il prit alors le nom de Constantin. Quelques jours après, vaincu par Marcellin, général de Magnence, il le perdit avec la vie. Fils d'Eutropie, sœur de Constance, il avoit

Népotien prend la pourpre, et périt.

échappé, on ne sait comment, au massacre de sa famille.

<small>Conduite de Magnence.</small> Magnence, qui avoit proscrit tous ceux qu'il soupçonnoit avoir été attachés à Constant, fit de nouvelles proscriptions après la victoire de Marcellin. Il ordonna, sous peine de mort, à tous les Romains d'apporter au trésor la valeur de la moitié de leur bien, et il offrit des récompenses aux esclaves qui dénonceroient leurs maîtres. On lui prodigua cependant les titres de libérateur de l'empire, de réparateur de la liberté, de conservateur de la république. Plus la servitude est grande, plus elle cherche de nouveaux moyens pour flatter le despote; et ils sont quelquefois si grossiers, qu'on les prendroit pour une satire. Magnence, se préparant à la guerre, appela les Barbares d'au-delà du Rhin auxquels il offrit l'empire à piller.

<small>Constance se prépare à la guerre.</small> Constance étoit alors en Asie où la guerre avec les Perses l'avoit retenu. Heureusement pour lui, Sapor se retira, ne sachant ou ne pouvant pas profiter d'une circonstance qui lui étoit si favorable.

Il se prépara donc à passer en Occident.

En dix mois, dit Justin, il équipa une flotte plus considérable que celle que Xerxès avoit équipée en dix années. Il exhorta les idolâtres qui étoient dans ses troupes à se convertir; il permit de se retirer à ceux qui ne voulurent pas recevoir le baptême. Cependant, quoiqu'il ne voulût combattre qu'avec des soldats chrétiens, il ne s'étoit pas lui-même fait baptiser encore.

Il venoit d'arriver dans la Thrace, lorsque Vétranion et Magnence, qui se préparoient à réunir leurs forces, lui firent des propositions de paix qui l'ébranlèrent. Il paroissoit disposé à les accepter, quand son père, qui lui apparut en songe, lui promit la victoire et le rassura. Ayant donc continué de marcher, il passa le pas de Sucques, défilé étroit qui est entre les monts Hémus et Rhodope, et par lequel la Thrace communique avec l'Illyrie. *Il arrive dans la Thrace et entre dans l'Illyrie.*

Vétranion, qui n'étoit pas arrivé à temps pour défendre ce passage, fut obligé d'entrer en négociation. Mais, pendant qu'il traitoit, on débaucha ses troupes, et il tomba entre les mains de l'empereur, qui le relégua à Pruse en Bithynie. Heureux *Vétranion est relégué en Bithynie.*

d'être redevenu particulier, il ne concevoit pas pourquoi Constance ne partageoit pas un bonheur qu'il savoit procurer aux autres.

Magnence repasse deux fois en Italie, et se tue.

Magnence traversa les Alpes juliennes, et Constance s'occupoit d'un concile, qu'il faisoit tenir à Sirmich. Cependant les deux armées arrivèrent dans la haute Pannonie. Après avoir eu tour-à-tour des avantages l'une sur l'autre, elles engagèrent une action générale dans les campagnes de Murse, sur la Drave. On prétend que plus de cinquante mille hommes y périrent.

Constance, loin du danger, étoit dans une église, lorsque Valens, évêque de Murse et Arien, qui avoit pris ses mesures pour être des premiers instruit de l'événement, s'écria tout-à-coup, que l'ennemi étoit en fuite, et qu'un ange venoit de lui en apporter la nouvelle. L'empereur conçut la plus grande idée de la sainteté de cet évêque, et crut lui devoir la victoire.

352.

Magnence se retira en Italie. Forcé de reculer encore, il se réfugia dans les Gaules; il perdit une seconde bataille dans les Alpes cottiennes; et il s'enfuit à Lyon où, voyant ses soldats prêts à le livrer, il se donna la mort. Il a régné trois ans et demi.

Naturellement soupçonneux et sanguinaire, Constance le devint encore davantage, lorsqu'il fut seul maître de l'empire, et sa puissance ne parut s'accroître, que pour donner à ses vices un libre cours. Jaloux de proscrire tous ceux qui avoient suivi le parti de son ennemi, il répandit ses délateurs dans tout l'empire. Un d'eux, Paul, surnommé *la Chaîne*, parce qu'il tramoit mieux qu'un autre des accusations, parcouroit les provinces, et entroit d'autant plus dans la confiance de l'empereur, qu'il enveloppoit, dans ses calomnies, un plus grand nombre d'innocens. Cependant, parce qu'une vengeance soutenue demande une fermeté que Constance n'avoit pas, il pardonnoit quelquefois aux plus coupables; et, parce que la flatterie saisissoit cette occasion d'applaudir à sa clémence, il croyoit avoir acquis le droit de ne plus pardonner. En général, c'étoit assez d'être accusé pour être puni.

Le caractère soupçonneux de ce prince

Constance donne sa confiance aux délateurs.

278 HISTOIRE

ceux qui l'entourent. le rendit le jouet de tous ceux qui l'entouroient. En feignant de trembler pour ses jours, on exagéroit les moindres fautes, on envenimoit les actions les plus indifférentes, on diminuoit, on tournoit en ridicule les succès des uns, on supposoit une ambition criminelle aux autres, et on lui reprochoit continuellement à lui-même de n'être pas assez en garde ou d'être trop indulgent. Mais, afin que vous puissiez mieux juger des intrigues qui faisoient agir Constance, il faut vous faire connoître ce que c'étoit que sa maison et sa cour.

Multitude de ses valets. Il semble que, depuis Constantin, les empereurs ne se crussent grands que par la multitude des valets qui remplissoient le palais. Or, parce que, sous les princes foibles, les valets ont toujours du crédit, on rechercha l'honneur de l'être au point qu'on l'acheta; et il arriva qu'au lieu d'en régler le nombre sur les besoins du service, on en reçut autant qu'il s'en présenta avec de l'argent ou avec de la protection. Il y avoit, dans la maison de Constance, mille officiers de cuisine, autant de barbiers, beaucoup plus d'échansons, et les eunuques étoient en si grand nombre qu'on ne les comptoit pas.

Ces ames intéressées n'avoient donné que pour reprendre avec usure. Souvent le concours leur avoit fait acheter cher un emploi qui rapportoit peu ; pour se dédommager, ils prirent lorsqu'ils eurent occasion de prendre, et, dès qu'ils eurent pris une fois, ils se crurent autorisés à reprendre toutes les fois que les mêmes occasions se présentoient. Ils se firent donc un droit de chaque abus qu'on toléra. Enhardis par des protecteurs qui ne leur manquoient jamais, ils eurent continuellement de nouvelles prétentions ; et ils les firent si bien valoir, que les plus gros gages n'étoient rien, comparés à ce qu'ils appeloient les profits de leur place. Un barbier, par exemple, avoit par jour vingt rations de pain, de quoi nourrir vingt chevaux, une grosse pension et des gratifications fréquentes. On a jugé qu'il en coûtoit plus pour les domestiques du palais, que pour la subsistance des armées ; et ce n'est pas une exagération.

Les mêmes abus régnoient parmi ceux

qui occupoient les grands charges : ils avoient aussi leurs profits. Ces valets, qu'on prenoit pour les grands seigneurs de l'état, ne permettoient à leurs inférieurs de se faire des droits que parce qu'ils vouloient s'en faire eux-mêmes, et ils s'en faisoient d'énormes. On n'imagine donc pas ce que coûtoit la maison du prince.

Quand le souverain est vain, foible, ignorant, les derniers de ses valets sont ceux qui lui plaisent davantage, parce qu'il n'est jamais plus à son aise qu'avec eux.

Aussi les eunuques, qui jusqu'alors avoient été la partie la plus vile de la maison des empereurs, commencèrent, sous Constance, à s'élever aux premiers emplois. Un d'eux, nommé Eusèbe, Arien, faux, avare, cruel, étoit son grand chambellan, et gouvernoit l'empire. Je remarquerai encore que les femmes avoient beaucoup de crédit dans sa cour, et qu'elles prenoient toujours quelque part au gouvernement.

Des milliers de valets désœuvrés, des favoris sans vertus, des ministres sans talens, des femmes qui affichoient la coquetterie, l'esprit ou la dévotion, voilà donc ce qui entouroit l'empereur. L'argent étoit l'unique mobile de ces ames qui ne s'occupoient qu'à tramer des intrigues. Tout se vendoit, les plus grandes charges et les plus bas emplois ; on s'enrichissoit à force de bassesses, on se ruinoit à force de dissipations. On s'élevoit rapidement, on tomboit plus rapidement encore ; et l'état étoit gouverné par le même esprit qui faisoit et défaisoit les fortunes des particuliers : les entreprises du gouvernement n'étoient souvent que l'effet d'une intrigue de cour.

Constance, au milieu de cette foule qui le poussoit en sens contraire, ne jouoit le souverain qu'en affectant une gravité ridicule. En public, immobile comme une statue, il n'osoit ni tourner la tête, ni faire un geste, ni se moucher, ni cracher. C'est ainsi qu'il croyoit conserver toute sa dignité.

Gravité ridicule de Constance.

Telle étoit la cour de Constantinople ; il y en avoit une autre en Orient, où Gallus, neveu de Constantin-le-Grand, avoit été envoyé lors de la guerre de Magnence.

Ce prince, à qui Constance avoit donné le titre de César et une de ses sœurs, cette même Constantine dont nous avons parlé,

Gallus, gouverneur de l'Orient.

se regardoit comme l'héritier de l'empire, et gouvernoit en maître absolu. On voyoit dans sa cour les mêmes abus que dans celle de son beau-frère. La flatterie sur-tout s'y montroit, s'il est possible, avec plus d'impudence encore. Comme il forçoit les sophistes à faire son panégyrique, et à le prononcer devant lui, la manie de le louer devint si contagieuse que, quoiqu'il fût Arien, les écrivains catholiques lui prodiguoient des éloges. Il est vrai qu'il paroissoit avoir quelque zèle pour le Christianisme ; mais il étoit gouverné par Aëtius son théologien, homme sans principes et sans mœurs, qui, après avoir fait toutes sortes de métiers, s'étoit arrêté à celui d'hypocrite, comme le plus lucratif dans son siècle, et qui étoit en horreur aux Ariens, quoiqu'il professât l'Arianisme.

Constantine, haute et ambitieuse, entretenoit la confiance de son mari, lui donnoit des conseils pernicieux, et l'enhardissoit au crime. Ce n'étoit pas assez pour Gallus de répandre des délateurs dans les provinces qu'il gouvernoit : il se déguisoit pour découvrir lui-même ceux qui parloient mal de lui. Je ne parlerai pas de ses cruautés : je me lasse d'entrer dans de pareils détails; et je vous cacherois volontiers les vices des mauvais princes, si c'étoit assez de vous les cacher pour vous en garantir.

Gallus, ainsi que Julien, avoit d'abord été la victime des défiances de Constance, qui les avoit fait conduire l'un et l'autre au château de Macelle, près de Césarée en Cappadoce. Là, ces deux princes, toujours observés comme des prisonniers, et privés de tout commerce avec les personnes qui pouvoient leur être attachées, furent d'ailleurs entretenus avec magnificence. On les élevoit dans la religion chrétienne, ou, pour parler avec plus de précision, dans l'Arianisme. On les ordonna même *lecteurs*, et ils en firent les fonctions : mais les exercices pieux auxquels on les forçoit ne leur donnoient que du dégoût pour la vraie piété. Cette contrainte irritoit sur-tout Gallus qui étoit dans un âge où les passions font desirer la liberté. Il ne soupiroit donc qu'après le moment qu'il ne sentiroit plus le poids des chaînes ; et, quand il eut été fait César, il ne connut plus de frein.

Éducation de Gallus et de Julien.

<small>Mort de Gallus.
354.</small>

Il gouvernoit l'Orient depuis près de quatre ans, lorsque l'empereur, qui prit de l'ombrage, lui ôta, sous différens prétextes, une partie des troupes, et l'invita, par des lettres d'amitié, à venir à Milan, afin de traiter ensemble des affaires de l'empire. Gallus hésita. Cependant, soit qu'il osât se flatter, soit qu'il ne lui fût pas possible de désobéir, il partit d'Antioche : ce fut sa perte. Constance le fit mourir dans une ville de Dalmatie, où il l'avoit fait conduire.

<small>Silvain forcé à se usurper périt par la trahison d'Ursicin.</small>

Silvain, fils d'un Franc, qui avoit servi sous Constantin, commandoit alors dans les Gaules. Ce général, qui avoit donné des preuves de capacité et de fidélité, excita la jalousie des courtisans, qui l'accusèrent de penser à l'empire. Forcé d'y penser en effet, ou d'être condamné sans avoir été entendu, il se fit proclamer.

Ursicin, qui avoit commandé la cavalerie en Orient, et qui, sous de fausses accusations, venoit d'être rappelé avec Gallus, étoit à Milan, où les courtisans, qui lui faisoient un crime de sa réputation, tentoient de le perdre ; il eût été sans doute immolé à leur jalousie, si la révolte de Silvain ne l'eût pas rendu nécessaire. Il fut donc envoyé dans les Gaules. Cependant il ne réussit que par une trahison. Il fit assassiner Silvain.

Constance, à qui les moindres talens faisoient ombrage, retira les troupes qu'il avoit dans les Gaules, et ne laissa à Ursicin que le titre de général. Les Francs néanmoins, les Allemands et les Saxons avoient ruiné quarante-cinq villes le long du Rhin. Maîtres d'une grande étendue de pays, ils portoient encore le ravage au-delà. Plusieurs villes de l'intérieur étoient abandonnées, et il y en avoit d'autres dont les habitans n'osoient semer que dans l'enceinte des murs. Eusébie, femme de l'empereur, saisit cette occasion pour lui persuader d'envoyer dans les Gaules Julien avec le titre de César.

Les Gaules ouvertes aux Barbares.

Agé de vingt-quatre ans, Julien ne paroissoit pas devoir être suspect. Jusqu'alors il n'avoit eu que la passion des lettres, recherchant les sophistes de réputation, et allant à toutes les écoles qui avoient de la célébrité. Appelé à la cour, il y parut avec la barbe et le manteau de philosophe. On

Constance donne à Julien le commandement des Gaules.

en plaisanta, et on plaisanta encore davantage quand on le vit avec tout l'attirail de sa nouvelle dignité; son embarras fit juger aux courtisans qu'il seroit, à la tête d'une armée, plus ridicule que redoutable. Ils se trompèrent. Il est vrai que Julien n'avoit jamais vu la guerre, mais il en avoit fait une étude; et les courtisans ne l'étudient pas même lorsqu'ils la voient. Il lui étoit néanmoins difficile de réussir, parce qu'il ne pouvoit qu'être traversé par ceux dont on l'avoit entouré : c'étoit des espions qui devoient l'observer, et des capitaines qui devoient moins lui obéir que le conduire lui-même. En un mot, on vouloit que les troupes ne vissent en lui qu'un fantôme, choisi seulement pour représenter l'empereur.

Il entretient les disputes de religion.

Constance, qui se piquoit d'être théologien, lisoit ou feignoit de lire tout ce qu'on écrivoit sur la religion. C'étoit un malheur pour l'état comme pour l'église ; car, par la confiance avec laquelle il jugeoit de ce qu'il n'entendoit pas, il ne produisoit que des scandales et des troubles. Sa cour suivoit son exemple ; le mot *consubstantiel* étoit le sujet de toutes les conversations : les eunuques, les femmes, les gardes, les valets, tout le monde enfin dissertoit sur le dogme. Les Ariens entretenoient cette manie par des brigues qui tendoient à ruiner les catholiques. Mais, à force de disputer, ils ne s'entendirent plus eux-mêmes : ils se divisèrent et formèrent plusieurs sectes.

Les conciles, leur devenant aussi nécessaires pour se concilier que pour porter de nouveaux coups aux catholiques, Constance leur en accorda autant qu'ils en demandèrent. Il en fit tenir un si grand nombre, qu'il ruina les voitures publiques. Dans ces voyages, les évêques étoient effrayés, et les voitures, qu'on avoit établies pour le service de l'état, n'y pouvoient plus suffire.

Cependant l'Arianisme, qui avoit infecté tout l'Orient, commençoit à peine à se répandre dans les provinces occidentales, lorsque l'empereur fit tenir à Milan un nouveau concile, la même année que Julien partit pour les Gaules. Il y vint. Il déclara qu'il vouloit rétablir la paix de l'église: il assura que Dieu lui en avoit révélé les moyens : il rappela les succès dont le ciel

Il fait un formulaire. 355.

l'avoit comblé ; et, les regardant comme un gage sûr de ses lumières et de sa foi, il proposa lui-même un formulaire rempli des erreurs de l'Arianisme. Les évêques catholiques, qui étoient en plus grand nombre dans ce concile, l'ayant rejeté, il les menaça de l'exil, et l'effet suivit les menaces.

Il persécute pour le faire recevoir aux catholiques.

La persécution fut générale. Les Ariens employèrent les intrigues, les calomnies, les séductions, la violence ; et l'empereur ordonna aux magistrats de toutes les provinces de bannir tous les évêques qui refuseroient de signer son formulaire. Les Ariens, qu'on établissoit dans les siéges vacans, faisoient naître de nouveaux désordres : car lorsque les peuples, qui n'en vouloient pas, se soulevoient, ce qui arrivoit souvent, il falloit égorger une partie des brebis pour donner des pasteurs à l'autre.

On employoit, auprès des catholiques exilés, les caresses, les promesses ; et, lorsqu'on ne pouvoit pas les séduire, on leur faisoit souffrir les plus cruels traitemens. Plusieurs succombèrent ; l'église gémit surtout de la chûte d'Osius, évêque de Cordoue, et de celle du pape Libère. Tous deux jusqu'alors avoient soutenu la foi avec beaucoup de courage : le premier, âgé de cent ans, avoit été l'ame de plusieurs conciles.

Les violences dont on usoit, dit M. de Tillemont, pouvoient faire des hypocrites qui, par lâcheté, déguisoient leurs sentimens pour plaire aux puissances du siècle : mais elles étoient aussi peu capables de convaincre les esprits que de gagner les cœurs. Car on ne persuade point quand on fait retentir par-tout les menaces du prince; et on ne laisse point lieu à la raison, lorsque le refus est suivi du bannissement et de la mort. Telles ont été les maximes des Chrétiens tant qu'ils ont été persécutés ; et il seroit bien à souhaiter qu'ils ne les eussent jamais oubliées, lorsqu'ils ont été dans le cas de pouvoir persécuter eux-mêmes (1).

---

(1) Dieu, disoit S. Hilaire à l'occasion des persécutions de Constance, nous a enseigné à le connoître. Il ne nous y a pas contraints. Il a donné de l'autorité à ses préceptes, en nous faisant admirer ses opérations divines. Il ne veut point d'un consentement forcé. Si l'on employoit la violence pour établir la vraie foi, les évèques s'éleveroient contre cet abus, et ils s'écrieroient : Dieu est le Dieu

Comme la vraie religion n'a pas d'autres armes que la persuasion, elle ne doit pas avoir d'autres boucliers que la douceur et la patience. Souffrir et prier pour ses persécuteurs, voilà l'esprit de l'évangile. Ce fut aussi, en général, la conduite des catholiques. Mais quelques-uns oublièrent ce qu'ils se devoient à eux-mêmes et à l'église. Ils se permirent les invectives les plus fortes dans une cause qui pouvoit se défendre par la raison seule; et ils parurent autoriser les violences du tyran qu'ils irritoient.

Cependant les Catholiques lui ont donné des louanges.

Les catholiques ont néanmoins donné quelquefois des louanges à Constance; c'est qu'il a accordé de nouvelles exemptions au clergé, et qu'il a sévi contre l'idolâtrie. Il fit fermer des temples, il en fit abattre plusieurs; il condamna au dernier supplice ceux qui sacrifieroient aux idoles. Cependant la crainte de causer des soulèvemens fut cause qu'on n'exécuta pas toujours ses

---

de tous les hommes; il n'a pas besoin d'une obéissance sans liberté; il ne reçoit pas une profession que le cœur désavoue; il ne s'agit pas de le tromper, mais de le servir.

ordres. Il y avoit des villes où l'on professoit publiquement l'idolâtrie : l'empereur en étoit témoin lui-même dans Antioche, où il faisoit souvent son séjour ; et il ne cessa pas d'élever aux emplois des payens déclarés. Si un prince chrétien ne doit pas employer contre l'idolâtrie les mêmes armes que les idolâtres avoient employées contre l'église, il doit encore moins, en contradiction avec lui-même, condamner à mort les payens, et les tolérer tout-à-la-fois. Avant de publier des lois, il faut être sûr de pouvoir les faire observer.

Cette conduite peu conséquente rendoit l'empereur si méprisable aux yeux des Ariens mêmes, qu'ils osoient souvent lui résister en face. Il proposoit un jour des réglemens ecclésiastiques, et quelques évêques applaudissoient déjà, lorsque Léonce, évêque de Tripoli en Lydie, l'interrompit tout à-coup. *Je m'étonne*, dit-il, *que, chargé des affaires de l'état, vous vous mêliez encore de faire des réglemens sur des objets qui sont uniquement de notre compétence.* {Les Ariens le méprisoient, et lui résistoient ouvertement.}

Une autre fois que les évêques d'un concile {Insolence d'un évêque arien.}

s'empressoient de faire la cour à l'impératrice Eusébie, ce même Léonce fut le seul qui s'en dispensa. Eusébie lui en fit faire des reproches, l'invita à la venir voir, offrit de le combler de présens, et promit de lui bâtir une basilique. *Dites à l'impératrice*, répondit-il, *qu'en exécutant ce qu'elle promet, elle ne feroit rien pour moi : ses bienfaits tourneroient à l'avantage de son ame. Si elle veut une visite de ma part, qu'elle la reçoive avec les égards dus aux évêques. Quand j'entrerai, qu'elle se lève aussitôt, qu'elle vienne au-devant de moi, qu'elle s'incline profondément pour recevoir ma bénédiction ; et, lorsque je me serai assis, elle se tiendra debout dans une contenance modeste, jusqu'à ce que je lui aie fait signe de s'asseoir. A ces conditions je l'irai voir : autrement, elle n'est ni assez puissante, ni assez riche pour me faire trahir la majesté du caractère épiscopal.*

L'impératrice porta ses plaintes à Constance qui, bien loin d'oser blâmer Léonce, donna le nom de liberté apostolique à l'orgueil de cet évêque. Les Ariens ne lui avoient pas appris que le véritable esprit apostolique est éloigné de la vanité comme de la flatterie. Aussi étoient-ils avec lui insolens et flatteurs tout-à-la-fois. On voit, par le langage de ces hérétiques, qu'on pensoit déja qu'enrichir les églises c'est travailler pour le salut de son ame : opinion qui se répand avec l'ignorance, et qui fera de nouveaux progrès.

Toujours mu au gré des eunuques, des femmes et des évêques de sa cour, Constance changeoit d'opinion, suivant que les différens partis ariens prévaloient tour-à-tour par leurs intrigues. Il persécutoit la secte qu'il avoit favorisée, et bientôt après il la favorisoit pour persécuter celle qu'il avoit fait triompher. Les sectes s'excommunioient réciproquement : aucune ne cherchoit la vérité : toutes briguoient la faveur : elles ne tendoient qu'à se détruire.

Ce prince changeoit continuellement de secte.

Ces divisions déterminèrent l'empereur à convoquer un concile général. Nicomédie avoit été choisie, lorsque cette ville fut détruite par un tremblement de terre qui s'étendit dans l'Asie, dans le Pont, dans la Macédoine, et qui ébranla cent cin-

Grand tremblement de terre.

358.

quante villes et plusieurs montagnes. Les fléaux de cette espèce furent fréquens sous ce règne.

Conciles de Séleucie et de Rimini. 359.

Alors les Ariens, qui n'ignoroient pas que, si toute l'église se réunissoit, ils ne feroient pas le plus grand nombre, proposèrent de tenir deux conciles, l'un en Orient, l'autre en Occident, persuadés qu'il leur seroit facile de prévaloir dans l'un des deux. On choisit Rimini et Séleucie, capitale de l'Isaurie. Les ordres de l'empereur étoient qu'après les séances les conciles lui enverroient chacun dix députés pour lui rendre compte des décrets; et, en attendant leur décision, il fit lui-même un formulaire avec huit évêques qu'il avoit assemblés à Sirmich.

Les évêques catholiques signent une profession arienne.

Le concile de Rimini, composé de quatre cents évêques dont quatre-vingts seulement étoient Ariens, confirma la foi de Nicée, et fit partir ses députés, dix jeunes évêques sans expérience, qui, intimidés ou séduits, signèrent le contraire des décisions qu'ils avoient apportées. Ce qui est plus surprenant encore, c'est que le concile qui les désapprouva succomba lui-même bientôt après. Soit foiblesse, soit surprise, tous les pères sans exception signèrent une profession de foi qui cachoit l'Arianisme sous des expressions équivoques. *Le monde chrétien*, dit à cette occasion S. Jérôme, *fut étonné de se voir Arien.*

Les évêques catholiques étoient simples et peu exercés aux subtilités. Il n'en étoit pas de même des Ariens qui avoient fréquenté les écoles trop célèbres de l'Orient. Les artifices de ceux-ci trompèrent les plus zélés pour la foi, tandis que les autres, intimidés par les menaces de Constance, se crurent heureux d'avoir trouvé un moyen de conciliation.

Les Ariens triomphèrent : mais leur triomphe ouvrit les yeux aux catholiques. Ils reconnurent leur faute, ils la désavouèrent; et l'erreur se dissipa d'autant plus rapidement, qu'elle n'avoit pas été volontaire.

<small>Ils reviennent de la surprise qu'on leur a faite.</small>

Quant aux évêques de Séleucie, ils ne purent s'accorder. Les Ariens et les demi-Ariens se séparèrent, firent deux professions différentes, et s'anathématisèrent mutuellement. Pour les rapprocher malgré eux,

<small>Les Ariens ne peuvent s'accorder.</small>

Constance fit signer la formule arienne de Rimini aux députés des deux partis, et il envoya des ordres dans toutes les provinces pour forcer les évêques à la recevoir. Ce fut le sujet d'une nouvelle persécution. Telles étoient les occupations de ce prince, pendant que Sapor menaçoit l'empire, et que Julien le défendoit contre les barbares.

Succès de Julien.
Le jeune César, par les victoires et par la sagesse de son gouvernement, avoit rétabli la sûreté et l'abondance dans les Gaules. Les ennemis, en fuite au-delà du Rhin, n'étoient plus pour lui qu'une occasion d'élever de nouveaux trophées ; chaque campagne avoit ajouté à sa réputation. Enfin respecté des soldats, chéri des peuples, il étoit devenu, pour achever son éloge, l'objet de la jalousie de Constance et des railleries des courtisans. Ils l'appeloient *Victorin*, froide allusion à un tyran qui, du temps de Gallien, avoit usurpé dans les Gaules le titre d'Auguste. L'empereur, par une contradiction bien digne de lui, applaudissoit au mépris que sa cour affectoit pour Julien, et s'approprioit en même temps tous les succès de ce général. Il ne le nommoit seu-

lement pas lorsqu'il en publioit les victoires; mais il se représentoit lui-même, rangeant les troupes, combattant aux premiers rangs, donnant tous les ordres, renversant les ennemis. Il parloit, en un mot, comme s'il eût été à la tête de l'armée, et que Julien eût présidé à un concile.

Les préparatifs qu'il faisoit contre les Perses furent un prétexte qu'il saisit pour enlever à Julien l'élite des troupes. Il ne daigna pas seulement adresser ses ordres à ce général : il ne lui écrivit que pour lui dire qu'il eût à ne pas s'opposer à ses volontés. Julien ne s'y opposa pas : ce furent les soldats qui refusèrent d'obéir, et, malgré toutes ses résistances, ils le proclamèrent Auguste à Paris. *Il est proclamé Auguste.*

Il passa les Alpes après avoir repoussé les Allemands qui s'étoient jetés sur les Gaules, à la sollicitation de l'empereur. L'Italie, l'Illyrie, la Macédoine, la Grèce, se déclarèrent aussitôt pour lui, et il n'eut pas besoin de combattre, Constance, qui étoit parti d'Antioche, étant mort sur ces entrefaites en Cilicie, dans sa quarante-cinquième année. Reconnu dans tout l'empire, *Constance meurt, et Julien est reconnu.*

Julien continua sa marche, et fut reçu à Constantinople au milieu des acclamations.

Sa vie mérite d'être étudiée.

La vie de Julien mérite d'être étudiée, Monseigneur. Elle vous apprendra combien il est dangereux pour les princes de se prévenir et de s'aveugler; et vous verrez qu'ils font alors d'autant plus de maux, qu'ils veulent davantage le bien, et qu'ils ont plus de talens pour le produire. Je ne ferai pas néanmoins l'histoire de ce règne. La vie de Julien écrite par M. l'abbé de la Bletterie m'en dispense, et je vous la ferai lire.

Cause de ses erreurs.

Je remarquerai seulement que son éducation fut la principale cause de ses erreurs. Séduit par des sophistes, il se prévint contre l'église, parce qu'il jugea de tous les Chrétiens par la secte des Ariens dans laquelle il avoit été élevé. Il vit les travers de Constance, il vit les maux que les hérésies avoient produits; et, confondant le mensonge et la vérité, il ne pensa plus qu'à détruire la religion chrétienne. Il se rendit odieux aux catholiques, il mérita sur-tout d'être plaint.

Sa mort.

Pendant un an et huit mois que dura son règne, il s'occupa des moyens d'abolir le Christianisme. Il employa à cet effet la politique, et il fit plus de mal à l'église que s'il l'eût persécutée ouvertement. La guerre qu'il fit aux Perses mit fin à ce projet. Il fut blessé dans un combat qu'il livra au-delà du Tigre ; et il mourut âgé de trente-deux ans. En lui finit la maison de Constance Chlore, si florissante sous Constantin.

Jovien, qui lui succéda, fit une paix honteuse, repassa le Tigre, et perdit dans sa retraite une partie de ses troupes. Quoique jeune encore et qu'il eût des défauts, il avoit des vertus que l'âge auroit pu mûrir : mais il n'a régné que sept à huit mois. Arrivé à Antioche, il donna des preuves de sagesse par la conduite qu'il tint pour rétablir la paix dans l'église. Il mourut en Galatie lorsqu'il alloit à Constantinople. M. l'abbé de la Bletterie a encore écrit sa vie.

Court règne de Jovien.

Id.

Pendant le règne de Constance, les Francs, les Allemands, les Saxons et les Perses ne furent pas les seuls ennemis de l'empire : les Romains eurent encore à se défendre contre les Quades, les Sarmates et d'autres peuples du Nord. Les Isaures, qui se retiroient dans les rochers du mont Taurus,

Barbares qui ont attaqué l'empire pendant le règne de Constance.

firent de grands ravages en Asie; et les Sarrazins, dont les Romains n'avoient appris le nom que du temps de Marc-Aurèle, pillèrent plus d'une fois la Mésopotamie. Tant que ces barbares ne forment point d'établissemens, ils ne méritent pas de nous arrêter.

LIVRE DIX-SEPTIÈME.

CHAPITRE PREMIER.

Depuis la mort de Jovien jusqu'à Théodose.

De tous les maux qui préparoient la ruine de l'empire romain, les disputes sur la religion n'étoient pas les moindres ; c'étoit la source d'une guerre intestine qui devoit durer plus que cet empire. L'erreur s'armoit parce qu'elle n'avoit que la violence pour se propager ou pour se défendre ; et quelquefois la vérité s'armoit encore, parce qu'en matière de religion le zèle ne se contient pas toujours dans de justes bornes. Ces différens partis cherchoient à se rendre les princes favorables ; trouvant tour-à-tour des protecteurs, ils devenoient tour-à-tour

<small>Combien les disputes de religion étoient funestes à l'empire.</small>

plus puissans ; et les désordres croissoient d'un règne à l'autre.

Vous avez vu jusqu'où ils étoient montés. Il étoit temps de protéger l'église sans lever le glaive sur ses ennemis, et de reconnoître que la persécution, qui ne suffit pas pour convaincre, ne suffit pas pour convertir. On venoit de voir les temples se remplir aussitôt que Julien les avoit ouverts, et ce prince apostat avoit démasqué les faux Chrétiens que la persécution avoit faits.

Tolérance dont Jovien forma le projet. Jovien avoit été confesseur. On ne pouvoit donc pas douter de son zèle ; mais il étoit convaincu, comme le dit M. l'abbé de la Bletterie, que la foi se persuade et ne se commande pas. En quoi, remarque ce même écrivain, il pensoit comme S. Athanase : on peut ajouter, comme tous les pères de l'église, pendant plus de trois siècles.

Cet empereur forma donc le projet d'une tolérance qui, ménageant les préjugés, ramena peu-à-peu tous les peuples à la vraie religion. Mais cette tolérance n'ôtoit rien à la protection qu'il devoit à l'église. Vous avez vu qu'il l'a protégée de tout son pouvoir.

Le terme où cette tolérance doit s'arrê- *C'est aux circonstances à déterminer ce que la tolérance exige des souverains.* ter est bien difficile à déterminer : car elle est entre deux extrémités, la persécution et l'indifférence. C'est aux circonstances où se trouve un empire à marquer au prince ce qu'il peut permettre, ce qu'il peut défendre, et l'usage qu'il doit faire de son autorité. Je ne vois pas qu'il y ait des règles assez générales à cet égard ; c'est un écueil où les meilleurs princes peuvent échouer. Tantôt, pour être tolérans, ils paroîtront indifférens ; et d'autres fois, pour ne pas être indifférens, ils deviendront persécuteurs. Une situation si délicate demandoit, dans ceux qui parvenoient à l'empire, plus de lumières que les temps ne le permettoient. Ce n'étoit pas ici un cas où ils pussent se conduire sans dangers par les conseils des autres. Car ceux qui les entouroient avoient intérêt de leur persuader, ou l'indifférence sous le nom de tolérance, ou la persécution sous le nom de zèle. Comment éviter également ces deux écueils ? Je voudrois que Jovien eût vécu plus long-temps ; quelle qu'eût été sa conduite, il nous instruiroit au moins par ses fautes.

Nous ne pouvons pas nous en instruire en observant la conduite des premiers empereurs chrétiens.

Bien plus : il est encore fort difficile de nous instruire parfaitement en observant la manière dont les premiers empereurs se sont conduits ; pour en juger sûrement ; il faudroit connoître toutes les circonstances où ils se sont trouvés. Si Constantin, par exemple, n'eût démoli que les temples où le culte étoit contraire aux bonnes mœurs, s'il n'eût fait taire que les oracles où la fourberie étoit manifeste, enfin, s'il n'eût défendu que les enchantemens, la magie et toutes les pratiques grossières qui étoient plutôt l'abus que l'essence de la religion payenne, on ne pourroit que le louer. Les idolâtres les plus raisonnables n'auroient osé le désapprouver ; il n'eût même fait que ce que les souverains pontifes avoient droit de faire ; et cependant il se préparoit à pouvoir un jour entreprendre davantage. Il ne lui falloit donc que de l'adresse pour obtenir par douceur et peu-à-peu ce qu'il ne pouvoit emporter de force et tout-à-coup. Mais, jaloux comme il l'étoit de son autorité, pouvoit-il user de ces ménagemens ?

Nous voyons donc ce qu'il pouvoit absolument faire. S'il lui a été permis de passer quelquefois les bornes que je viens de prescrire, il est au moins évident qu'il a été trop loin, puisqu'il a porté des lois qu'il n'a pu faire exécuter. Lorsque ses fils défendirent généralement à tout le monde de sacrifier, ils déclarèrent qu'ils ne faisoient qu'ordonner l'exécution des lois que leur père avoit faites. Cependant Constance fut témoin qu'on ne les observoit pas, et il fut obligé de le souffrir. Tous ces empereurs s'étoient donc trop hâtés de porter ces lois.

Si d'un côté nous remarquons l'abus que Constantin a fait de son autorité, de l'autre nous connoissons l'usage qu'il en pouvoit faire, sans être taxé d'imprudence. Cependant nous ne saurions apprécier exactement tout ce qu'il y a de bien et de mal dans sa conduite, parce que les circonstances des temps où il a régné ne nous sont pas assez connues. Nous serons dans le même cas par rapport aux règnes suivans.

Quelques jours après la mort de Jovien, l'armée élut empereur Valentinien, fils de Gratien, qui, de simple soldat, étoit devenu comte d'Afrique. L'empire trouvoit dans ce

Valentinien est élevé à l'empire.

prince un catholique qui avoit été confesseur sous Julien.

<small>La tolérance le rend suspect d'indifférence.</small> Protecteur de sa communion, Valentinien laissa aux hérétiques et aux payens une entière liberté de conscience. Il défendit seulement, comme sources de désordres, les pratiques magiques et les sacrifices nocturnes. Il se fit sur-tout une loi de ne se porter jamais pour juge en matière de religion, et de conserver aux évêques seuls le droit d'en décider. Il pouvoit avoir pris ce parti à l'exemple de Jovien, et plus encore à la vue des maux que Constance avoit causés.

Malgré les preuves qu'il avoit données de sa foi sous Julien, sa tolérance le rendit suspect d'indifférence. Il semble néanmoins que Constantin et Constance auroient dû faire remarquer combien les princes intolérans sont dangereux pour l'église ainsi que pour l'état. Que les souverains gouvernent leurs peuples avec justice, qu'ils leur donnent l'exemple de la piété, qu'ils fassent enfin chérir la religion qu'ils professent, et ils auront rarement besoin d'employer l'autorité. Voilà sur-tout la protection qu'ils doivent à l'église. Mais, si livrés au vice, ils persécutent pour faire croire ce qu'ils ne pratiquent pas, quel fruit attendent-ils de leur prétendu zèle ? Que l'on compare les progrès des Ariens avec ceux des autres hérétiques dans les siècles précédens, et on sera convaincu que les hérésies n'ont jamais été plus funestes que depuis que l'autorité s'est mêlée des disputes de religion. Mais les sectes veulent que l'autorité s'en mêle, parce que ce n'est pas à la vérité qu'elles s'intéressent.

Valentinien avoit des qualités qui le rendoient digne du trône. Il aimoit la vérité, il soulageoit les peuples, il donnoit des emplois au mérite ; mais, parce qu'il comptoit trop sur ses lumières, il en étoit plus facile à tromper, et on le trompa.

Il songeoit à prendre un collègue, et c'étoit même le vœu de l'armée. *Si vous préférez l'état*, lui dit un de ses généraux, *vous choisirez : si vous préférez votre famille, vous avez un frère*. Valentinien préféra sa famille, et s'associa Valens, son frère, homme peu instruit, sans expérience dans la guerre, et protecteur des

Son caractère.

Il prend pour collègue Valens, son frère.

Ariens. Il lui céda l'Orient, c'est-à-dire, la Thrace, l'Asie et l'Égypte, et il se réserva l'Occident. Il semble qu'il ne vouloit qu'assurer l'empire dans sa famille : car trois ans après, au sortir d'une maladie, il déclara Auguste Gratien, son fils, âgé de huit ans.

Procope aspire à l'empire, et périt.

Valens, dès la seconde année de son règne, devenu si odieux qu'on le comparoit à Tibère, se vit menacé de perdre l'empire. Un parent de Julien, Procope, profita de cette disposition des esprits, fut proclamé Auguste par quelques cohortes, et se fit reconnoître à Constantinople, pendant que Valens étoit en Galatie. Il ne régna qu'un an. Peu digne de commander lui-même, il fut trahi par ses généraux, et livré à Valens qui lui ôta la vie.

Les Barbares tombent de toutes parts sur l'empire.

Les Barbares que Julien avoit contenus recommençoient leurs hostilités. Les Gaules étoient exposées aux courses des Francs, des Allemands et d'autres peuples de Germanie. Les Saxons venoient par mer porter la désolation sur les côtes. Les Sarmates et les Quades pilloient la Pannonie. Les Pictes et les Écossais ravageoient la Bretagne.

Les Asturiens et d'autres nations maures ne causoient pas de moindres désordres en Afrique. Enfin l'Orient avoit pour ennemis les Goths, les Isaures, les Perses, les Sarrazins, et les Blemmies qui se jetoient souvent sur l'Égypte.

L'Occident fut défendu par les victoires de Valentinien, et par celles de deux de ses généraux, Jovien et Théodose. Cependant ce règne est l'époque où les Romains, devenus perfides, commettent ouvertement les trahisons les plus noires. Ils égorgent les Saxons qui se retiroient sur la foi d'un traité. Ils font assassiner Vithicabe, roi des Allemands, Gabinius, roi des Quades, et Para, roi d'Arménie. Rome idolâtre avoit eu des Fabricius; pourquoi faut-il que les trahisons deviennent si fréquentes sous des princes chrétiens? Valentinien sans doute, quoique confesseur, n'étoit pas assez instruit de ses devoirs. On ne voit pas qu'il ait fait aucune recherche sur les trahisons de ses généraux; et il paroît avoir trempé lui-même dans la mort de Vithicabe.

Trahisons des Romains.

C'est encore à ce règne qu'on voit commencer, dans l'église, des troubles qui se

Schisme Rome.
345.

renouvelleront dans la suite et qui produiront de grands maux. Le siége de Rome étoit déjà devenu l'objet de l'ambition, parce que les pontifes avoient mille moyens de s'enrichir, et qu'ils pouvoient vivre dans l'opulence et dans le luxe. Damase, successeur du pape Libère, avoit été élu canoniquement; et cependant Ursin, diacre de l'église romaine, forma un parti, et se fit élire. Ce fut le sujet d'une guerre. L'antipape soutint un siége dans une basilique. Il fallut que Prétextat, préfet de Rome, payen célèbre par sa sagesse et par son équité, armât pour chasser les schismatiques, et ce schisme dura plusieurs années.

Mort de Valentinien. L. Huns et les Alains.

375.

Valentinien mourut en Illyrie dans la douzième année de son règne et dans la cinquante-cinquième de son âge, l'an 375, époque où les Huns commencèrent à pénétrer en Europe (1). Les hordes de ces barbares, les plus puissantes de toutes celles qui erroient dans le Nord, toujours armées

---

(1) Il faut consulter sur les Huns les mémoires de M. de Guignes.

les unes contre les autres, avoient causé plusieurs révolutions; et celles qui avoient été vaincues, forcées de céder, s'étoient retirées sur les bords de la Mer Caspienne et du Pont-Euxin, et tombèrent sur les Alains qui habitoient ces contrées. Ces deux peuples, après une guerre longue et sanglante, se réunirent et passèrent ensemble le Palus Méotide.

Les Goths s'étendoient alors depuis le Tanaïs jusqu'au Danube, et leur roi Ermanérie se faisoit redouter jusqu'à la Mer Baltique, et paroissoit avoir conquis toute la Germanie. Cette nation étoit formée de plusieurs peuples, auxquels une peuplade, originaire de Scandinavie, paroit avoir donné son nom. On distinguoit en général les Ostrogoths qui habitoient l'Orient, et les Visigoths qui habitoient l'Occident. On met parmi les nations gothiques, les Gépides les Hérules et les Vandales: quelques-uns ajoutent les Lombards et les Alains. Mais la plupart de ces origines sont peu certaines. Je remarquerai qu'il n'est pas possible que la Scandinavie ait produit tous les peuples qu'on en fait sortir.

Les Goths.

*Les Goths s'é-
tablissent dans
la Thrace.*

Les Goths succombèrent sous les efforts des Huns. Ils abandonnèrent leur pays au vainqueur ; et, s'étant reculés jusques sur les bords du Danube, deux cent mille demandèrent à Valens la permission de s'établir dans la Thrace, et offrirent de servir dans les armées romaines. Leur proposition fut acceptée, à condition néanmoins qu'ils n'entreroient dans les terres de l'empire qu'après avoir quitté les armes : condition qui fut mal observée, parce que les officiers de l'empereur furent plus occupés à les dépouiller qu'à les désarmer. D'autres Goths firent encore la même demande, et furent refusés parce qu'il parut dangereux de recevoir un si grand nombre de barbares. Ils passèrent malgré les Romains.

*Valens, par
avarice, s'expo-
se à manquer de
soldats.*

Valens, comptant que les Goths lui fourniroient désormais assez de soldats, licencia une partie des anciennes troupes, et exempta de la milice les citoyens romains. Son avarice lui fit voir un avantage à imposer une somme sur chaque village pour chaque soldat dont il l'exemptoit. Il ne vit pas qu'il surchargeoit les peuples déjà trop foulés ; qu'il ruinoit les armées, et qu'il livroit l'empire aux Barbares. Il étoit à eux, dès qu'eux seuls ils le défendoient.

Cependant la Thrace, ne pouvant suffire à la subsistance de ses anciens habitans et des nouveaux peuples qui l'inondoient, éprouva une grande famine, dont les Goths sur-tout ressentirent les effets. Maxime et Lupicinus, qui commandoient dans cette province, ne pensèrent point à les soulager : au contraire ils les irritèrent par des injustices et par des trahisons. Forcés à prendre les armes, les Goths invitent les Alains et les Huns à venir à leur secours. Ces peuples se joignent à eux, et toute la Thrace est exposée au pillage des Barbares.

Soulèvement des Goths.

Valens, qui étoit à Antioche, se pressa de faire la paix avec les Perses, et vint combattre les Goths, près d'Andrinople, avec une armée levée à la hâte. Il perdit la bataille et la vie ; les deux tiers de ses troupes restèrent sur la place. Il a régné quinze ans.

Valens perd la bataille et la vie.

378.

Gratien, depuis la mort de son père, régnoit en Occident avec son frère Valentinien, que l'armée lui avoit donné pour collègue, et qu'il chérissoit comme son fils. Il

En Occident, Gratien avoit pour collègue son frère Valentinien II.

n'avoit que seize ans lorsque son père mourut, et son frère en avoit quatre.

Sa foiblesse le rend incapable de soins et lui fait commettre des injustices.
La jeunesse de Gratien et la foiblesse de son caractère rendoient presque inutiles les qualités estimables qu'on remarquoit en lui; quoique élevé dans la piété et dans le goût des lettres par le poëte Ausone, il ne fut jamais capable de s'appliquer aux affaires du gouvernement, et on abusa de sa facilité.

Il y avoit eu bien des abus sous le dernier règne. On lui persuada d'en punir les auteurs, parce qu'on vouloit perdre Théodose ; et ce général, qui avoit servi l'état avec autant de fidélité que de talens, fut exécuté à Carthage. Son fils disgracié, se retira en Espagne, sa patrie : il portoit le même nom. Un prince sage doit moins penser à punir les abus qui se sont commis avant lui, qu'à prévenir ceux qui pourroient se commettre. Les recherches qu'il fait sur le règne qui a précédé font toujours périr des innocens.

Défaite des Allemands.
Gratien marchoit contre les Goths. Valens, qui craignoit de partager avec lui l'honneur de la victoire, n'ayant pas voulu l'attendre,

il tourna ses forces contre les Allemands qui s'étoient jetés dans les Gaules. Il les joignit près de Colmar, les défit, et les poursuivit au-delà du Rhin. Ils perdirent plus de trente mille hommes. Gratien se distingua par son courage.

Après la mort de Valens, ce prince, âgé de vingt ans, et n'ayant qu'un enfant pour collègue, commandoit depuis l'Euphrate jusqu'aux îles britanniques, et depuis la Numidie jusqu'au Danube. Cependant l'empire avoit toujours ses anciens ennemis. Les Huns venoient d'en augmenter le nombre. Les Goths, vainqueurs, ravageoient la Thrace : ils avoient forcé le pas de Succques : ils se répandoient dans l'Illyrie, dans la Macédoine, dans la Grèce. Sur leurs traces, se poussoient, comme des flots, les Sarmates les Quades, les Alains, les Huns, les Vandales, les Marcomans. Ces barbares n'avoient plus qu'à franchir les Alpes Juliennes pour porter la désolation dans toute l'Italie.

Le jeune Théodose, relégué en Espagne, paroissoit l'unique ressource de l'empire. On ne présumoit pas néanmoins que Gratien l'employât, parce que les princes pardonnent rarement à ceux qu'ils ont offensés. On se trompa. Théodose fut rappelé, eut le commandement des armées, et défit les Goths et les Sarmates qui s'étoient rassemblés sur le Danube. L'année suivante, Gratien le prit pour collègue, et lui céda l'Orient.

CHAPITRE II.

Théodose.

Après avoir été vaincus par Théodose, les Goths n'avoient plus de retraite, puisque leur ancien pays étoit occupé par les Huns. Il falloit, par conséquent, les exterminer, ou leur céder des terres. Il eût été cruel et dangereux de les réduire au désespoir, et d'ailleurs la Thrace avoit besoin d'être repeuplée. On leur abandonna donc une partie de cette province, on leur donna les droits de cité, on les exempta de tout impôt, et l'on en fit des soldats pour la défense de l'empire. Les Goths obtiennent des terres.

Les circonstances, qui sont quelquefois plus fortes que toute autre considération, paroissoient demander qu'on prît ce parti. Cependant cette faveur accordée aux Goths pouvoit armer d'autres barbares, dans l'espérance d'obtenir la même grâce, et il eût Ils servent dans les armées sous des chefs de leur nation.

été plus prudent de les distribuer dans différentes provinces. Vraisemblablement ils ne voulurent pas se séparer, parce qu'ils se seroient livrés à la discrétion des Romains, dont la mauvaise foi leur étoit connue. Ils obtinrent même de ne servir dans les armées que sous des chefs de leur nation. Il en naîtra bien des troubles.

On auroit tort néanmoins de faire des reproches à Théodose. Quand le désordre est à un certain point, on ne peut pas tout-à-la-fois corriger le présent et pourvoir à l'avenir. Il paroît que ce prince fit tout ce qu'on pouvoit attendre d'un courage éclairé. L'empire eût succombé sans lui : il en a retardé la chûte.

Maux de l'église.

Les maux de l'église, de nature à n'attendre des remèdes que du temps, étoient grands, sur-tout dans les provinces orientales, où Valens, persécuteur des catholiques, avoit été favorable à toutes les sectes et même à l'idolâtrie. Les Ariens, maîtres dans la plupart des grandes villes, s'arrogeoient une espèce de domination : d'autres hérétiques, et il y en avoit de bien des espèces, briguoient la faveur de la multitude, et semoient la division parmi les peuples. Enfin l'idolâtrie avoit encore des temples célèbres.

Trop de sévérité pouvoit causer des troubles. Théodose le jugea, et se conduisit d'abord avec réserve. Mais sa douceur ne fut pas approuvée par tous les catholiques. Les plus ardens se plaignoient qu'il voulût attirer les ames à la vérité par la persuasion, au lieu de les forcer, par la terreur, à quitter extérieurement l'hérésie ; comme si quitter extérieurement l'hérésie, c'étoit devenir catholique. Ils ne savoient si cette conduite de l'empereur étoit, de sa part, défaut de zèle, timidité ou prudence. C'est ainsi qu'en parloit, remarque Tillemont, S. Grégoire de Naziance, quoiqu'un des plus modérés; et cela n'est pas étonnant, puisque ce saint blâmoit Constance d'avoir laissé la vie à Julien.

La modération de Théodose est blâmée.

Il seroit difficile de représenter combien la situation de Théodose étoit embarrassante. Tout lui tendoit des piéges, le zèle des catholiques, comme le fanatisme des hérétiques. Si ceux-ci vouloient le tromper, ceux - là s'aveugloient quelquefois eux-

Situation embarrassante de ce prince.

mêmes. S. Grégoire de Naziance en est une preuve. *Il y a eu des temps*, dit-il aux payens, *que nous avons eu l'autorité ; mais qu'avons-nous fait à ceux de votre religion qui approche de ce que vous avez fait souffrir aux Chrétiens ? Vous avons-nous ôté votre liberté ? avons-nous excité contre vous une populace en fureur ? avons-nous établi des gouverneurs pour vous condamner au supplice ? avons-nous attenté à la vie de quelqu'un ? avons-nous même éloigné personne des magistratures ? en un mot, avons-nous fait contre vous aucune des choses que vous nous avez fait souffrir, ou dont vous nous avez menacés ?* Je ne conçois pas, dit du Pin, comment Saint Grégoire peut accorder toutes ces maximes avec ce qu'il vient de dire, que Constance avoit très-mal fait de laisser l'empire et la vie à Julien. On ne conçoit pas non plus comment il faisoit toutes ces questions avec tant de confiance, lui qui blâmoit la modération de Théodose. Avoit-il oublié la loi qui condamnoit au dernier supplice ceux qui sacrifieroient aux idoles ? et ignoroit-il ce qui s'étoit passé sous Constance et sous Constantin ? Par ce discours de S. Grégoire, on peut juger du langage que tenoient aux empereurs les catholiques que le zèle aveugloit.

Théodose ne tarda pas à porter des lois contre les hérétiques. La première est de la seconde année de son règne, l'an 380. Elle ordonne, à tous les peuples de son obéissance, de suivre la foi du concile de Nicée; déclarant que ceux qui n'obéiront pas seront traités comme infâmes, et subiront les peines qui leur seront infligées par la justice divine et par l'autorité impériale.

<small>Lois qu'il fait contre les hérétiques.</small>

Une autre loi, portée l'année suivante, défend à ceux qui ne suivent pas la foi du concile de Nicée, de tenir des assemblées dans les villes, sous quelque prétexte que ce soit. Elle ordonne que toutes les églises de l'empire soient remises aux évêques catholiques, et qu'on chasse des villes tous les hérétiques qui feront quelque résistance.

Les Ariens, qu'on entreprit de chasser, excitèrent des séditions parmi le peuple.

Cependant cette même loi fut renouvelée quelques mois après, avec deux nouvelles c'a ses : une défense aux Ariens de bâtir des églises, soit dans les villes, soit dans les campagnes, et une déclaration que tous les lieux où ils auroient fait quelque fonction seroient acquis au fisc. Enfin, par une loi de 388, Théodose défend aux hérétiques de demeurer dans les villes, et ordonne de les chasser dans les déserts.

Lois contre les idolâtres.

L'idolâtrie relevée par Julien, avoit pris sous Valens de nouvelles forces. Théodose tenta de la détruire par des lois. En 381, il défendit les sacrifices, sous peine de proscription, soit dans les temples, soit ailleurs. En 385, il menaça des plus grands supplices ceux qui chercheroient l'avenir dans les entrailles des victimes. En 392, il publia une loi qui défendoit toute immolation, sous peine de mort, et tous les autres actes d'idolâtrie sous peine de confiscation des lieux où ils auroient été faits. Enfin, il ordonna de fermer, ou même de démolir les temples ; et Cinège, un des préfets du prétoire, fut entre autres chargé de cette commission.

De pareils ordres ne pouvoient pas être exécutés, sans quelque résistance de la part des payens. Alexandrie fut, pendant plusieurs jours, le théâtre d'une guerre qui coûta la vie à beaucoup de Chrétiens, et le sang coula dans plusieurs provinces.

Défauts des lois de Théodose.

Il faut, dit-on, qu'il n'y ait qu'une religion dans l'état. Il le faudroit sans doute; rien ne seroit plus à desirer. Mais, quand il y en a plusieurs, est-ce une raison de chasser une grande partie des sujets, parce qu'ils ne pensent pas comme le prince; de les égorger ou d'en faire des hypocrites et des sacriléges? car enfin c'est tout ce que peut la violence. Elle démolit les temples, elle ôte les églises: l'hérésie et l'idolâtrie restent. Si les lois de Théodose eussent été exécutées, on eût peuplé les déserts et dépeuplé bien des villes.

Au reste on se feroit une fausse idée de la conduite de cet empereur, si on en jugeoit par les lois qu'il a portées. *Il espéroit,* dit Tillemont, *que, sans qu'il fût besoin de punir, la foi orthodoxe se répandroit assez d'elle-même, quand l'église auroit la liberté entière de prêcher la vérité. Il avoit sans doute plus de compassion que d'indignation pour ceux qui aimoient leur aveuglement ; et il pouvoit juger que moins les hérétiques seroient persécutés, plus ils se diviseroient et se persécuteroient eux-mêmes, ce qui ne manqua pas d'arriver. Les lois mêmes*, ajoute cet écrivain, *dont il ne pressoit pas l'exécution, les retenoient dans la crainte, parce que l'église pouvoit s'en servir, et s'en servoit effectivement lorsqu'elle le jugeoit nécessaire pour arrêter leur audace.*

Les premiers empereurs chrétiens s'imaginèrent qu'il suffiroit de menacer pour ramener à l'église les hérétiques et les idolâtres, et ils portèrent des lois sanglantes. Ils se trompèrent ; l'événement le prouva : mais ils ne voulurent pas avouer qu'ils s'étoient trompés. Ils continuèrent donc de porter les mêmes lois, et cependant ils n'en pressoient pas l'exécution, parce qu'ils voyoient l'impossibilité où ils étoient de les faire exécuter. Cette contradiction sauvoit la dignité du prince.

Cette conduite des empereurs accoutuma

peu-à-peu à penser que les peines, portées par les lois, n'étoient que comminatoires, et il en résulta deux inconvéniens. D'un côté, ces lois ne pouvoient être un frein pour les peuples qui s'accoutumoient à regarder, comme de simples formules, les peines dont elles menaçoient ; de l'autre, l'exécution de ces lois devenoit une chose arbitraire qu'on abandonnoit au fanatisme, au faux zèle et aux intérêts particuliers de tous ceux qui avoient quelque autorité dans les provinces : car, si les empereurs ne la pressoient pas, il est certain qu'ils ne l'empêchoient pas. Les lois mêmes de Théodose permettoient les voies de fait contre les hérétiques ; elles armoient donc, les uns contre les autres, tous les citoyens qui voudroient se servir du prétexte de la religion. Depuis Constantin, il y a bien peu de sagesse dans la législation ; et il y en aura encore moins, parce que l'ignorance se répand tous les jours davantage.

Les désordres, au commencement du règne de Théodose n'étoient pas les mêmes dans toute l'église. En Occident, s'il s'élevoit quelques troubles, elle jouissoit en gé-

Concile œcuménique de Constantinople.

381.

néral de la paix. En Orient, au contraire, déchirée par une multitude de sectes, elle étoit encore troublée par les divisions même des catholiques. Un concile paroissoit l'unique moyen de rétablir l'union : on le crut au moins, et Théodose en convoqua un à Constantinople, où cent cinquante évêques de ses provinces se rassemblèrent ; l'Occident n'y prit point de part. S. Mélèce, évêque d'Antioche, y présida.

Le concile commença par déposer Maxime le cynique, qui s'étoit établi sur le siège de Constantinople, et dont l'ordination étoit nulle : cette place fut donnée à S. Grégoire de Naziance.

Sur ces entrefaites, Mélèce étant mort, il s'éleva, dans le concile, des dissentions au sujet de l'élection à l'évêché d'Antioche. Les esprits s'échauffèrent : on se souleva contre S. Grégoire, dont l'avis n'étoit pas celui du grand nombre ; et on parla de le déposer, sous prétexte que son intronisation étoit contraire aux canons. Ce saint aima mieux se démettre que d'être l'occasion d'un schisme.

Il étoit beau de renoncer à un siége qui

étoit le second de l'église, et qui paroissoit le disputer au premier; il eût été plus beau de le quitter sans regret, et on est fâché de voir S. Grégoire se plaindre durement des évêques qui l'avoient forcé à cette démarche. Il les représente comme des gens ignorans et grossiers, comme des superbes et des ambitieux, comme des avares qui ne songent qu'à amasser par toutes sortes de voies, comme des hypocrites qui, sous l'apparence des vertus, cachent de grands déréglemens. C'est, dit-il, une assemblée d'oisons et de grues, qui se battent et se déchirent sans discrétion, une troupe de geais, un essaim de guêpes qui sautent au visage. Il paroît en effet que les pères de ce concile montrèrent beaucoup de passion, et que S. Grégoire avoit raison d'en être scandalisé.

Après avoir fait des réglemens sur la discipline et sur la juridiction des églises, le concile fit des canons sur le dogme. Les Macédoniens, qui nioient la divinité du S. Esprit, et les Apollinaristes, qui avoient différentes erreurs sur l'incarnation, furent anathématisés, ainsi que les Ariens; et, comme il importoit de s'expliquer sur la divinité du S. Esprit avec plus de précision qu'on n'avoit fait jusqu'alors, on ajouta au symbole de Nicée, que le S. Esprit procède du père. On ajoutera dans la suite *et du fils*, ce qui sera le sujet d'une longue dissention.

Ce concile, le second œcuménique, n'a été reconnu, en Occident, que long-temps après; et, quoique reçu en Orient sans obstacle de la part des évêques catholiques, il ne fit pas cesser les disputes. A Constantinople sur-tout elles dégénéroient en manie : on dogmatisoit dans les places publiques comme à la cour, et il n'y avoit point d'artisan qui ne se donnât pour théologien. *Si vous voulez une pièce de monnoie*, dit S. Grégoire de Nysse, *on vous fait de grands discours sur la différence du fils engendré et du père non engendré : si vous demandez combien vaut le pain, on vous répond que le père est plus grand, et que le fils lui est soumis; et si vous demandez quand le bain sera chaud, on vous assure bien sérieusement que le fils a été créé.*

Théodose invita les chefs des différentes sectes à conférer ensemble, et il les rassembla à Constantinople. Il se flattoit qu'ils s'expliqueroient, qu'ils s'entendroient, et qu'ils se rapprocheroient. Ils se trompa : la dispute les aigrit, et ils en devinrent plus opiniâtres : c'est ce qu'on devoit attendre des passions, de la mauvaise foi et du fanatisme qui divisoient les partis.

Il est pardonnable de se tromper, quand on fait le premier une tentative : on peut donc excuser Théodose. Mais cette faute sera souvent répétée. On diroit que les souverains sont condamnés à ne pas s'instruire par l'expérience.

En Occident, Gratien publioit les lois de Théodose, et quelquefois il en pressoit l'exécution. Il fit abattre dans le sénat l'autel de la victoire, monument auquel la superstition attachoit le sort de l'empire : il confisqua les revenus des pontifes : il supprima les priviléges des prêtres payens et des vestales ; et il refusa le titre de souverain pontife que les empereurs, même chrétiens, avoient porté jusqu'alors ; ce refus, qui parut aux catholiques un acte de piété offensa les Romains qui le regardèrent comme une marque de mépris. Il eût été plus prudent de le garder : car ce titre lui donnoit le droit de réformer la religion payenne; et, en la réformant, il en avançoit la ruine.

Pendant qu'il aliénoit ses sujets, il attiroit à la cour les barbares, dont les hommages flattoient sa vanité : il ruinoit son épargne par des profusions, et il négligeoit tous les soins du gouvernement. Sa conduite lui fit perdre l'estime des troupes et l'amour des peuples.

Maxime, qui avoit été valet dans la maison de Théodose, et qui pour lors commandoit en Bretagne, profita de ce mécontentement, se fit proclamer Auguste, et passa dans les Gaules. Gratien marche contre lui : mais son armée l'abandonne : les villes mêmes s'opposent à sa fuite : elles lui ferment les portes; et, lorsqu'il croit échapper à la faveur d'un déguisement, il est arrêté et perd la vie.

Maxime, qui a fait périr Gratien, arme contre Valentinien.

Valentinien II, alors âgé de douze ans, reconnut Maxime qui promit de ne pas passer les Alpes, et Théodose dissimula.

Les Huns et les Perses, qui étoient entrés dans la Mésopotamie, lui faisoient une nécessité de porter ses forces en Orient, et ne lui permettoient pas de s'engager dans une guerre civile. Il parut donc aussi reconnoître Maxime : il songea néanmoins à le repousser, s'il formoit quelque nouvelle entreprise, et il saisit la première occasion de faire la paix avec la Perse.

Quelques années après, Valentinien n'eut que le temps de s'enfuir et de se jeter entre les bras de Théodose qui arma et qui vainquit Maxime. Cet usurpateur eut la tête tranchée; d'ailleurs on ne fit aucune recherche de ceux qui avoient suivi son parti. Théodose publia même une amnistie pour les rassurer; et il rétablit Valentinien dans l'empire d'Occident.

Son armée étoit presque toute composée de Huns, d'Alains et de Goths, c'est qu'il eût eu peu de troupes, s'il n'eût pas soudoyé des Barbares. Il étoit même nécessaire de s'en servir, parce que, incapables de goûter la paix, ils auroient attaqué l'empire s'ils ne l'avoient pas défendu. Cependant cette politique avoit l'inconvénient de leur apprendre l'art de la guerre, et de leur faire appercevoir toute la foiblesse des Romains.

S. Ambroise empêche de punir les incendiaires d'une synagogue.

Théodose, qui s'arrêta quelques années en Italie, étoit à Milan lorsqu'il apprit que des Chrétiens avoient brûlé une synagogue à Callinique en Mésopotamie; il ordonna de punir les incendiaires, et de réparer les dommages faits aux Juifs. Cet ordre, quoique juste, fut un sujet de scandale pour saint Ambroise, évêque de Milan : il écrivit à l'empereur, que l'évêque de Callinique seroit prévaricateur s'il lui obéissoit : il lui représenta que les Juifs avoient souvent brûlé des églises, sans qu'on les eût punis, ni condamnés à les rétablir; et il ajouta qu'il étoit indigne d'un prince chrétien de prendre le parti d'une synagogue contre l'église. Sa lettre, comme le remarque du Pin, tenoit plus de la déclamation que du raisonnement; et cependant il menaçoit l'empereur de le priver de la communion s'il ne révoquoit ses ordres. Théodose les révoqua, et eut lieu de s'en repentir : car les Chrétiens, impunis, se portèrent dans la suite à de tels excès, qu'il fut obligé de sévir, et de porter une loi pour réprimer leurs violences.

Il me semble que, sans manquer au respect qu'on doit au zèle de S. Ambroise, on peut dire que les noms de Juifs et de Chrétiens lui ont fait prendre pour une affaire de religion une affaire de pure police ; qu'il a eu tort, par conséquent, de se porter pour juge de la conduite de l'empereur, et encore plus de le menacer d'excommunication.

Pendant le séjour que Théodose fit en Italie, il prit, en quelque sorte, sous sa tutèle le jeune Valentinien, et il gouverna l'Occident. C'est alors sur-tout qu'il parut se flatter de pouvoir porter les derniers coups à l'idolâtrie : c'est alors aussi que ses lois occasionnèrent plus de soulèvemens. Il vint à Rome où, quoique ferme dans ses principes, il parut se conduire avec plus de modération. Il exhorta les sénateurs à embrasser la religion chrétienne : il n'accorda rien à leurs instances pour le maintien de l'ancien culte : au contraire il supprima les fonds destinés pour les sacrifices ; mais il témoigna de la considération aux payens qui avoient servi l'état, et il donna des dignités à plusieurs.

Conduite de Théodose avec les idolâtres, pendant son séjour en Italie.

Pénitence publique de Théodose.
390.

Il ne manquoit plus au zèle de Théodose que d'édifier l'église par une pénitence publique.

Comme on préparoit des jeux à Thessalonique, le peuple de cette ville demanda un cocher du cirque qui avoit été mis en prison, se souleva contre le commandant qui le lui refusoit, l'assomma, et plusieurs autres personnes périrent encore dans cette sédition. L'empereur, qui avoit d'abord ordonné de punir les coupables, se laissa presque aussitôt fléchir aux prières de S. Ambroise, et promit de pardonner. Cependant on lui représenta que l'impunité est, en pareil cas, d'une extrême conséquence ; et on ne manqua pas de raisons d'état assez apparentes, dit Tillemont, pour le lui persuader. *Assez apparentes* me paroît étrange : sans doute cet écrivain parle ainsi parce qu'il ne conçoit pas que les meilleures raisons puissent balancer l'autorité d'un saint ; mais S. Ambroise, aujourd'hui exempt d'erreur dans le ciel, n'approuve certainement pas ceux qui pensent qu'il a été infaillible sur la terre.

Théodose devoit donc sévir : mais ceux

qu'il chargea de ses ordres abusèrent étrangement de sa confiance. Ce prince avoit fait grâce à plusieurs personnes qui avoient conspiré contre lui ; il avoit fait grâce à la ville d'Antioche où il y avoit eu une sédition violente. Est-il vraisemblable que ses ordres aient été d'assembler au cirque le peuple de Thessalonique, de l'envelopper de soldats, et d'égorger indistinctement tout ce qui s'offriroit ? C'est néanmoins ce qui fut exécuté.

Un prince répond de ceux à qui il confie ses ordres : Théodose étoit donc coupable. Saint-Ambroise eut le courage de lui reprocher son crime. Cependant il sortit de Milan, parce que, dit Tillemont, *l'empereur trouvant mauvais qu'il sût les résolutions de son conseil, il étoit de la prudence qu'il s'éloignât de la cour, pour ne point apprendre des choses qu'il ne pourroit ni dire de peur d'exposer ses amis, ni taire parce qu'un évêque ne peut taire la vérité sans blesser sa conscience.* J'avoue qu'il y a, dans la conduite de l'évêque de Milan, des choses que j'ai de la peine à comprendre. Car de quel droit avoit-il des espions dans le conseil du prince ? et comment allioit-il avec la religion, avec la probité, les trahisons qu'il faisoit commettre à ses amis ? Quoi qu'il en soit, l'empereur reconnut son crime, et se soumit à la pénitence publique, alors le seul moyen de se réconcilier à l'église. Il ne fut absous qu'après huit mois d'humiliation. Telle étoit encore dans ce siècle la discipline : elle se relâchera dans la suite. Cependant les évêques continueront de fulminer des excommunications contre les souverains : vous verrez les abus qui en naîtront. Théodose, pendant sa pénitence, se dépouilla des ornemens impériaux : un jour viendra où l'excommunication dépouillera les princes de toute autorité.

Puissance des moines. Sous ce règne, les moines commençoient à devenir puissans : répandus dans les villes, non seulement ils faisoient une guerre ouverte aux payens, ils s'ingéroient encore dans toutes les affaires : ils suscitoient des disputes, ils commettoient des violences, et ils excitoient des séditions parmi le peuple. Théodose publia une loi qui leur enjoignoit de se retirer dans les déserts, conformément à l'esprit de leur état. Quelques années après, ils eurent assez de crédit auprès de lui pour la lui faire révoquer ; et depuis cette époque, leur puissance s'est toujours accrue.

Après un séjour de trois ans en Italie, Théodose repassa en Orient, et l'année suivante Valentinien eut le sort de son frère. Un de ses généraux, le comte Arbogaste, Franc d'origine, le fit assassiner, et revêtit de la pourpre Eugène, qui avoit enseigné la rhétorique, et qui étoit secrétaire de Valentinien. Il comptoit gouverner sous le nom de cet empereur.

Valentinien II perd l'empire et la vie.
391.

Pour se faire un parti, Eugène r'ouvrit les temples des idoles, où la foule se précipita. Théodose, à qui il avoit envoyé une députation, dissimuloit, et faisoit ses préparatifs. Deux ans après, vainqueur près d'Aquilée, il fit trancher la tête à Eugène. Arbogaste se tua, et il n'y eut plus de sang versé. Il survécut peu à sa victoire. Il mourut au commencement de l'année suivante, la cinquantième de son âge et la seizième de son règne.

Eugène, qui a usurpé l'empire, a la tête tranchée.
394.

Mort de Théodose.
395.

On lui a donné le surnom de Grand. Il

seroit difficile de l'apprécier. Dans ce siècle, l'ignorance commençoit à tout confondre; et l'esprit qui dominoit n'étoit qu'un ramas d'idées contradictoires. C'étoit l'effet des disputes qui s'élevoient entre les sectes, et de la conduite inconsidérée des princes qui les avoient fomentées. Théodose ne paroît pas avoir eu assez de lumières pour se conduire à travers ce chaos; et, quoi qu'on puisse dire pour le justifier, il a quelquefois montré plus de cruauté que de prudence Il semble que, dans ces temps barbares, les sectes qui, au nom du Seigneur, demandoient à l'envi le sang les uns des autres, devoient étouffer tout sentiment d'humanité dans l'ame des peuples, et sur-tout dans celle des souverains, qui, étant portés à croire que tout doit fléchir devant eux, s'offensent de la moindre résistance.

CHAPITRE III.

Depuis la mort de Théodose jusqu'à la prise de Rome par Alaric.

THÉODOSE, le dernier prince qui ait été maître des deux empires, laissa deux fils ; Arcadius, âgé de dix-sept ans, et Honorius, âgé de dix. Le premier régna, suivant ses dispositions, en Orient ; le second en Occident.

[marginal: Théodose avoit partagé l'empire entre ses deux fils. Arcadius et Honorius. 395.]

Voilà donc deux enfans qui vont gouverner, et leur enfance durera. Toujours foibles, ils ne seront capables, ni d'acquérir des lumières, ni d'agir par eux-mêmes. Ils seront l'un et l'autre le jouet des intrigues de leur cour, et cependant ils règneront dans les temps les plus difficiles.

[marginal: Foiblesse de ces deux princes.]

Les divisions intestines renouveloient sans cesse les plaies qu'elles avoient faites, et une législation absurde les envenimoit. Les Barbares menaçoient de toutes parts,

[marginal: État de l'empire.]

et l'empire n'avoit pour se défendre que d'autres Barbares qui l'avoient défendu sous Théodose. C'étoient des Goths qui étoient commandés par des chefs habiles, et qui voyoient la foiblesse du gouvernement. Les ennemis étoient donc au-dedans et au-dehors.

Rufin, ministre d'Arcadius. Théodose avoit donné pour ministre à l'aîné de ses fils, Rufin, Gaulois, qui s'étoit élevé à la préfecture d'Orient par une suite de perfidies. Cet homme d'ailleurs n'avoit aucun talent.

Stilicon, ministre d'Honorius. Stilicon, Vandale d'origine, gouvernoit l'Occident sous Honorius. Général habile, il ne manquoit pas de lumières pour l'administration ; mais il n'étoit ni moins injuste, ni moins ambitieux que Rufin.

Ces deux ministres ont entretenu les troubles. Sous ces deux ministres, également avides, tout fut vénal, et les emplois se multiplièrent au gré de leur avidité. Ils n'ont remédié à aucun abus. Il paroît plutôt que, voulant se rendre nécessaires, ils n'ont pensé qu'à faire durer les troubles. Leur mésintelligence suffisoit pour les entretenir, et pour en produire de nouveaux.

L'eunuque Eutrope. Rufin craignoit l'ambition de Stilicon

qui se portoit pour tuteur des deux princes; et il avoit un autre rival dans Eutrope, eunuque qui prenoit de l'ascendant sur Arcadius, et qui devoit bientôt gouverner. Cet homme, pour qui tout moyen étoit bon, osoit aspirer aux premières dignités, abusoit insolemment de la foiblesse de son maître, et avoit la rapacité des gens de son espèce.

Les Huns ravageoient l'Asie, et les Goths de Thrace se répandoient dans toutes les provinces situées entre la Mer Adriatique, et le Pont-Euxin. Ils se présentèrent aux portes de Constantinople, et ils se jetèrent sur la Grèce. Alaric, leur chef, avoit servi sous Théodose contre Eugène. Il se montrera bientôt en Italie. On veut que Rufin, pour ruiner Stilicon, ait imaginé d'appeler ces Barbares dans les provinces qu'il gouvernoit lui-même. Cette conduite eût été bien mal-adroite. Il est plus naturel de penser que ces peuples n'inondoient l'Orient, que parce Théodose n'étoit plus. *Irruption des Barbares dans l'empire d'Orient.*

Stilicon, dont la prudence et le courage avoient mis les provinces occidentales à l'abri des insultes des Barbares, marcha *Stilicon, traversé par Rufin, est forcé de faire retraite devant Alaric.*

contre Alaric avec une armée composée des troupes de Théodose et de celles d'Eugène, et joignit les Goths dans la Thessalie. Il se disposoit à les attaquer, lorsqu'un ordre d'Arcadius lui enleva une partie de ses forces. Rufin avoit engagé son maître à rappeler l'armée de Théodose. Stilicon la renvoya, et chargea du soin de le venger Gaïnas, capitaine goth, qui la conduisit à Constantinople : trop foible alors pour hasarder une bataille, il se retira.

Gaïnas le venge. Mort de Rufin.

Arcadius vint au-devant de l'armée. Rufin l'accompagnoit. Il comptoit sur les intelligences qu'il avoit ménagées parmi les troupes; et ce jour-là même il se flattoit de partager l'empire avec son maître. Mais au signal que donna Gaïnas, des soldats se jetèrent sur lui, et le tuèrent aux pieds de l'empereur.

Eutrope lui succède.

Eutrope le remplaça et en eut la dépouille. Ce nouveau ministre, qui n'ignoroit pas combien il étoit haï et méprisé, fit une loi qui condamnoit à mort tous ceux qui conspireroient contre un des conseillers du prince, ou qui en auroient formé le dessein; et on ne vit plus que des délations et des proscriptions. Cependant le ministre donnoit des fêtes à son maître.

Alaric, qui avoit conduit les Goths jusques dans le Péloponèse, leur livra la Grèce. Ils ruinèrent sur-tout les temples des idoles; et ce qui avoit échappé aux lois des empereurs ne put échapper à leurs armes. Ce sont les Barbares qui acheveront la ruine de l'idolâtrie.

Les Goths ravagent la Grèce. 396.

Corinthe se défendoit encore, lorsque Stilicon marcha une seconde fois contre les Goths. Il eut des avantages dont il ne profita pas. Les uns le blâment : d'autres le justifient. Il est certain qu'Eutrope le traversa. Il le fit déclarer ennemi de l'empire pour avoir attaqué les Barbares dans le Péloponèse : la cour de Constantinople fit même alliance avec Alaric, et lui donna le commandement dans la Grèce et dans l'Illyrie orientale. Ces deux provinces faisoient partie de l'empire d'Orient, depuis le partage que Gratien avoit fait avec Théodose.

Stilicon marche contre eux; il est traversé par Eutrope.

Toujours jaloux de Stilicon, Eutrope tenta de le faire assassiner. Il sollicita les généraux d'Honorius à se soulever; et il

Eutrope excite des soulèvemens en Occident.

réussit à faire prendre les armes à Gildon, qui commandoit en Afrique, et à qui sa révolte coûta la vie.

Il est fait consul. 399. Il gouvernoit l'Orient, et son ambition n'étoit pas satisfaite. Il vouloit réunir en lui les titres à la puissance. Il ne voyoit pas qu'il les aviliroit sans se décorer; et son maître, trop foible, le fit consul. L'Orient en fut indigné, et l'Occident refusa de le reconnoître : pour avoir voulu trop s'élever Eutrope hâta sa perte.

Trame de Gaïnas contre Eutrope. Un Goth, qui commandoit en Phrygie, le comte Tribigilde, se soulève; et Gaïnas, qu'on ne savoit pas être d'intelligence avec lui, est chargé de le réduire. Celui-ci part. Arrivé en Phrygie, il exagère les forces du rebelle, il en fait craindre les progrès, et il conseille de traiter avec lui; ajoutant que Tribigilde n'a pris les armes que pour se soutenir contre Eutrope, et qu'il est prêt à les quitter si on veut lui sacrifier cet eunuque.

Eutrope a la tête tranchée. Eudoxie, femme d'Arcadius, jalouse de gouverner, et d'ailleurs irritée contre Eutrope, qui avoit menacé de la chasser du palais, se joignit à ses ennemis, et obtint de l'empereur un ordre de l'arrêter. Cet eunuque eut la tête tranchée l'année même de son consulat. Il fit voir combien les favoris les plus puissans doivent peu compter sur un prince foible.

Eudoxie prit les rênes du gouvernement, et on put tout se permettre sous cette femme gouvernée elle-même par des eunuques. En effet, Gaïnas, qui se révolte, force l'empereur à lui livrer les victimes qu'il demande : il le force à venir à Chalcédoine pour traiter avec lui : il le force à lui conserver le titre de général : il obtient même les ornemens du consulat, et il entre dans Constantinople comme en triomphe.

Dans ce siècle, il semble qu'il n'y avoit plus que le zèle de la religion qui pût donner du courage. Les Goths étoient Ariens, et ils n'avoient point d'église. Gaïnas en demande une. S. Jean Chrisostome, évêque de Constantinople, la refuse, également inflexible aux menaces de Gaïnas et aux instances de l'empereur. On prend les armes. Les Goths sont massacrés ; et leur chef, forcé à se retirer au-delà du Danube, y trouve les Huns, qui étoient toujours les ennemis des Goths, et perd la vie en combattant contre eux.

L'Orient n'offre que des troubles.

L'Orient, jusqu'à la mort d'Arcadius, n'offre plus que des troubles, produits d'un côté par le zèle, et de l'autre par la persécution. S. Jean Chrisostome vouloit réformer les mœurs, et Eudoxie persécutoit ce saint évêque, le plus vertueux et le plus éloquent de son siècle.

Alaric en Italie.
401.

Pendant que ces désordres se passoient en Orient, l'Occident étoit plus que jamais exposé aux irruptions des Barbares. Alaric, souverain en quelque sorte dans l'Illyrie où il commandoit, et proclamé roi par ses troupes, ravageoit les provinces qu'arrose le Pô, et menaçoit Rome. On n'avoit point d'armée à lui opposer. Stilicon entame une négociation, fait ses préparatifs, et tombe tout-à-coup sur les Goths. La bataille fut sanglante et indécise. Mais les enfans d'Alaric ayant été faits prisonniers, il fut obligé d'accepter la paix aux conditions qu'on lui offrit, et il se retira.

Honorius établit son siège à Ravenne.

Maximien avoit établi son siége à Milan, afin d'être plus à portée de défendre les frontières. Honorius, qu'Alaric venoit d'effrayer, établit le sien à Ravenne, afin d'être plus à portée de s'enfuir : il pouvoit de là passer en Épire. La lâcheté de ce prince livroit donc l'Italie aux Barbares.

Aussi les Goths reparurent bientôt : plus de deux cent mille hommes, conduits par Radagaise, se jettent sur cette province, pénètrent jusqu'en Toscane, et mettent le siége devant Florence. Radagaise étoit idolâtre, et il en paroissoit plus formidable aux payens, qui croyoient que la protection de ses dieux lui assuroit le succès de son entreprise. Leur aveuglement étoit même si grand, qu'ils se réjouissoient de cette invasion. Ils se flattoient que le moment étoit arrivé où ils alloient relever les temples et rétablir l'ancien culte.

Défaite de Radagaise.
405.

Les Barbares, ignorans dans l'art militaire, n'étoient propres qu'à ravager un pays ouvert ; et, s'ils tentoient une entreprise avec courage, ordinairement ils l'exécutoient avec peu de précaution. Stilicon lève à la hâte une armée, composée principalement de Huns, d'Alains et de Goths, surprend Radagaise et le défait entièrement. Ce chef, qui fut pris, perdit la vie. On fit une quantité étonnante de prisonniers, et ceux qui échappèrent au fer du vainqueur se dispersèrent dans les montagnes, où ils périrent presque tous. Pour perpétuer le souvenir de cette victoire, le sénat éleva une arc de triomphe qui fut le dernier.

Cette victoire en effet étoit le dernier effort d'un empire qui ne pouvoit plus se soutenir. Honorius va perdre toutes les provinces transalpines.

Invasion des Barbares dans les Gaules 405.
Un déluge de Barbares inonde tout-à-coup les Gaules, et se répand sans obstacle jusqu'aux Pyrénées. Ce sont des Vandales, des Suèves, des Alains, des Huns, des Sarmates; et, bientôt après, les Francs et les Bourguignons suivent le chemin qui leur est ouvert.

Constantin, maître des Gaules et de l'Espagne, et reconnu par Honorius. 407.
Les troupes romaines, qui étoient en Bretagne, ne pouvoient plus attendre de secours, et cependant elles étoient exposées aux invasions des Pictes et des Écossais, peuples féroces qui habitoient le nord de l'île. Elles songèrent à leur défense. Après avoir nommé Auguste Marc qu'elles tuè-

rent, et Gratien qu'elles tuèrent encore, leur choix s'arrêta sur un soldat, qui prit le nom de Constantin. Ce nouvel Auguste passa dans les Gaules dont il s'assura. Son fils Constant, qui de moine venoit d'être fait César, lui soumit l'Espagne, et Honorius fut forcé de le reconnoître.

Alaric menaçoit alors l'Italie : il paroît qu'il avoit fait des préparatifs pour une entreprise à laquelle Stilicon l'avoit invité, et qu'on avoit été obligé d'abandonner; et il demandoit en dédommagement une somme qu'on ne pouvoit pas lui donner, et qu'on lui promit. *Alaric menace l'Italie.*

Sur ces entrefaites, on apprit la mort d'Arcadius, qui laissoit l'empire à Théodose son fils, enfant de sept ans : on prétend que Stilicon songeoit à la tutelle de ce jeune prince, lorsqu'il périt par la perfidie d'Olimpius dont il avoit fait la fortune. *Mort d'Arcadius et de Stilicon. 408.*

Olimpius l'accusoit d'aspirer à l'empire et d'avoir appelé les Barbares dans les Gaules. Cependant le foible Honorius balançoit à lui livrer sa victime. Alors, profitant de l'absence de Stilicon, il soulève l'armée contre les amis de ce ministre, et il les fait égorger. L'empereur ne balance plus ; il avoit trop craint le ressentiment de son général. Il le fit donc arrêter, et on lui trancha la tête.

<small>Trente mille Barbares, qui avoient servi dans les armées romaines, passent dans le camp d'Alaric.</small>

L'empire perdoit un défenseur. Cependant cette révolution lui enlevoit des soldats, et les armoit contre lui. Trente mille Barbares qui avoient servi sous Stilicon, et dont les femmes et les enfans avoient été massacrés dans le soulèvement, se réfugièrent auprès d'Alaric, lui offrirent leurs services, et lui demandèrent vengeance.

<small>Rome assiégée par Alaric. 408.</small>

Le roi goth traverse l'Italie sans obstacle, et vient jusqu'à Rome qu'il assiége. Olimpius, qui s'étoit saisi du ministère, n'avoit pris aucune mesure pour l'arrêter, il étoit même hors d'état de donner aucun secours aux Romains ; et il venoit de répondre avec un mépris outrageant, lorsqu'Alaric avoit fait demander la somme qu'on lui devoit.

<small>Elle capitule.</small>

Rome, bientôt réduite à la dernière extrémité, n'eut pas assez d'or pour se racheter. Elle livra ce qu'il y avoit de plus précieux dans les temples des idoles ; et, parce que cela ne suffisoit pas, elle s'engagea par un traité que l'empereur ratifia, et donna pour otages les enfans des principaux citoyens. Alaric se retira dans la Toscane où il attendit l'exécution du traité.

On lui manqua de parole, et il reprit les armes. Son armée étoit grossie des troupes d'Ataulfe, son beau-frère, et de quarante mille esclaves qui s'étoient enfuis de Rome.

Alaric reprend les armes. 409.

Olimpius venoit d'être disgracié, et avoit eu pour successeur Jovius, préfet du prétoire, un traître sans talens. Sous le premier de ces ministres, Honorius avoit porté des lois sanglantes contre les hérétiques et contre les payens ; sous le second, il leur accorda, aux uns et aux autres, une entière liberté de conscience.

Honorius fait des lois pour et contre les hérétiques et les payens.

Pendant que, remué uniquement par les intrigues de sa cour, il ne fait que des démarches ou fausses ou contradictoires, Alaric force les Romains à le méconnoître, et leur donne pour empereur Attale, préfet de la ville, fantôme qu'il revêt et qu'il dépouille tour-à-tour de la pourpre, suivant ses interêts.

Alaric donne et ôte tour-à-tour la pourpre à Attale.

Des Vandales s'établissent en Espagne.

Sous prétexte de secourir Honorius, Constantin se proposoit la conquête de l'Italie, lorsque Géronce, qui commandoit pour lui en Espagne, se souleva ; ce fut à cette occasion que les Vandales, les Suèves et les Alains passèrent les Pyrénées. Ils profitèrent de cette guerre civile pour s'établir en Espagne. Ils mirent d'abord tout à feu et à sang. Devenus plus humains, lorsqu'ils furent possesseurs tranquilles, ils gouvernèrent les peuples avec douceur ; mais cette révolution fit aux églises de cette province, une plaie qui saigna long-temps ; elle répandit l'Arianisme, elle corrompit la discipline, et elle fit oublier toutes les lois ecclésiastiques.

Les Armoriques secouent le joug des Romains.

Les Barbares continuoient toujours de ravager les Gaules; et Constantin, qui portoit son ambition au-delà, n'y avoit pas encore assuré sa puissance. Chaque peuple étoit obligé de penser à sa sûreté. C'est dans cette conjoncture que les Armoriques, qui habitoient les côtes entre la Seine et la Loire, secouèrent le joug des Romains, et commencèrent à se gouverner en république. Honorius venoit alors de renoncer à toute souveraineté sur la Bretagne, et les peuples de cette île recouvroient leur liberté.

Alaric traitoit avec la cour de Ravenne, lorsque Sarus, capitaine goth qui étoit au service d'Honorius, l'attaqua brusquement. Cette trahison le ramena sous les murs de Rome, et il livra cette ville au pillage. Cependant, parce qu'il professoit l'Arianisme, il ordonna de respecter les lieux saints : il défendit sur-tout de faire aucune insulte à ceux qui se réfugieroient dans les églises de S. Pierre et de S. Paul. Ces asyles sauvèrent un grand nombre de citoyens : mais le fer et le feu firent encore de grands ravages. Ce conquérant mourut la même année, lorsqu'il méditoit la conquête de l'Afrique.

Rome est prise par Alaric. Mort de ce conquérant.
410.

CHAPITRE IV.

Jusqu'à la mort d'Honorius.

LES dernières années d'Honorius n'offrent plus que des troubles qui se passoient principalement dans les Gaules. Nous les allons parcourir.

<small>Constant n assiégé dans Arles. Honorius le fait mour r.

411.</small>

Constantin avoit franchi les Alpes, dans le dessein de se rendre maître de l'Italie ; il comptoit sur Allobic, général d'Honorius. La mort de ce traître le força bientôt à se retirer.

Il venoit lui-même de perdre tout-à-fait l'Espagne, et il alloit perdre l'empire. Géronce, qui poursuivit Constant, le surprit à Vienne, et lui fit trancher la tête. Il vint ensuite assiéger Arles où Constantin s'étoit renfermé, et il donna la pourpre à Maxime.

Constantius, général d'Honorius, et le seul que ce prince n'eût pas choisi parmi les Barbares, jugea cette conjoncture favorable pour recouvrer les Gaules. Il avoit servi sous Théodose, et il montroit des talens.

A peine eut-il passé les Alpes, que Géronce, abandonné de ses troupes, fut contraint de s'enfuir en Égypte où il périt. Maxime, qui l'y suivit bientôt après, eut le même sort; et Arles ouvrit ses portes. Les habitans obtinrent une capitulation avantageuse, et Constantius promit la vie à Constantin, qui fut ordonné prêtre. Mais Honorius le fit mourir, lui et son fils Julien. Alors Jovin, à la tête d'un corps de Barbares, venoit de se faire proclamer Auguste dans la Gaule ultérieure.

Ataulfe envoya la tête de ce rebelle à l'empereur; ce qui fait juger qu'il avoit un traité d'alliance avec Honorius. Cette alliance ne dura pas, et il l'avoit prévu sans doute; car il traînoit toujours après lui Attale, comme un épouvantail dont il pouvoit se servir. En effet, il lui rendit la pourpre, il ravagea les Gaules, et il en conquit une partie. Il épousa néanmoins une sœur d'Honorius, Placidie, qu'Alaric avoit faite prisonnière à Rome. Au reste, lorsqu'on le voit reparoître à la tête des Goths,

Ataulfe dans les Gaules.
412.

on ne sait pas ce qu'il avoit fait depuis la mort de son beau-frère.

Les Bourguignons s'établissent dans les Gaules.
413.
On rapporte à ce temps le premier établissement des Bourguignons dans les Gaules, où ils avoient fait plusieurs irruptions; ils se fixèrent dans la première Germanie, pays dont l'Alsace n'est aujourd'hui qu'une partie. Ils embrassèrent la foi catholique, gouvernèrent avec douceur les peuples conquis, et commencèrent à s'appliquer à l'agriculture et aux arts mécaniques.

Révolutions parmi les Goths.
415
Cependant Constantius recouvre une partie des Gaules. Les Goths qu'il a vaincus lui abandonnent cette province, et se retirent en Espagne où Ataulfe est tué; il a pour successeur Sigéric, son ennemi, qui fait égorger tous ses enfans, et qui lui-même est assassiné après avoir régné sept jours. Vallia, que les Goths choisissent alors pour chef, fait la paix avec Honorius; il lui rend Placidie, et il se charge de la guerre contre les Vandales.

Ils s'établissent dans la seconde Aquitaine.
419.
Les courses des Goths qui, malgré leurs victoires, ne peuvent se fixer, prouvent combien ce peuple étoit encore barbare et

incapable d'être gouverné par des lois. Il n'y avoit que le temps qui pût enfin le dégoûter d'être par-tout en guerre, et de ne trouver la paix nulle part. Vallia avança ce moment. Après de grands avantages qu'il remporta sur les Vandales, il obtint de Constantius la seconde Aquitaine où il s'établit. Cette province s'étendoit depuis Toulouse, qui en devint la capitale, jusqu'à l'Océan. Elle comprenoit le Poitou, la Saintonge, le Périgord, le Bordelais l'Agénois, l'Angoumois et la Gascogne.

Il y avoit dix ans que Constantius gouvernoit et défendoit l'empire, lorsque Honorius le prit pour collègue. Il mourut quelques mois après. Il avoit épousé Placidie, et il laissoit d'elle deux enfans, Valentinien et Honorius.

Mort de Constantius.
420.

Placidie, chassée d'Italie par son frère, se retire avec ses deux fils à la cour de Constantinople, et Honorius meurt la même année. Ce prince a régné vingt-neuf ans.

Mort d'Honorius.
423.

CHAPITRE VII.

Jusqu'aux tems où Attila commence à menacer l'empire.

<small>Anthémius gouverne l'empire d'Orient.</small>

L'EMPIRE de Constantinople offre peu d'événemens depuis la mort d'Arcadius jusqu'à celle d'Honorius. Il fut d'abord gouverné par Anthémius, préfet du prétoire, ministre éclairé, sage et vertueux, qui réprima les abus et qui fit respecter la puissance de son maître.

<small>Pulchérie se saisit des rênes du gouvernement.</small>

Il commençoit à rétablir l'ordre et la tranquillité dans les provinces, lorsque Pulchérie, sœur de Théodose, obtint le titre d'Auguste, parut à la tête des affaires, et prit son frère, en quelque sorte, sous sa tutelle. Elle se chargea sur-tout de son éducation.

Cette princesse, plus âgée que Théodose de deux ans, en avoit quinze; et, quoiqu'elle gouvernât l'état, on ne dit point par qui elle étoit gouvernée. On lui donne des talens au-dessus de son âge, au-dessus de son sexe. On ne parle plus d'Anthémius. Il faudroit cependant, pour l'honneur de Pulchérie, qu'on nous eût appris la mort de ce ministre : quoi qu'il en soit, le règne de Théodose prouvera que cette princesse a eu peu de talens ou peu d'influence.

Théodose avoit de la douceur, de la piété, du goût pour les arts et pour les sciences, et même assez d'intelligence pour y faire quelques progrès. Curieux de s'instruire, il donnoit beaucoup de temps à l'étude : il paroissoit ne vouloir rien ignorer de ce qu'il est possible de savoir. Avec ces qualités qui se montroient en lui dès son enfance, il se conduira néanmoins comme un prince foible et ignorant.

Goût de Théodose-le-Jeune pour les sciences.

Il y a deux sortes de curiosité. L'une nous fait dédaigner tout ce qui nous est étranger, pour nous porter aux choses qu'il est de notre devoir de connoître. Elle ne se lasse point : elle ne quitte pas un objet qu'elle ne l'ait approfondi ; et si elle trouve des obstacles, elle n'en fait que plus d'efforts. Cette curiosité, qui est le caractère

Sa curiosité ne pouvoit ni se fixer, ni se régler.

des ames fortes, peut seule donner des connoissances vraies, solides et utiles.

Il y a une autre curiosité, qui se trouve quelquefois dans une ame lâche, lente et paresseuse. Tout la dégoûte: elle ne s'entretient qu'en changeant d'objet continuellement et sans discernement. Elle effleure tout; elle ne saisit rien : si elle s'arrête quelquefois, c'est sur des choses frivoles, qui ne demandent aucun effort de la part de l'esprit. Alors elle se laisse tomber avec tout le poids de son inertie, elle s'appesantit, et elle fatigue, par des questions puériles, ceux à qui elle croit demander des lumières.

Il se croyoit instruit dans tous les genres. Telle étoit la curiosité de Théodose: ceux qui font son éloge le disent instruit dans tous les arts et dans toutes les sciences. Il étoit peintre, il étoit sculpteur, il avoit étudié la botanique, il savoit la médecine, il se piquoit de se connoître en pierres précieuses, il se croyoit théologien.

Il s'appliquoit surtout à la théologie, mais sans succès. Il étoit cependant peu instruit en tous genres, si nous en jugeons par ses connoissances en théologie. Il avoit fait sa principale étude de cette science, et on admiroit, sur-tout dans cette partie, les progrès de son esprit.

Sa piété dégénéroit en foiblesse, parce que c'étoit la piété d'une ame foible. Il prioit sans cesse, il visitoit continuellement les églises, il les enrichissoit, il faisoit un monastère de son palais, il savoit l'Écriture par cœur, il en avoit recherché et lu tous les commentaires, il n'ignoroit aucune des questions qui troubloient l'église, il connoissoit parfaitement toutes les pratiques religieuses ; enfin il entretenoit, dit-on, les évêques, comme s'il eût vieilli dans le sacerdoce : voilà ce qu'on louoit en lui. Un fait suffira pour nous faire juger de ses lumières.

Un moine, à qui il avoit refusé une grâce, eut l'insolence de lui dire qu'il le retranchoit de la communion des fidelles. A ce mot, l'empereur crut voir tomber sur lui toutes les foudres de l'église. Non seulement il eut la simplicité de se croire excommunié, il crut encore devoir s'abstenir de toute nourriture, jusqu'à ce que l'excommunication eût été levée par celui même qui l'avoit portée. En vain un évê-

Fait qui le prouve.

que, en qui il avoit confiance, l'assura que tout le monde n'avoit pas le droit de séparer ainsi de l'église; il ne put être rassuré que lorsque le moine même lui eut donné l'absolution. S'il y a souvent des princes aussi ignorans que celui-là, le sacerdoce n'aura pas de peine à usurper l'empire. Aussi l'usurpera-t-il.

Sa piété étoit celle d'un moine.

Théodose, dit Tillemont, avoit tout ce qu'il falloit pour devenir saint dans une vie particulière; et, selon l'expression de S. Augustin, il pouvoit être déifié en demeurant dans la solitude. Il avoit donc de la piété : mais sa piété étoit celle d'un moine, et cependant il avoit d'autres devoirs à remplir. Considérons-le comme souverain.

Son ineptie dans les affaires.

Autant sa curiosité paresseuse le portoit sur mille choses inutiles, autant elle l'éloignoit des affaires de l'empire. Incapable d'application, il laissoit faire, il approuvoit sans examiner, il signoit sans lire. Il avoit plus de vingts ans lorsqu'on lui fit signer un acte, par lequel il abandonnoit sa femme pour être esclave. Pulchérie lui avoit elle-même tendu ce piége. Il parut honteux de sa négligence, et il ne se corrigea pas. Il eût trouvé trop de fatigue à veiller sur la conduite de ses ministres : il avoit plutôt fait d'abandonner sa confiance à qui la vouloit, et de laisser faire.

De tous ceux qui entourent un prince foible, les valets sont le plus à portée de se saisir de cette confiance qu'il veut déposer quelque part. Les eunuques gouvernèrent donc sous Théodose. Ils l'occupèrent de jeux, et ils prirent pour eux les affaires. Au lieu de commander, il obéissoit : mais il se trouvoit soulagé. *Il abandonne sa confiance aux eunuques.*

Il falloit donc obéir aux eunuques, ou être traité comme rebelle au souverain, et ce fut une source d'injustices et d'atrocités. S. Isidore, qui vivoit sous ce règne, dit qu'on donnoit des héritiers à des hommes encore vivans ; qu'aux uns on enlevoit leurs enfans, à d'autres leurs femmes, et qu'il y avoit peu de citoyens riches à qui l'on ne ravît les biens. *Injustices sous son règne.*

Parce que l'empereur manquoit de courage, les ministres achetèrent la paix. Aussitôt les Barbares en firent commerce ; et, comme ils étoient toujours en armes, elle *Ses ministres achetoient continuellement la paix.*

étoit encore à vendre après qu'on l'avoit achetée. Ce commerce devint ruineux pour l'empire. Les trésors, qu'on livroit si souvent en échange d'une paix qu'on montroit sans la donner, mirent dans la nécessité de surcharger les peuples ; et il arriva que l'excès des impôts, joint aux injustices les plus criantes, chassoit de l'empire les meilleurs citoyens. On préféroit d'aller vivre parmi les Barbares.

{*Il se portoit pour juge en matière de foi.*} C'est sur-tout par son zèle pour la religion que Théodose paroit avoir mérité des éloges. Ce zèle néanmoins n'a pas toujours été favorable à la vérité. Il se porta pour juge dans les questions qui divisèrent l'église : ou plutôt il en fit juges ses ennuques. Ce n'est pas qu'il voulût s'arroger sur les évêques le droit d'en décider : mais, comme je l'ai dit, les ennuques étoient plus près de lui pour se saisir de sa confiance.

{*Les bienfaits de Théodose ont été funestes à l'église.*} Il contribua encore par une piété peu éclairée, aux déréglemens des ecclésiastiques. C'est ce que remarque Tillemont d'après S. Isidore. *La piété des princes religieux a fait voir ou même a causé l'irréligion des évêques*, dit ce saint. *Les honneurs ex-*

trêmes qu'ils leur ont rendus ont affoibli la piété de ceux qui recevoient ces honneurs ; et les grandes libéralités qu'ils leur ont faites leur ont donné occasion de vivre dans les délices et dans les excès du luxe.

Cette piété, dont parle S. Isidore, ne contribuoit pas seulement à corrompre la discipline ecclésiastique; elle entretenoit encore le fanatisme des idolâtres et des hérétiques qu'elle faisoit persécuter. Théodose renouvela les lois, portées contre eux par ses prédécesseurs, et donna lieu aux plus grands désordres. Les villes furent exposées aux irruptions des moines qui, se croyant par état, les exécuteurs de ces lois sévères, sortoient en force de leurs déserts, tomboient sur les hérétiques, sur les idolâtres, sur les Juifs, soulevoient les peuples, insultoient les magistrats, et commettoient toute ssortes de violences. L'Égypte, où ils étoient en grand nombre, et dont le peuple avoit toujours le même fanatisme, a été plus d'une fois le théâtre de leurs séditions sanglantes. En 415, les Juifs furent chassés d'Alexandrie. On pilla leurs biens : on en

<small>Les lois en faveur de la religion occasionnent de grandes violences.</small>

massacra plusieurs; et Hipatie, parce qu'elle étoit payenne, fut mise en pièces par le peuple. C'étoit la fille du géomètre Théon. Elle donnoit elle-même des leçons de philosophie. On faisoit cas de ses connoissances, et on respectoit ses mœurs. Il est fâcheux que le zèle, quelquefois trop impétueux de Saint Cyrille, alors évêque d'Alexandrie, paroisse avoir contribué à ces malheurs. Théodose ne punit pas les séditieux. On n'en sera pas étonné.

Persécution contre les Chrétiens, et guerre occasionnée par le zèle inconsidéré d'un évêque.

En Perse, vers le même temps, le zèle inconsidéré d'un évêque fut la cause d'une violente persécution contre les Chrétiens. On prétend qu'Isdegerde, roi de Perse, avoit conçu le dessein d'embrasser le Christianisme lorsque l'évêque Abdas brûla un temple du pays. Cette violence le fit changer de résolution, et il devint persécuteur. La persécution, qui dura jusques sous Varane son fils, forçoit les Chrétiens à se réfugier sur les terres de l'empire. Varane les fit demander : Théodose les refusa, et ce fut le sujet d'une guerre. La paix se fit l'année suivante, en 422.

Jean proclamé

A la mort d'Honorius, Théodose eût

tenté de réunir les deux empires sous sa domination, si cette entreprise ne l'eût pas engagé dans une guerre. Mais Jean, secrétaire d'état d'Honorius, avoit été proclamé Auguste, et il comptoit sur une armée de Huns, qu'Aëtius, son général, devoit lui amener.

Auguste après la mort d'Honorius.

423.

Théodose, se bornant donc à l'Orient, reconnut Valentinien III pour empereur, et l'envoya en Italie avec Placidie, sa mère. Il lui donna une armée, commandée par Ardabure.

Théodose envoie Valentinien III en Italie.

Jean étoit déjà décapité, lorsque Aëtius arrivoit à son secours avec un corps de Huns. Ce général, qu'il importoit de gagner, passa au service de Valentinien, qui fut généralement reconnu; et Placidie gouverna sous le nom de son fils, enfant de six ans. Il semble que l'empire fût condamné à n'avoir plus de chef.

Valentinien est reconnu en Occident.

Valentinien devoit principalement l'empire au courage et à la fidélité de Boniface, qui commandoit en Afrique. Aëtius, jaloux des droits que ce général avoit à la faveur, tenta de le rendre suspect à Placidie, et il y réussit. En même temps il écrivit à Boni-

Placidie, trompée par Aëtius, force Boniface à la révolte.

face qu'on l'accusoit d'une conspiration, et il lui conseilla de veiller à sa sûreté.

Boniface, qui comptoit sur l'amitié d'Aëtius, ne douta point que sa perte ne fût arrêtée. Appelé à la cour, il refusa de s'y rendre, et il disposa tout pour se défendre dans son gouvernement. Placidie, que cette conduite confirmoit dans ses soupçons, crut voir dans Aëtius un sujet fidelle, et arma contre Boniface.

Boniface livre l'Afrique aux Vandales.
427.

Celui-ci, trop foible pour résister aux troupes de Valentinien, appelle les Vandales établis dans la Bœtique depuis quelques années, et il leur fournit des vaisseaux pour passer le détroit. En moins de deux ans, Genseric, leur roi, capitaine hardi, prudent, habile sur-tout à semer la division parmi ses ennemis, se rendit maître de toute l'Afrique, à l'exception de Carthage, Hippone et Cirte : révolution qui ne fut pas moins funeste à l'église qu'à l'empire.

Rentré en grâce il défait Aëtius

Placidie, ayant enfin reconnu qu'Aëtius l'avoit trompée, rendit sa confiance à Boniface, qui tenta vainement de chasser les Vandales. Il perdit encore Hippone, et il fut battu.

A son tour, Valentinien lui donna le commandement des armées, et l'ôta, ou voulut l'ôter à son rival. Mais Aëtius, qui étoit dans les Gaules à la tête des troupes, le conserva. Il faisoit alors la guerre aux Francs qui s'établissoient dans la Belgique; et il paroît qu'il leur céda, par un traité, les terres qu'ils avoient conquises.

A qui on a ôté le commandement, et il meurt de ses blessures.

Pour lui ôter le commandement, il falloit le vaincre. Boniface le vainquit. Cette victoire priva l'empire de deux grands généraux. Boniface mourut de ses blessures quelques jours après; et Aëtius se retira chez les Huns dans la Pannonie, où il leva une nouvelle armée.

Avec le secours de ces Barbares, il devenoit formidable. Placidie traite avec lui: elle lui rend le commandement des armées: elle y ajoute le titre de Patrice; et ce fut encore un bonheur pour l'empire qu'Aëtius voulût le servir.

Aëtius se fait craindre, et reprend le commandement des armées.

Telle étoit la foiblesse du gouvernement: il ne pouvoit punir un rebelle: il se voyoit contraint à le rechercher par des grâces. Il autorisoit donc à tout oser; et on peut juger des abus qui s'introduisoient dans ces temps

État de l'empire d'Occident.

de révolutions, où l'avarice, le fanatisme et la férocité confondoient tous les droits. Exactions de la part des magistrats, soulèvemens de la part des peuples : voilà le tableau qu'offroient les provinces. Dans cet état déplorable, elles se réjouissoient en quelque sorte des invasions des Barbares, qui, n'ayant pas encore appris les vices des Romains, leur faisoient espérer un gouvernement moins odieux.

<small>Provinces qu'il a perdues.</small>

La plus grande partie des Gaules avoit été abandonnée aux Francs, aux Goths et aux Bourguignons. Valentinien conservoit peu de chose en Espagne, où les Suèves s'étoient emparés de la Bœtique abandonnée par les Vandales. Il ne lui restoit en Afrique que Cirte et Carthage ; et l'Illyrie occidentale étoit moins à lui qu'aux Barbares qui la vouloient ravager.

<small>L'intolérance armoit tous les peuples.</small>

Par-tout où les Barbares s'établissoient, ils portoient l'Arianisme ou l'idolâtrie, et ils s'armoient contre les Catholiques qu'un zèle inconsidéré armoit contre eux. Il sembloit qu'une persécution générale dût achever d'exterminer les peuples. C'étoit l'effet de l'intolérance des empereurs. Leurs lois étoient prises à la lettre, dans ces temps où les Barbares, qui conservoient leur férocité jusques dans le sein du Christianisme, ne cherchoient que des prétextes pour s'égorger. Je n'en donnerai qu'un exemple.

Sous le règne de Théodose-le-Grand, Ithace, évêque en Espagne, suscita une violente persécution contre les Priscillianistes, hérétiques, auxquels on reprochoit les erreurs des Gnostiques et des Manichéens. On leur enlevoit leurs églises, on les chassoit des villes, on les dépouilloit de leurs biens, on les faisoit mourir dans les supplices. Ce fanatique, à la vérité, fut condamné dans plusieurs conciles. On fit schisme avec lui; et on voit, parmi ceux qui s'élevoient contre ses violences, S. Martin, S. Ambroise et le pape Sirice. Il ne faisoit néanmoins qu'exécuter à la lettre les lois des empereurs.

Les Priscillianistes s'armèrent à leur tour contre les Ithaciens, lors de l'invasion des Vandales. Ils recouvrèrent leurs églises pendant les désordres qu'occasionna cette révolution, et les évêques catholiques n'eurent plus la liberté de communiquer entre eux. C'est alors que l'Espagne fut réduite à l'état le plus déplorable. La discipline se perdit, la foi s'altéra, les opinions se mêlèrent comme les peuples, on ne sut plus ce qu'on devoit croire, et cependant on s'égorgeoit toujours.

<small>État de l'empire d'Orient.</small> L'empire d'Orient étoit entier ou à-peu-près. Il comprenoit l'Illyrie orientale, la Thrace, le Pont, l'Asie mineure, la Syrie et l'Égypte. Les Barbares n'avoient pu s'y établir nulle part, et il jouissoit de la paix qu'il avoit faite avec la Perse; mais l'église étoit troublée.

<small>Hérésie de Nestorius.</small> La nature humaine et la nature divine ne sont en Jésus-Christ qu'une seule personne. Les Apollinaristes, pour expliquer ce mystère, imaginèrent que le Verbe est l'unique ame de Jésus-Christ. En combattant cette hérésie, on tomba dans une autre. On ne vit dans le Sauveur qu'une ame humaine : on nia que les deux natures fussent unies de manière à ne former qu'une seule personne ; et on dit que le Verbe habite dans l'homme comme dans un temple. Il s'ensuivoit de-là qu'un Dieu n'est pas né, n'a pas souffert, n'est pas mort pour nous.

Nestorius, évêque de Constantinople, *Caractère de cet hérésiarque.* fut auteur de cette hérésie. Vain, présomptueux et violent, il se fit connoître dès le jour de son intronisation, lorsque, prêchant devant l'empereur, il lui adressa ces paroles: *Faites que la foi orthodoxe règne seule sur la terre, et je vous ferai régner avec dieu dans le ciel ; aidez-moi à exterminer les hérétiques, et j'exterminerai les Perses avec vous.* Il ne lui manquoit plus que de dire: *Pensez comme moi ou je vous exterminerai vous-même.* D'autres le diront.

Il ne tenoit pas à ce fanatique que le *Ses persécutions.* sang ne coulât de toutes parts. Il persécuta les hérétiques à l'abri d'une loi qu'il obtint de Théodose, et dans laquelle sont nommés les Eunomiens, les Valentiniens, les Montanistes, les Messaliens, les Marcionites, les Photiniens, les Paulianistes, les Donatistes, les Audiens, les Manichéens, les Ariens, les Macédoniens, les Apollinaristes, les Novatiens, les Sabbatiens, les Priscillianistes, les Phrygiens, les Borboriens, les Euchites ou Enthousiastes, les Hidroparastates, les Ascodrugites, les Marcellins. Il n'y est point fait mention des Pélagiens, parce que Nestorius leur étoit favorable. Il importe peu de connoître les erreurs de tous ces hérétiques: il suffit seulement de considérer leur nombre, et on jugera des troubles que la persécution devoit produire. Elle commença à Constantinople contre les Ariens. En cinq jours, Nestorius les réduisit à un tel désespoir, qu'ils brûlèrent eux-mêmes leur église. Il fut surnommé l'Incendiaire. L'incendie consuma plusieurs maisons.

Un concile de Constantinople lui est favorable. Cet hérésiarque persécuteur souleva bientôt toute l'église. S. Cyrille, évêque d'Alexandrie, le combattit avec force. Nestorius lui répondit par des accusations calomnieuses, et il le fit condamner dans un concile qui se tint à Constantinople. Vous jugez qu'étant à la cour il eut pour lui les eunuques, et par conséquent Théodose.

Un synode de Rome lui est contraire. Cependant un synode de Rome le condamnoit, et le pape Célestin avoit chargé S. Cyrille d'exécuter, en son nom, la sentence portée contre cet hérésiarque. Un concile général parut alors nécessaire. Tous les évêques en désiroient la convocation, et Nestorius la demandoit lui-même: il comptoit sur son crédit à la cour. Ce concile, convoqué par l'empereur, s'ouvrit à Éphèse le jour de la pentecôte de l'année suivante.

Il ne vint à ce concile aucun évêque ni d'Afrique, ni d'Espagne, ni des Gaules. Il n'y avoit plus dans ces provinces de voitures publiques; et d'ailleurs les chemins, infestés de gens armés, ne permettoient pas de s'engager dans de longs voyages.

Un concile d'Éphèse, tenu à ce sujet. 431.

Les évêques d'Égypte et ceux de l'Asie mineure, arrivés les premiers, condamnèrent et déposèrent Nestorius le jour marqué pour l'ouverture du concile, et sans attendre les autres évêques. Les députés du pape, qui survinrent après le jugement, approuvèrent tout ce qui avoit été fait. Mais cette précipitation ayant offensé les évêques d'Orient, qui avoient Jean d'Antioche à leur tête, ils firent schisme, et ils déposèrent, dans leur synode, S. Cyrille d'Alexandrie et Memnon d'Éphèse.

Les deux partis sollicitoient à la cour. Théodose, mal instruit comme à son ordinaire, crut faire sagement d'approuver

Conduite de Théodose entre les deux partis.

tout-à-la-fois la déposition de Nestorius, celle de S. Cyrille et celle de Memnon. C'est ainsi que, se portant pour juge entre les deux partis, il les condamnoit et les approuvoit en même temps l'un et l'autre. A la fin néanmoins Nestorius, malgré ses intrigues, resta seul déposé. L'empereur rétablit S. Cyrille et Memnon sur leurs siéges; et Jean d'Antioche abandonna l'hérésiarque. Mais l'hérésie ne fut pas éteinte.

{Hérésie d'Eutychès.} En voulant prouver contre Nestorius que les deux natures en Jésus-Christ sont une seule personne, S. Cyrille se servit quelquefois d'expressions qui paroissoient confondre les deux natures en une : tant il est difficile à ceux qui combattent une erreur d'éviter jusqu'à l'apparence d'une erreur contraire.

Eutychès prit à la lettre les expressions de S. Cyrille. En convenant qu'avant l'incarnation, la nature divine et la nature humaine étoient distinctes, il avança que, par l'incarnation, elles s'étoient confondues; et que comme en Jésus-Christ il n'y a qu'une seule personne, il n'y a aussi qu'une seule nature.

Eutychès étoit un moine de Constantinople qui avoit la protection de Chrysaphius, eunuque tout-puissant à la cour. Théodose se déclara pour lui. Il eut pour sectaires tous les moines d'Égypte; et il fut sur-tout soutenu par Dioscore, successeur de S. Cyrille. Cette hérésie n'éclata que quelques années après celle de Nestorius. Je les rapproche, parce que je préfère l'ordre des choses à celui des temps.

Les Eutychéens accusoient les Catholiques d'être Nestoriens, et les Catholiques accusoient les Eutychéens d'être Apollinaristes. De-là naquirent de longues dissentions et de grands troubles. Observons la conduite de l'empereur : c'est à quoi nous devons nous borner.

Eutychès ayant été condamné à Constantinople, dans un concile auquel présidoit S. Flavien, évêque de cette ville, Chrysaphius, l'ennemi de Flavien, se plaignit à Théodose de cette condamnation : il la lui représenta comme une injustice criante, et il l'assura que tous les pères du concile étoient autant de Nestoriens. Aussitôt l'empereur fait venir l'évêque de Constantinople : il en exige une profession de foi, et il convoque un concile à Éphèse pour le juger. Il ne parloit que d'extirper les restes du Nestorianisme, et il devenoit le fauteur d'une nouvelle hérésie.

L'intrigue fit Dioscore président du concile, et lui donna main-forte. Proclus, qui commandoit en Asie, eut ordre de marcher à Éphèse avec des troupes. Cette précaution ne fut pas inutile. Les soldats parurent lorsque Dioscore les demanda, et il fallut céder à la force. Ce conciliabule déclara Eutychès orthodoxe : il déposa S. Flavien ; et l'empereur exila les évêques qui ne voulurent pas souscrire à ces iniquités. On tenta vainement de lui dessiller les yeux. Tant qu'il vécut, Dioscore jouit de sa victoire pour troubler l'Orient ; et ce n'est qu'après la mort de Théodose qu'Eutychès a été condamné dans le concile de Chalcédoine. Son hérésie dure encore aujourd'hui.

Traité honteux avec Attila et Bléda chefs des Huns. 438. Dans le temps que l'hérésie de Nestorius troubloit l'Orient, Attila et Bléda, chefs des Huns, menaçoient l'empire ; et Théodose achetoit la paix. Il s'engagea à ne donner aucun secours aux ennemis des

Huns, à rendre tous les transfuges qui s'étoient retirés sur les terres de l'empire, et à payer tous les ans un tribut de sept cents livres pesant d'or. Après avoir fait ce traité, les Huns tournèrent leurs armes contre les nations septentrionales. Nous les reverrons bientôt.

CHAPITRE VI.

Jusqu'à la mort d'Attila.

<small>Guerres en Occident. 435.</small> Nous avons vu des hérésies en Orient. En Occident, où l'on étoit plus barbare, on subtilisoit moins; et nous n'y verrons que des guerres.

Pour obtenir la paix de Genseric, Valentinien lui avoit abandonné une partie de l'Afrique, et il lui restoit assez d'ennemis. Il étoit alors en guerre avec Théodoric, roi des Goths établis dans l'Aquitaine; avec les Bourguignons, auxquels Aëtius fut même obligé de céder de nouvelles terres; et avec les Suèves, qui étoient maîtres de la plus grande partie de l'Espagne. Pendant que ces guerres occupoient les troupes, le gouvernement, tous les jours plus foible, livroit les côtes aux pirateries des Barbares; et l'intérieur des provinces aux troupes de brigands qui les ravageoient.

Dans ce désordre, il sembloit que, pour assurer ses biens et sa liberté, chacun eût recouvré le droit de sa propre défense, et que ce fût une nécessité de piller, pour n'être pas pillé soi-même. Tout le monde arma. Les paysans, rassemblés par troupes, sous le nom de Bagaudes, se soulevèrent, principalement dans les Gaules; et ils commirent toutes sortes de violences, pour se soustraire aux vexations des riches et aux rapines des magistrats.

Les Bagaudes.

Ces troubles ouvroient l'empire aux ennemis. Genseric en profita. Il rompit la paix, prit Carthage, et fit une descente en Sicile. Aëtius étoit alors occupé dans les Gaules, et Littorius, autre général de l'empereur, avoit été défait et pris par Théodoric. Valentinien permit à ses sujets de s'armer pour leur défense, et leur donna tout ce qu'ils pourroient prendre sur les Vandales. Il ne faisoit que montrer sa foiblesse.

Genseric rompt contre Valentinien III, 439.

L'Orient arma. L'eunuque Chrysaphius, qui se proposoit la conquête de l'Afrique, épuisa l'empire pour équiper plus de mille vaisseaux. La flotte aborde en Sicile. Elle

Et Théodose même sans succès contre les Vandales. 441.

est à charge, sans être utile. Genseric amuse les généraux par de feintes négociations. L'armée dépérit; et Théodose est bientôt obligé de la rappeler pour défendre ses provinces attaquées par les Perses, les Sarrazins, les Isaures et les Huns. Genseric alors fit la paix, et resta maître de toute l'Afrique.

<small>Attila et Bléda attaquent l'Orient. 441.</small>

Attila et Bléda, après avoir répandu la terreur dans la Tartarie jusqu'à la Chine, étoient revenus en Europe. Ils menaçoient l'Illyrie, et ils offroient de vendre encore la paix à Théodose. Pour cette fois le conseil de l'empereur osa montrer de la fermeté. Ce fut la ruine de l'Illyrie, de la Mœsie et de la Thrace; et il fallut finir par acheter la paix. Elle coûta six mille livres pesant d'or, et deux mille qu'on s'engageoit à payer chaque année.

<small>Fierté d'Attila, humiliation de Théodose.</small>

En faisant ces traités honteux, les empereurs ne vouloient donner aux rois barbares que le titre de généraux de l'empire, et ils appeloient gages les tributs qu'ils étoient forcés de payer. Attila ne rejetoit ni n'acceptoit ce titre. Ce n'est pas pour des choses d'étiquette qu'un Barbare fait la guerre. Mais il prétendoit avoir parmi ses esclaves des rois qui valoient les généraux des empereurs, et les empereurs mêmes. *Mon maître et le vôtre,* disoient à Théodose les ambassadeurs de ce conquérant, et Théodose faisoit de magnifiques présens à ces ambassadeurs. Lorsqu'Attila vouloit enrichir quelques-uns de ses esclaves, il les envoyoit en ambassade à Constantinople.

Attila fit mourir son frère, et régna seul sur les Huns. Il avoit subjugué toutes les nations de la Germanie et de la Scythie, et on prétend qu'il étendit son empire jusqu'à l'Océan oriental : c'est-à-dire, que la terreur de son nom se répandit dans le nord de l'Europe et de l'Asie, et pénétra bien au-delà des lieux où il porta ses armes. Les hordes qui erroient dans la Tartarie ont pu reconnoître sa domination, soit par crainte, soit pour se rendre elles-mêmes plus redoutables; mais il ne régnoit pas sur elles comme on règne sur des peuples policés. L'opinion faisoit sa puissance plutôt que la force; et, quoiqu'il fît trembler les Romains, son vaste empire devoit tomber avec plus de rapidité qu'il ne s'étoit élevé.

Empire d'Attila.

On n'en jugeoit pas ainsi à Constantinople. Théodose, qui désespéroit de vaincre Attila, tenta de le faire assassiner. Ce fut Chrysaphius, son ministre, qui lui en donna le conseil; et ce lâche eunuque l'assura du succès de cette perfidie. Mais tout fut découvert au roi des Huns, qui demanda que Chrysaphius lui fût livré, et qui traita Théodose comme un esclave perfide envers son maître. L'empereur fut obligé de prodiguer ses trésors pour conserver son ministre. Pendant qu'il ruinoit ainsi l'empire, c'est alors que, fauteur de l'hérésie d'Eutychès, il troubloit l'église. Il mourut l'année suivante dans la quarante-troisième année de son règne.

Il y avoit plusieurs années qu'Honoria, sœur de Valentinien, princesse que son frère avoit chassée du palais à cause de ses débauches, invitoit Attila à porter les armes en Italie, et lui offroit sa main. Le roi des Huns n'avoit paru faire aucune attention aux sollicitations de cette femme, lorsqu'après la mort de Théodose il la demanda en mariage à Valentinien avec la moitié de l'empire. Il supposoit sans doute qu'elle y avoit des droits. On lui répondit qu'elle n'en avoit point.

Marcien, vieux soldat qui avoit succédé à Théodose, refusoit de payer le tribut. Il répondoit qu'il n'avoit que du fer pour les ennemis. L'Orient, sous ce nouveau prince, paroissoit donc pouvoir se défendre. L'Occident offroit une conquête plus facile. C'est ce que Genseric représentoit au roi des Huns, et il l'invitoit à conquérir les Gaules. Il vouloit sur-tout l'armer contre Théodoric, dont il étoit l'ennemi.

Attila s'engage dans cette guerre. Pour en assurer le succès, il négocie tout-à-la-fois avec Théodoric et avec Valentinien : il feint de rechercher également l'alliance de l'un et de l'autre ; et il tente de persuader aux Romains qu'il arme contre les Goths, et aux Goths qu'il arme contre les Romains, prêt à tomber sur celui des deux peuples qui se laissera surprendre. Il ne trompa personne : Aëtius ouvrit les yeux à Théodoric.

Sa promptitude parut d'abord le servir mieux que sa politique. A la tête de cinq cent mille hommes, il avoit déjà ravagé presque toute la partie des Gaules qu'arrosent le Rhin, la Moselle, la Marne et la Seine; et il assiégeoit Orléans, lorsqu'Étius arrivoit à Arles où il n'avoit encore rassemblé que peu de troupes. Le roi des Visigoths, Mérouée, roi des Francs, les Bourguignons, et d'autres peuples viennent grossir l'armée de ce général. Il fait une marche forcée. Il surprend les Huns, il en fait un grand carnage, il les poursuit jusques dans la Champagne où il remporte une victoire complète. Plus de cent soixante mille hommes restèrent sur le champ de bataille. Théodoric fut du nombre des morts.

Attila en Italie.
451.

Le Nord ne produisoit que des soldats. Quelle que fût donc la perte d'Attila, il lui étoit facile de la réparer; et, dès l'année suivante, il porta l'effroi en Italie. Il prit d'assaut Aquilée qu'il ruina entièrement; il dévasta la Vénétie et la Ligurie, et il parut menacer Rome. C'est à cette occasion que les habitans de la Vénétie, cherchant un asyle dans les îles du Golfe, jetèrent les fondemens de la république de Venise.

Attila, malgré ses succès, ne savoit encore s'il devoit marcher à Rome. Il avoit à défendre ses états contre l'empereur d'Orient qui lui déclaroit la guerre : son armée dépérissoit par les maladies : et Aëtius, à qui Marcien avoit envoyé des secours, venoit de remporter quelques avantages. Il craignoit sans doute ce général. Telle étoit sa position, lorsque le pape S. Léon, envoyé par Valentinien, vint lui demander la paix ; il l'accorda. Mais les Romains se soumirent à un tribut. Il mourut l'année suivante.

Sa mort.

L'empire d'Attila finit avec lui. Ses fils l'affoiblirent, parce qu'ils le partagèrent, et plus encore parce qu'ils ne succédèrent pas à la réputation de leur père. Les peuples, auparavant soumis, secouèrent le joug. Les Huns, presque toujours vaincus, se dispersèrent. Une partie se retira vers le Pont-Euxin, un grand nombre se confondit avec les autres Barbares, quelques-uns se donnèrent aux empereurs d'Orient. Enfin, quinze ou vingt ans après la mort d'Attila, cette nation fut comme éteinte. Son nom ne reparoît plus dans l'histoire.

Son empire finit avec lui.

Le grand talent d'Attila étoit sans doute

Ce qu'on doit

penser de ce Barbare.

de subjuguer les imaginations foibles. Fier, intrépide, hardi dans ses projets, il paroissoit inspiré du dieu des combats. On croyoit même qu'il combattoit avec une épée que ce dieu lui avoit donnée, et on lui rendoit une espèce de culte. Les rois qu'il traînoit à sa suite attendoient ses ordres sans oser l'envisager, et tous ses soldats trembloient devant lui. Cependant il n'est pas sûr qu'il ait été un grand capitaine. Il ne paroît pas avoir eu d'autres idées de conquêtes que celles que se font tous les Barbares. C'étoit assez pour lui de piller, de ravager, de se faire redouter. Il n'imagina jamais de former aucun établissement solide. Sa domination passagère fut l'effet de la foiblesse de ses ennemis plutôt que de ses talens militaires.

Sans foi avec les peuples auxquels il faisoit la guerre, il se piquoit de rendre justice à ceux qui lui étoient soumis. Il ne souffroit pas qu'on les opprimât, et il punissoit les violences qui leur étoient faites. Avec un extérieur simple, il affectoit de se mettre au-dessus des rois par son mépris pour le faste. C'est sur une chaise de bois que les ambassadeurs de Théodose le trouvèrent assis; et, dans le repas qu'il leur donna, il les fit servir en vaisselle d'or et d'argent, pendant qu'on le servoit lui-même en vaisselle de bois. On auroit dit qu'en dépouillant les Romains, il vouloit plutôt les appauvrir que s'enrichir lui-même. En effet, on ne voit pas le besoin que les Huns pouvoient avoir d'or et d'argent; et on auroit jugé, à leur genre de vie, qu'ils devoient au moins être exempts d'avarice. Mais la contagion des vices est si rapide, que les Barbares devenoient avides des richesses avant d'en connoître l'usage.

CHAPITRE VII.

Jusqu'à la ruine de l'empire d'Occident.

<small>Droits de Valentinien III, à l'empire d'Orient.</small> APRÈS la mort de Théodose-le-Jeune, il semble que l'Orient devoit appartenir à Valentinien : car les deux empires se réunissoient, lorsque l'un des deux empereurs ne laissoit après lui personne avec le titre de César ou d'Auguste. Heureusement pour l'Orient, il eût été impossible à Valentinien de faire valoir ses prétentions. Il n'y songea même pas, et on disposa de cet empire sans le consulter.

Je fonde uniquement ses droits sur ce qu'il étoit empereur d'Occident, et non sur ce qu'il avoit épousé Eudoxie, fille de Théodose. Car l'empire ne se régloit pas comme les autres successions; une fille n'en héritoit pas, et par conséquent elle ne pouvoit pas le porter à son mari.

Pulchérie vivoit encore. Il est évident que le nom d'Auguste n'étoit en elle qu'une dignité sans pouvoir, et non un titre qui donnât des droits: mais alors on ne faisoit pas ces distinctions. Il semble qu'elle ait cru que l'empire ne lui appartenoit pas, puisqu'elle n'osa pas s'en saisir; et il semble aussi qu'elle ait cru qu'il lui appartenoit, puisqu'elle en disposa. Elle s'imagina, parce qu'elle étoit Auguste, que celui qu'elle épouseroit seroit Auguste comme elle; et, quoique son entrepise fût sans exemple, elle ne trouva point de contradiction. Elle épousa donc Marcien, et elle lui donna l'empire. Elle y mit, dit-on, pour condition, qu'il respecteroit sa virginité. Elle avoit cinquante-deux ans, et Marcien en avoit cinquante-huit. C'étoit un soldat de fortune qui avoit été attaché au général Aspar, fils d'Ardabure.

Dès la seconde année de ce règne, on tint à Chalcédoine le quatrième concile œcuménique, où l'empereur et l'impératrice assistèrent et montrèrent leur zèle pour la foi catholique. Ce concile condamna l'hérésie d'Eutychès, fit plusieurs canons sur la discipline, et donna le second rang au siége de Constantinople, quoique jusqu'alors Alexandrie et Antioche eussent eu la prééminence. Le pape S. Leon refusa son consentement à ce dernier décret. C'est depuis ce concile qu'on a donné le titre de patriarche aux évêques de Rome, de Constantinople, d'Alexandrie, d'Antioche et de Jérusalem.

Conduite modérée de Marcien.

Sous les empereurs, les persécutions venoient souvent à la suite des décisions d'un concile. Marcien fut plus sage. *Il appuya de toute son autorité et par un grand nombre d'édits*, dit Tillemont, *les décrets du concile de Chalcédoine. Mais ce fut sans y mêler aucune violence qui pût rendre la vérité odieuse. Car il n'ordonna jamais qu'on forçât personne à avouer et à signer quoi que ce fût malgré lui, ne voulant point faire entrer les hommes dans le chemin de la vérité par des menaces et des violences.*

Je rapporte les expressions de Tillemont, parce que, s'il loue la modération de Marcien, il a plus applaudi encore aux lois violentes de Théodose-le-Grand. Ceux qui, comme lui, font des compilations, sont exposés à se contredire, parce qu'ils pensent d'ordinaire d'après différens écrivains, et rarement d'après eux-mêmes. (1)

Le règne de Marcien a été tranquille.

Quoique Marcien fût monté sur le trône dans des temps orageux, son règne fut tranquille. Les Barbares, après la mort d'Attila, furent trop occupés de leurs dissentions pour former des entreprises sur les provinces romaines. Les Perses ne purent rompre la paix, parce qu'ils étoient eux-mêmes attaqués par les Huns, qu'on nommoit Cidarites. Les Sarrazins, les Blemmies et d'autres peuples du Midi, firent à la vérité des invasions : mais ils furent bientôt repoussés et contenus.

Mort de Marcien.
457.

Marcien donna l'exemple de l'économie, ce qui suffisoit pour réprimer bien des abus, au moins à la cour : il en réprima par sa vigilance dans les provinces. Il avoit peu de lumières, mais il fut juste. Il mourut

---

(1) Je ne prétends pas diminuer le mérite de l'ouvrage de ce savant. Au contraire, je déclare que j'y ai puisé le fond de tout ce que je dis sur l'histoire ecclésiatique des premiers siècles.

Mort de Valentinien. Maxime succède.

dans la septième année de son règne.

Deux ans auparavant, Valentinien avoit été assassiné lorsqu'il venoit lui-même le poignarder Aëtius, que l'ennuque Héraclius lui avoit rendu suspect. Ce prince lâche, qui vivoit dans la débauche, avoit déshonoré la femme de Maxime, personnage puissant qui, pour assurer sa vengeance, trama la perte d'Aëtius et se saisit de l'empire.

Loi de Valentin[ien] soumettant...

Sous le règne de Valentinien, le pape Sixon obtint une loi qui soumettoit à la juridiction du saint siége tous les évêques de l'empire. Elle leur défendoit de rien innover sans y être autorisés par le pape, et elle leur ordonnoit de comparoître à son tribunal toutes les fois qu'ils seroient cités. Cette prérogative faisoit du pape un monarque qui pouvoit abuser de sa puissance, et il en naîtra bien des abus.

Abrogation d'une loi qui soumettoit les juges en matière civile.

En vertu d'une loi d'Honorius, les évêques étoient devenus juges sans appel en matière civile, et tout plaideur étoit autorisé à porter sa cause devant eux. Environ quarante ans après, Valentinien abrogea cette loi. On en voyoit déjà les inconvéniens.

Maxime ne régna que trois mois. Il fut massacré à Rome par le peuple, à l'approche de Genseric, qu'Eudoxie, veuve de Valentinien, avoit appelé. Le roi des Vandales pilla cette ville pendant quatorze jours. Il emmena avec lui un grand nombre de captifs, entre autres, Eudoxie et ses deux filles, et il refusa ces princesses à Marcien.

Maxime est égorgé, et Rome est pillée par Genseric.

Un Gaulois, général de Maxime, Avitus, se saisit de l'empire; et, après avoir régné un peu plus d'un an, il tombe entre les mains de Ricimer, qui s'étoit soulevé, et qui le fait sacrer évêque de Plaisance. Nous avons déjà vu Constantin dans les Gaules être ordonné prêtre, lorsqu'il fut fait prisonnier par Constantius. Ce sont là les moyens que les Barbares imaginoient pour rendre un homme incapable de l'empire. Dans la suite, ils feront moine les princes qu'ils déposeront.

Avitus qui lui succède, est déposé, et on lui donne l'évêché de Plaisance.

Le général Ricimer, Suève d'origine, n'osant ou ne pouvant prendre la pourpre, vouloit au moins en disposer, et il laissa l'empire sans chef pendant dix mois.

Interrègne en Occident.

En Orient, on voyoit à-peu-près les mêmes

Léon en Orient.

scènes. Le général Aspar y disposoit du trône et n'y pouvoit monter. Il le donna, après la mort de Marcien, à Léon qu'il comptoit gouverner, lorsque Ricimer le donnoit à Majorien qu'il comptoit gouverner également.

Majorien avoit servi sous Aëtius. Il paroissoit capable de retarder la chûte de l'empire. Il s'occupa des moyens de rétablir l'ordre et de soulager les peuples. Il vainquit les Vandales qui avoient fait une descente dans la Campanie, et il força Théodoric II, roi des Goths, à quitter les armes.

Ricimer ne vouloit pas d'un prince qui gouvernoit par lui-même. Il le fit assassiner, et lui donna pour successeur Libius Sévérus qui fut tel qu'il le vouloit. Egidius tout-à-la-fois général des armées romaines dans les Gaules, et chef des Francs qui avoient chassé Childéric, fils de Mérovée et père de Clovis, prit inutilement les armes pour venger la mort de Majorien.

Aspar n'étoit pas aussi maître en Orient que Ricimer en Occident. Mais Léon n'avoit que des vices. Son avidité insatiable ruinoit les provinces, et armoit son bras contre les citoyens dont il vouloit la dépouille. Les Grecs néanmoins lui ont donné le surnom de Grand, parce qu'il parut vouloir protéger la religion. Ils le louoient surtout de préférer les affaires de l'église à celles l'état. Il me semble pourtant que, dans un temps où tout préparoit la ruine de l'empire, il étoit de l'intérêt de la religion même qu'un souverain ne donnât pas moins de soins aux affaires de l'état qu'à celles de l'église.

Anthémius, petit-fils de ce sage ministre qui avoit gouverné sous Théodose-le-Jeune, commandoit les troupes, et venoit de se distinguer dans une guerre contre les Goths de Pannonie, lorsque, par la mort de Sévère, l'empire d'Occident se trouva sans chef, et que Ricimer, qui n'osoit prendre aucun titre, gouvernoit en tyran depuis plusieurs mois. Léon donna pour empereur ce général aux Romains, qui lui avoient envoyé une députation à cet effet, et Ricimer, forcé d'y consentir, rechercha l'alliance d'Anthémius, qui lui donna sa fille en mariage.

Anthémius après un interrègne, succède à Sévère.

457.

Léon arme sans succès contre Genseric.

Alors l'empereur d'Orient crut devoir prendre la défense de l'empire d'Occident, et il déclara la guerre aux Vandales. Il en donna la conduite à trois généraux, Basilisque, son beau-frère, Héraclius et Marcellin. Ce dernier eut ordre d'attaquer la Sardaigne, dont il se rendit maître sans beaucoup de peine. Héraclius, ayant ramassé les troupes de l'Égypte, de la Thébaïde et de la Cyrénaïque, fondit tout-à-coup par mer sur la Tripolitaine, battit les Vandales, prit Tripoli, et marcha par terre à Carthage. Basilisque parut alors avec une flotte formidable, et la perte de Genseric paroissoit assurée. Mais le Vandale feignit de vouloir traiter de la paix : il obtint une suspension d'armes ; et, pendant qu'on négocioit, il surprit la flotte et la brûla. Ainsi finit cette entreprise. Basilisque, accusé d'avoir trahi l'état, fut exilé.

Il fait assassiner Aspar.

471.

En recevant l'empire, Léon avoit promis de déclarer César un des fils d'Aspar, et il n'en avoit rien fait. Aspar néanmoins sembloit devoir être ménagé. Il avoit un corps des troupes à lui, et plusieurs généraux lui étoient attachés. Pour se faire un appui contre ce sujet trop puissant, l'empereur rechercha l'alliance des Isaures, peuple brigand qui avoit souvent ravagé l'Asie; et il appela un de leurs chefs à sa cour Zénon, homme sans vertus, sans talens qu'il prit pour gendre, qu'il fit consul, et auquel il donna le commandement des armées. Alors la jalousie d'Aspar ayant éclaté, Léon, qui feint de vouloir l'appaiser, tient enfin la parole qu'il lui avoit donnée. Mais bientôt après il le fait assasiner avec ses deux fils, Ardabure, et Patricius. Celui-ci néanmoins ne fut que blessé.

En apprenant la mort d'Aspar, Ricimer crut voir le sort qui le menaçoit. Il leva l'étendard de la révolte, et il vint assiéger Rome où Anthémius s'étoit renfermé.

Ricimer arme Anthémius.

Léon envoie Olibrius au secours de l'empereur d'Occident. Ce traître se réunit à Ricimer: il se fait proclamer Auguste. Rome est prise, livrée au pillage, et Anthémius est égorgé. Ricimer mourut de maladie quelques jours après, et Olibrius ne régna pas trois mois.

Mort d'Anthémius. Olibrius qui étoit au secours, et de Ricimer.

471.

Glicérius prit la pourpre, et ne la porta

Glicérius prend

<small>la pourpre et la perd. Julius Nepos.</small>

qu'un an. La cour de Constantinople ne le reconnut pas; et Julius Nepos, envoyé par Léon, et proclamé à Ravenne, le surprit, le força d'abdiquer, et le fit ordonner évêque de Salonne en Dalmatie.

<small>Mort de Léon.</small>
<small>474.</small>

Sur ces entrefaites, Léon étoit mort, et avoit laissé l'empire à son petit-fils Léon, fils de Zénon.

<small>Un moine chambellan; un moine consul.</small>

Sous ce règne, il y eut un grand chambellan qui se fit moine, et qui continua néanmoins d'être grand chambellan et d'en faire les fonctions. Il y eut aussi un moine consul, qu'on reconduisoit solemnellement à son monastère, où il reprenoit son habit de moine. Ces choses sont d'autant plus étranges, que Léon avoit fait une loi qui défendoit aux moines de sortir de leurs couvens et de se répandre dans la ville. On voit combien les Barbares brouilloient toutes les idées.

<small>Léon II Zénon et Basiliscus.</small>

Sous le jeune Léon, âgé de cinq ans, Zénon eut la régence, et se trouva maître de l'empire quelques mois après par la mort de son fils. Il le perdit l'année suivante, et s'enfuit en Isaurie. Ce prince, aussi odieux que méprisable, fut déposé par les soldats.

Basilisque, qui avoit été exilé sous Léon I, fut alors proclamé. Il donna les titres de César et d'Auguste à son fils Marc. Il souleva les Catholiques, parce qu'il se déclara pour l'hérésie d'Eutychès; et il fit un grand carnage des Isaures qui étoient à Constantinople. Zénon, à qui cette conduite forma un parti, recouvra l'empire deux ans après s'être enfui. Il relégua Basilisque en Cappadoce, où il le laissa mourir de faim, et Marc fut fait lecteur dans une église. Pendant ces troubles, l'empire d'Occident finissoit.

Népos n'avoit régné qu'un an. Oreste, son général, auparavant secrétaire d'Attila, l'avoit chassé, et avoit donné l'empire à son propre fils, Romulus Augustus, qu'on nommoit Augustule à cause de sa jeunesse, ou par mépris.

Népos est chassé. Augustule lui succède. 475.

Pour faire cesser ces révolutions, les Barbares qui remplissoient l'empire, et qui par conséquent en étoient les maîtres, n'avoient qu'à déclarer qu'ils ne vouloient plus d'empereur. C'est ce qui arriva. Odoacre assiégea Pavie, où Oreste s'étoit renfermé, prit cette ville d'assaut, fit trancher la tête

Odoacre règne en Italie avec le titre de roi. 475.

à ce général, laissa vivre Augustule, qu'il ne craignoit pas, subjugua l'Italie, et régna avec le titre de roi. C'est ainsi que finit l'empire d'Occident, dans la cinq cent septième année depuis la bataille d'Actium, et dans la douze cent vingt-neuvième depuis la fondation de Rome.

CHAPITRE VIII.

Conclusion de l'histoire romaine.

Dans cette conclusion, je me propose, Monseigneur, de faire un tableau des différentes formes que les circonstances ont fait prendre au gouvernement. Nous mettrons ces choses dans un nouveau jour, en les renfermant dans un espace plus resserré.

Objet de cette conclusion.

Les Romains n'ont jamais eu la liberté de se faire des lois. Ils se sont élevés, et ils sont tombés par la force des circonstances. Leur situation ne leur permettoit pas de subsister par le commerce ; les arts étoient peu connus en Italie ; et d'ailleurs un ramas de pâtres et de vagabonds étoit peu fait pour les cultiver. Il fallut enlever des femmes et envahir des terres ; et, pour défendre ce qu'ils avoient pillé, ils furent dans la nécessité de piller encore. Sous Romulus, ils étoient donc, et ils ne pouvoient être que brigands.

Les Romains brigands sous Romulus.

Numa, sans cesser d'être moins brigands, deviennent plus superstitieux.

Ainsi Rome naissante devoit périr ou s'agrandir: telle étoit sa constitution. Elle parut d'abord en changer sous Numa. Les victoires, qui rendoient les Romains redoutables, furent des circonstances favorables aux vues pacifiques de ce prince. On dit qu'il adoucit par ses lois les mœurs du peuple, et ce sera avec raison s'il est vrai que les mœurs puissent devenir plus douces, lorsque l'esprit ne s'éclaire pas sur les devoirs de l'humanité. Pour rendre les Romains fidelles à leurs engagemens, il fit une divinité de la foi; il en fit une autre d'une pierre, pour empêcher chaque citoyen d'usurper sur les champs de ses voisins. En un mot, il ne les contint que par la crainte de quelque dieu, et il ne leur donna aucune idée de justice, ou plutôt il ne les contint pas: car on ne voit pas que les Romains aient été fidelles à leurs engagemens, ni qu'ils aient cessé d'usurper les uns sur les autres. Ils continuèrent donc d'être brigands, et ils furent seulement plus superstitieux.

Numa ne leur parle pas d'une autre vie.

Numa ne leur parla pas d'une autre vie. Il ne se mit pas en peine de leur expliquer ce qu'ils devoient craindre, s'ils déplaisoient aux dieux. Il étoit bien sûr que ces imaginations grossières craindroient quelque chose, et c'étoit assez.

Il laissa les dieux auxquels on croyoit, et il en imagina d'autres auxquels on ne pouvoit manquer de croire. Il ne raisonna, ni sur leur nature, ni leur origine. Il ne les représenta pas jaloux de fouiller dans le cœur pour punir jusqu'aux pensées. Ils paroissoient, ainsi que le législateur, ne juger que des actions extérieures.

Ses dieux sont l'ouvrage de l'ignorance la plus grossière.

Toute la religion ne consistoit qu'en cérémonies. On étoit fort exact à n'y rien changer. Elles se faisoient avec magnificence, et la plus grande partie du culte rendu aux dieux étoit des fêtes pour le peuple. L'appareil des cérémonies remuoit l'imagination : l'exactitude à les observer les faisoit respecter; et les spectacles, qui les accompagnoient, attiroient le concours de tous les citoyens. Voilà comment les Romains se préparoient à ne s'occuper que de jeux, lorsque la guerre, qui se feroit au loin, ne laisseroit dans Rome qu'une populace désœuvrée.

La religion toute en cérémonies.

Dogme qui s'introdu.t.

L'unique dogme qui se soit introduit parmi eux, c'est que les dieux s'intéressoient à l'agrandissement de Rome. Il en résultoit deux choses : l'une, que le seul moyen de leur plaire étoit de servir la patrie ; et l'autre, que l'utilité de la république étoit la seule règle de conduite. Par-là, tout tendoit à l'agrandissement des Romains, et l'on peut ajouter que tous les moyens d'y contribuer devoient paroître également légitimes. Avec cette façon de penser, ils commettoient des injustices, sans se croire injustes, et la superstition sembloit faire une vertu de leur férocité même.

Effets de la superstition sur les Romains.

Cette religion les a bien servis, précisément parce qu'elle n'a pas adouci leurs mœurs. Elle leur a laissé leur premier caractère : ils étoient brigands par état, elle les fit brigands par superstition. Il ne s'agissoit pas de s'assurer de la justice d'une entreprise : il suffisoit de consulter les augures, dont l'intérêt public étoit toujours l'interprète, et le soldat ne doutoit pas qu'il n'obéît aux dieux.

Elle ne les portoit pas à la paix.

Dès que les Romains n'étoient pas capables d'être conduits par la lumière, Numa eût mal fait de raisonner avec eux : il ne pouvoit employer que la superstition. Mais ses institutions ne corrigeoient pas le caractère du peuple : elles le dirigeoient seulement vers le bien public; et ce bien public n'étoit et ne pouvoit être qu'un brigandage. Tout citoyen religieux fut donc un soldat qui se croyoit tout permis avec les ennemis, c'est-à-dire, avec les peuples voisins. Si Numa, comme on le dit, et comme en effet il le paroît, a cru faire des Romains un peuple pacifique, il s'est prodigieusement trompé.

Quand je rapporte des institutions à Romulus et à Numa, ce n'est pas que je veuille assurer qu'ils en sont les auteurs. Mais la tradition, qui les leur attribue, prouve qu'elles sont anciennes : plusieurs même remontent plus haut que la fondation de Rome, en quelque temps qu'on la suppose. Avant Romulus, la religion des peuples d'Italie avoit pour base toutes les superstitions des augures. C'étoit une conséquence que chacun d'eux crût être l'objet des dieux qu'il consultoit. Or les Romains, ayant été par les circonstances plus soldats que les

Pourquoi les mêmes superstitions ont eu plus d'influence à Rome qu'en Étrurie.

autres, ont eu plus de succès, et par conséquent, plus d'occasions de se persuader que les dieux protégeoient particulièrement leur ville. Voilà pourquoi cette religion a eu plus d'influence à Rome qu'en Étrurie, d'où les Romains l'avoient tirée.

<small>Les Romains n'ont jamais pu avoir une idée de la vraie liberté.</small> Le gouvernement, d'abord mixte, devint despotique sous Tarquin-le-Superbe; et, les rois ayant été chassés, la république commença. Mais si les Romains étoient capables de faire une révolution subite, ils ne savoient pas prendre, avec la même promptitude, les mesures convenables à la position où ils se trouvoient. Une idée vague de liberté faisoit désirer à tous de ne pas obéir; et, pour ne pas obéir, tous auroient voulu commander. De-là naissoit une inquiétude qui devoit les agiter sans interruption, et qui ne pouvoit s'éteindre que lorsqu'ils porteroient des fers. N'ayant point eu de législateurs, ils ont été réduits à suivre les anciens usages, ou à ne faire des réglemens qu'après coup, et d'ordinaire avec peu de prévoyance. Toujours forcés par les conjonctures, toujours remués au gré des dissentions, il ne leur a pas même

été possible de se faire une idée exacte de la liberté qu'ils cherchoient.

Après l'expulsion des Tarquins, le gouvernement de Servius Tullius se conserva sous les consuls, et ce fut une source de dissentions, parce que les riches ou les patriciens se trouvèrent seuls souverains.

Après l'expulsion des Tarquins, les patriciens sont seuls souverains.

Je dis, *les riches ou les patriciens*, et en effet ce devoit être la même chose : car, d'un côté, les Romains ne pouvoient s'enrichir que par des conquêtes; et, de l'autre, les patriciens ont toujours eu, sous les rois mêmes, la plus grande part des terres conquises. Aussi les historiens remarquent-ils que, lorsqu'on établit les consuls, toute l'autorité se trouva entre les mains des patriciens, et cependant les réglemens de Servius Tullius la donnoient aux riches.

Avant Servius Tullius, et lorsque les assemblées se tenoient par curies, les plébéiens avoient la principale autorité parce qu'ils étoient en plus grand nombre, et que le plus grand nombre faisoit les lois. Ils étoient souverains dans les comices : car leur volonté avoit son effet, sans le con-

Auparavant, les plébéiens avoient une autorité que les usages limitoient.

sentement, comme avec le consentement des patriciens.

Mais ces souverains avoient un frein dans les usages établis. Ils ne pouvoient pas, ou du moins ils n'imaginoient pas pouvoir confier le gouvernement à des magistrats pris indifféremment dans l'un ou l'autre des deux ordres. Ils les choisissoient toujours parmi les patriciens.

Autorité que le sacerdoce donne aux patriciens. Ceux-ci d'ailleurs étoient seuls en possession du sacerdoce. Maîtres des augures, ils les trouvoient favorables ou contraires, suivant qu'une entreprise leur étoit favorable ou contraire à eux-mêmes ; et ils avoient tiré ce parti de la religion, qu'elle sembloit n'être faite que pour eux, et qu'elle les mettoit infiniment au-dessus des plébéiens. Le sacerdoce leur confirma de plus en plus ces avantages, lorsqu'après l'établissement du consulat les comices par centuries réunirent en leur personne la souveraineté aux distinctions.

Après l'établissement du consulat, le gouvernement est une aristocratie héréditaire. Alors le gouvernement fut une aristocratie héréditaire. La souveraineté, retenue comme de droit par les patriciens, passa des pères aux fils, et les familles plébéiennes ne purent plus y avoir aucune part.

Cette aristocratie crut ne pouvoir se maintenir que par la tyrannie. On jugea que plus les plébéiens seroient misérables, plus ils seroient dans la dépendance, et tout contribuoit à les rendre misérables. Car la guerre, qui étoit à Rome le seul moyen de s'enrichir, n'enrichissoit que les patriciens, qui se saisissoient de toutes les terres conquises, ou qui les acquéroient bientôt par des usures, s'ils avoient été obligés d'en céder.

A la vérité, les magistratures passèrent dans les familles plébéiennes ; mais cette révolution ne fut favorable qu'au plus petit nombre. Aussitôt qu'un plébéien avoit part à la souveraineté, il prenoit la façon de penser des patriciens; et la multitude, qui l'avoit élevé, trompée dans son attente, restoit dans la sujétion et dans la misère. Voilà pourquoi Rome, devenue la capitale d'un vaste empire, renferma un peuple pauvre, oisif et inutile.

Lorsque le peuple se fut retiré sur le mont sacré, les patriciens, trop avares pour *Le tribunat devoit tôt ou tard ruiner cette puissance.*

abandonner des richesses acquises par des usurpations ou par des usures, aimèrent mieux lui donner des protecteurs pour l'avenir, que de lui faire justice sur le passé. On créa donc les tribuns; et, parce qu'on ne leur accorda que le droit de s'opposer à ce qu'ils jugeroient contraire aux intérêts des plébéiens, on ne prévit pas combien ils seroient redoutables. Ils ne tardèrent pas néanmoins à donner des preuves de leur puissance, puisque, trois ans après, ils bannirent Coriolan. Comme le titre de protecteurs du peuple emportoit le droit de réprimer toute vexation, il n'étoit pas naturel qu'ils s'en tinssent scrupuleusement à prononcer leur *veto*. Ils devoient porter continuellement de nouveaux coups à la puissance des patriciens, et la ruiner, par conséquent, tôt ou tard.

Peu après l'établissement du tribunat, il y eut deux républiques dans Rome.
Pour bannir Coriolan, les tribuns avoient pris sur eux de convoquer le peuple par tribus; et c'est l'époque où ils furent véritablement magistrats. Car, à la tête de ces comices qu'ils assembloient sans consulter les augures, et d'où ils excluoient les patriciens, ils pouvoient déjà balancer la

puissance des consuls. Alors commença la démocratie, ou, pour parler avec plus d'exactitude, il y eut alors deux républiques dans Rome; l'une composée des patriciens, et l'autre des plébéiens. C'étoient deux souverains, qui, toujours divisés dans la paix, ne pouvoient se réunir que contre un ennemi commun.

La loi agraire, proposée par S. P. Cassius, l'an de Rome 267, fut une source intarissable de dissentions, parce que cette loi ne pouvoit jamais s'exécuter. Aussi ce ne fut qu'un appât que les tribuns présentèrent au peuple, pour se faire un appui contre les patriciens, et pour s'élever aux dignités. *La loi agraire ne servit qu'à l'élévation des tribuns.*

Ce qui leur fut sur-tout favorable, c'est qu'on changea la forme des comices par centuries, pour leur faire prendre en partie celle des comices par tribus. Il n'est pas possible, à la vérité, ni de marquer le temps où se fit ce changement, ni d'expliquer exactement en quoi il consistoit. Mais il est certain que le droit de prérogative fut transporté aux comices par centuries. Or, par-là, celle qui renfermoit le plus de plé- *Les changemens faits dans la forme des comices par centuries, ne furent sur-tout la votation,* béiens pouvoit voter la première ; et cela suffisoit pour faire passer, au moins quelquefois, toute l'autorité dans le second ordre ; car le suffrage de la prérogative entraînoit d'ordinaire tous les autres, le sort qui l'avoit déclaré faisant présumer que les dieux manifestoient par elle leur volonté.

Comment, les patriciens et les plébéiens cessant de faire deux ordres, on ne distingua plusque le sénat et le peuple.

Alors, dans les comices par centuries, les patriciens et les plébéiens luttoient, pour ainsi dire, et empiétoient tour-à-tour, les uns sur les autres. Les patriciens pouvoient diviser le peuple, parce qu'ils entraînoient de leur côté une partie de leurs cliens ; et le peuple pouvoit aussi diviser les patriciens, parce qu'il y en avoit toujours qui prenoient ses intérêts, soit par justice, soit par ambition. Ainsi les deux souverains, qui partageoient la république, étoient toujours dans une espèce de guerre, et avoient toujours aussi des intelligences réciproquement l'un chez l'autre.

Dans cette confusion, les patriciens et les plébéiens cessèrent peu-à-peu de faire des corps distincts. On ne remarqua plus que le sénat et le peuple, et ce furent alors ces deux ordres qui se disputèrent la souveraineté. Le sénat attiroit dans son parti les plus riches citoyens ; mais le plus grand nombre, les plus ambitieux sur-tout étoient dans le parti contraire.

Une chose soutint l'autorité du sénat sur son penchant : c'est le respect du peuple pour ce corps, respect dont il s'étoit fait une si grande habitude, qu'il fut long-temps avant d'oser tout ce qu'il pouvoit. Aussi y eut-il un intervalle où le sénat et le peuple, les comices par centuries et les comices par tribus, les tribuns et les consuls, maintenoient dans la république un équilibre presque parfait. Cet intervalle fut court, parce que l'équilibre ne tenoit qu'à l'opinion. On n'y étoit parvenu que par les dissentions qui avoient élevé les plébéiens : il ne pouvoit manquer de se détruire, lorsque, par de nouvelles dissentions, les plébéiens s'éleveroient encore.

Ces dissentions furent infiniment avantageuses, parce qu'elles entretinrent l'émulation, et firent naître les talens à l'envi dans les deux ordres : les uns ne voulant pas perdre les magistratures, et les autres

Pendant un temps, l'autorité du sénat se maintint par le respect que le peuple avoit pour ce corps.

Effets avantageux des dissentions.

les voulant obtenir. C'est une fermentation qui produisit continuellement d'excellens citoyens, et qui rendit les Romains toujours plus redoutables.

Les effets les plus funestes naissent des mêmes causes, comme les plus avantageux : il suffit seulement que les circonstances viennent à changer. Les dissentions ne furent point sanglantes, tant que le sénat put suspendre les entreprises des tribuns, en leur cédant de nouveaux honneurs. C'est ce qu'on remarque pendant plus de deux siècles. Les grandes et longues guerres, qui survinrent ensuite, permirent à la république d'être assez tranquille au-dedans. Après la ruine de Numance, les troubles recommencèrent.

Comment les dissentions dégénérèrent en factions et produisirent l'anarchie.

Les tribuns s'étoient ouvert et frayé un chemin aux dignités : ils n'avoient plus rien à desirer à cet égard. Leur inquiétude désormais ne pouvoit donc avoir pour cause que l'ambition de devenir les tyrans de la patrie, ou le dessein de soulager les pauvres, en réduisant les riches dans les bornes prescrites par les lois agraires. Il est évident que ces deux projets devoient également diviser les citoyens en différens partis, et les armer, soit pour conserver leurs biens, soit pour défendre leur liberté. Ce n'étoit plus le temps de ces dissentions, que le sénat appaisoit par le sacrifice de quelques magistratures. Les factions commençoient, et le sang devoit couler. Le sénat arma le premier, et dès qu'il eut donné l'exemple de la violence, les tribuns, à la tête du peuple, ne furent plus que des factieux. Alors le gouvernement ne fut ni aristocratique, ni démocratique : ce fut une anarchie.

Dans ce désordre, les esprits se disposent peu-à-peu à plier sous le joug d'un maître ; on commence à dire que la république a besoin d'un chef ; et les citoyens courageux luttent vainement pour défendre la liberté expirante ; en croyant sauver la république, ils la plongent dans de nouveaux malheurs. Cependant les factions qui se formoient dans Rome ne pouvoient produire que des tyrans passagers : c'est la grandeur de l'empire qui devoit enfin assujettir les Romains pour toujours.

En effet, la grandeur de l'empire occasionnoit dans les comices un désordre fa-

Cette anarchie prépare les citoyens à plier sous le joug d'un maître.

Combien les désordres, qui s'introduisent dans

les comices, deviennent favorables aux citoyens ambitieux. vorable aux citoyens qui aspiroient à la tyrannie. C'est ce qu'il faut expliquer.

Au commencement de la république, les tribus et les centuries pouvoient s'assembler facilement, parce que le territoire de Rome étoit fort borné. Mais lorsqu'après la prise de Véïes les tribus se multiplièrent, et que plusieurs se trouvèrent éloignées de Rome, il ne fut plus facile à tous les citoyens de se trouver aux comices. On a lieu de présumer que, parmi ceux qui n'étoient pas à portée de s'y rendre, plusieurs n'y venoient qu'autant qu'ils y étoient appelés par des intérêts particuliers; et que, par conséquent, ils ne conservoient pas le même amour de la patrie, ou que même ils s'accoutumoient insensiblement à la façon de penser des peuples dont ils étoient voisins.

Cet inconvénient fut encore plus sensible lorsqu'on eut donné le droit de cité à tous les peuples d'Italie. Tant de citoyens ne pouvoient se rassembler à Rome, et cependant il n'y en venoit que trop encore. Comme ils y arrivoient avec des vues différentes, ils se divisoient, ils formoient des partis, et la république étoit sacrifiée.

Pour diminuer l'influence des nouveaux citoyens, qui, par leur nombre, se seroient rendus maîtres des comices, le censeur les accumuloit dans un petit nombre de tribus, et il avoit encore la précaution de les inscrire dans les tribus dont ils étoient le plus éloignés. C'étoient ordinairement les tribus de la ville, ou quelques-unes des tribus rustiques de Servius Tullius.

Alors les anciens citoyens, ne voulant pas être confondus avec les nouveaux dans les mêmes tribus, desirèrent de passer dans les tribus consulaires, et l'usage s'introduisit de les répartir dans différentes tribus, sans avoir égard aux lieux qu'ils habitoient.

Si les tribus avoient continué d'être, comme sous Servius Tullius, une division purement locale, le grand nombre des citoyens qui pouvoient venir aux comices n'auroit pas permis de s'assurer de la tribu à laquelle chacun d'eux appartenoit. La chose étoit encore moins praticable, depuis que les tribus étoient devenues une division politique : car il auroit fallu prendre un à un tous les citoyens qui se présentoient, et consulter les registres. Or, c'est une précaution qu'on ne prenoit pas, et qu'on ne pouvoit pas prendre, sur-tout dans les derniers temps de la république, où les comices, convoqués à la hâte, se formoient tumultuairement. Ces assemblées n'étoient donc qu'une multitude confuse de gens qui se distribuoient comme ils le jugeoient à propos, et de la manière la plus conforme à leurs vues. Voilà pourquoi on voyoit des plébiscites que le peuple ne savoit pas avoir faits. Tels sont les désordres qui se trouvoient dans les comices depuis que la république avoit trop multiplié le nombre de ses citoyens.

Il est facile de juger comment, au milieu de ces désordres, les ambitieux gagnoient les uns, intimidoient les autres, et séduisoient la multitude. Mais c'étoit toujours à recommencer, parce qu'après avoir exercé les magistratures on redevenoit simple particulier, et qu'il falloit briguer de nouveau pour les obtenir une seconde fois. Le temps n'étoit pas encore arrivé où l'on se serviroit du peuple pour avoir des légions, et des légions pour soumettre le peuple.

Il a été un temps où les généraux ne pouvoient pas abuser de leur puissance, parce que les soldats auxquels ils commandoient étoient autant de citoyens jaloux de leur liberté, ou du moins à qui le nom de tyran étoit odieux. On ne pouvoit donc pas craindre qu'alors les légions s'armassent pour leur chef contre la république; elles se seroient au contraire soulevées contre lui, pour peu qu'elles l'eussent soupçonné d'aspirer à la tyrannie. Il n'y auroit eu, par conséquent, que de la témérité dans un pareil projet, et cette seule considération en écartoit jusqu'à l'idée.

Sylla est l'époque où les ambitieux aspirent à la tyrannie.

Cependant la république auroit pu être ruinée plus tôt qu'elle ne l'a été. Elle se soutint moins par sa propre constitution que par la force des préjugés. Il y a, dans l'esprit de chaque peuple, une certaine allure que tout le monde suit long-temps avant que personne pense à porter la vue au-delà. Or, parce que les Romains s'étoient fait une habitude de regarder les magistratures comme le comble de l'ambition, il arriva que ceux qui les avoient obtenues n'imaginoient rien de mieux que à les obtenir encore. Le corps des citoyens pensoit ainsi, par haine pour la tyrannie, et cette façon de penser se communiquoit par imitation à chaque particulier. Marius n'eût desiré que d'être toujours consul, et Sylla se vit maître de Rome, sans en avoir formé le projet.

Ce fut alors que les ambitieux ouvrirent les yeux, et que les généraux, déjà souverains dans leurs gouvernemens, découvrirent que les légions étoient à eux, et qu'ils pouvoient commander dans Rome. Voilà les circonstances où César qui, un siècle plus tôt, eût été bon républicain, projeta de donner des fers à sa patrie. C'est la tyrannie de Sylla qui lui en fit naître le dessein, et il en forma le plan avant même d'avoir passé par aucune magistrature. Il réussit, et peut-être n'eût-il pas été assassiné, si, content de la puissance, il n'eût pas ambitionné de dompter jusqu'à l'imagination des Romains, en s'obstinant pour de vains titres.

Circonstances qui achèvent la ruine de la république. Enfin toutes les circonstances se réunissent pour la ruine de la république, et Auguste règne. La fin tragique de César fut une leçon pour ce tyran, qui eût continué d'être cruel s'il n'eût pas craint pour sa vie. Il parut peu redoutable, et ce fut la cause de ses succès. Il dut l'empire à la trop grande confiance du sénat, au désespoir précipité de Cassius et de Brutus, et aux extravagances d'Antoine. Il y a des hommes qui naissent bien à propos. Auguste, dans tout autre temps, eût été honteusement chassé de sa légion.

Toutes les circonstances étoient pour lui. Le cri de la liberté ne se faisoit plus entendre, depuis que les plus fiers républicains étoient ensevelis sous les ruines de la république. On avoit long-temps gémi au milieu des désordres: toutes les familles se ressentoient des guerres qui avoient déchiré l'empire. Si l'on n'osoit demander un maître, on sentoit au moins le besoin qu'on avoit d'un chef; et la paix sembloit devoir tenir lieu de la liberté. Auguste, se conformant à cette disposition des esprits, s'offrit pour chef, et donna la paix.

Ce repos fut un moment délicieux pour les Romains. Trop heureux d'être sortis de l'anarchie, ils ne portent point leur vue dans l'avenir, ils ne voient que le présent,

<small>Conduite d'Auguste pour assurer sa puissance.</small>

c'est le sénat qui gouverne avec un prince qui le consulte et qui le respecte. Le peuple s'assemble, c'est lui qui fait les lois, c'est lui qui nomme aux magistratures. En un mot, la république frappe seule les yeux : on ne perce point jusqu'à la puissance cachée qui la dirige, on ne la craint pas. Qu'importe en effet, quand on est heureux, de savoir si on est libre ? C'est ainsi, Monseigneur, qu'ont pensé tous les peuples. Ils aiment moins la liberté qu'ils ne haïssent la tyrannie, et, lorsqu'ils se soulèvent, c'est contre les tyrans. Observez donc la conduite d'Auguste : comparez-la avec celle de ses successeurs, et voyez qui vous devez imiter.

Auguste sut, pour son bonheur et pour celui des Romains, entretenir l'illusion du peuple. Il ramena l'abondance : il affecta de donner des marques de considération aux citoyens qui avoient l'estime publique : il éleva aux magistratures des républicains zélés, et ménagea jusqu'à ceux qu'il fut obligé d'exclure du sénat : enfin il assura la paix, et, il donna des spectacles.

Il refuse le titre odieux de dictateur. Il n'accepte que les magistratures qui s'associent avec les idées de liberté. Il refuse quelquefois le consulat, pour ne pas devenir suspect en le rendant perpétuel dans sa personne. Il feint de vouloir se retirer, au moment du plus grand enthousiasme. Il ne consent à gouverner encore la république, que pour obéir aux desirs du sénat et aux ordres du peuple. Enfin, il ne s'engage que pour dix ans ou pour cinq. Par cette conduite, il intéresse tous les citoyens à nos sort, et on accumule insensiblement sur lui toutes les magistratures. Le peuple que les malheurs précédens avoient dégoûté d'user de son pouvoir, chérit un joug dont le poids ne se fait pas sentir.

Auguste n'étoit que le ministre de la république. Il n'étoit que ce qu'avoient été avant lui ces magistrats que le peuple avoit jugés plusieurs fois; et son gouvernement fut modéré, parce qu'il parut toujours prendre le peuple pour juge. En un mot, il vouloit n'être, ou du moins ne paroitre qu'un administrateur, qui tenoit tous ses pouvoirs du peuple et du sénat, qui leur en devoit compte, et qui ne les avoit reçus que pour un temps limité. Cependant cette conduite

Il accoutume le peuple à l'esclavage.

modérée n'étoit qu'un effet de sa politique; et l'ordre qu'il avoit établi ne forçoit pas ses successeurs à se conduire avec la même modération. Cet ordre même ne pouvoit subsister, parce qu'il dépendoit uniquement de la volonté du souverain : il devoit donc dégénérer en despotisme.

De l'anarchie, qui avoit étouffé tout amour de liberté, les Romains avoient passé brusquement sous la domination d'un maître qui leur avoit fait aimer leur esclavage. Le caractère du peuple avoit donc changé tout-à-coup. Ces ames, autrefois fières, courageuses, républicaines, s'étoient fait subitement une habitude d'obéir, et toute leur lâcheté devoit se montrer aussitôt qu'un tyran oseroit les traiter en esclaves. Telle étoit la disposition des esprits, lorsque Tibère parvint à l'empire.

Le despotisme se décèle sous Tibère.

Ce prince la connut sans doute, et il ne craignit point de s'écarter du plan d'Auguste. D'ailleurs il étoit naturellement trop méfiant pour tenir une conduite qui paroissoit montrer de la confiance. Il dissimula tant qu'il craignit un concurrent. Il essaya peu-à-peu sa puissance. Il s'enhardit enfin, et il régna en despote. Il ne conserva quelque autorité au sénat, que pour en faire l'instrument de sa tyrannie ; et il ôta les comices au peuple.

Les progrès du despotisme sont naturellement rapides. Cependant un prince, aussi inconsidéré que cruel, étoit fait pour les hâter. Tibère faisoit au moins accuser ceux qu'il vouloit condamner, et le sénat les jugeoit. Caligula n'eut besoin ni des délateurs ni du sénat. Dans ses insomnies, parce qu'il ne dormoit pas et que les citoyens exilés dormoient, il ordonnoit de leur ôter la vie, et on les égorgeoit.

Il se montre à découvert sous Caligula.

Ce qui étoit décidé dans le conseil d'Auguste avoit la même force que ce qui avoit été arrêté dans le sénat. Claude pouvoit user de ce droit ; mais ce vieil enfant, imbécille, se laissa conduire au despotisme par ses valets. Il jugea sans conseil ; il voulut que ses affranchis jugeassent comme lui, avec la même autorité; et ses procurateurs, répandus dans les provinces, devinrent des espèces de souverains. Il ne fallut que quatre empereurs pour faire passer la puissance du peuple au sénat, du sénat au prince,

Sous Claude, il met toute l'autorité entre les mains des affranchis.

du prince aux valets. Voilà la route que prit le despotisme, et son dernier terme.

<small>Sous Néron il ose tout.</small>

Néron fit voir combien il est difficile à un desposte de lasser la patience d'un peuple corrompu et avili. Comment ne se seroit-il pas enhardi à toutes les indécences et à tous les attentats, puisqu'il étoit toujours assuré des applaudissemens du peuple, de ceux du sénat, de ceux de Burrhus même, qui applaudissoit, malgré lui à la vérité, mais enfin qui applaudissoit.

<small>Avilité qui croit avec le luxe.</small>

Le luxe, qui avoit commencé dans les derniers temps de la République, avoit toujours fait des progrès ; et il devoit croître sous des princes despotes, dont l'intérêt n'est pas de le réprimer. Les besoins qu'il ne cesse de multiplier achèvent l'asservissement des peuples. Néron donna l'exemple, et le luxe fut porté aux derniers excès. Alors il n'y eut plus d'ambition, il n'y eut que de l'avidité. Othon desira l'empire pour réparer une fortune ruinée ; et Vitellius, pour assouvir la débauche la plus crapuleuse.

C'est inutilement qu'on amassoit des richesses : les profusions du luxe ne permettoient pas de s'enrichir; et on n'en devenoit que plus avide. Cette avidité fut contagieuse. Elle corrompit tous les ordres de l'état, sur-tout les soldats, qui étoient trop nécessaires au despote, pour ne pas partager avec lui les dépouilles des citoyens. Voilà ce qui ruina la discipline.

Pendant la république, on donnoit des gratifications aux soldats, mais peu considérables : ce n'étoit qu'une partie du butin fait sur l'ennemi. Dans les guerres des deux triumvirats, on leur en fit de grandes, et on les prit sur les biens des citoyens mêmes. Claude acheta la faveur des gardes prétoriennes. Néron, qui ne se contenta pas de l'acheter une fois, ne cessa de leur faire des largesses. C'étoit une nécessité, que chaque despote sentît le besoin de les ménager toujours davantage, c'est-à-dire, de les corrompre par de plus grandes profusions.

Cette avidité ruine la discipline militaire.

Les gardes prétoriennes pouvoient se contenter des largesses d'un prince qui étoit reconnu aussitôt qu'elles l'avoient fait. Mais, quand les armées disposèrent de l'empire, elles eurent bien plus d'avidité. Obligées de marcher pour l'assurer à leur général, elles regardèrent les richesses de l'Italie et de Rome comme un butin qu'on devoit leur livrer, et c'est ce qui acheva de ruiner la discipline. Après la mort de Néron, le défaut de subordination produisit les plus grands désordres.

Alors la sagesse du prince faisoit seule toute la force du gouvernement.

L'ordre, qui se rétablit sous Vespasien et sous Titus, fit voir que toute la force du gouvernement étoit dans la sagesse du prince; et que les lois, toujours méprisées sous les tyrans, sont respectées quand le prince les respecte. Mais Titus, les délices des Romains, ne fit que paroître, et, sous la tyrannie de Domitien, tout rentra dans l'avilissement et dans la confusion. Passons au plus beau siècle de l'empire, et nous nous convaincrons de plus en plus que la sagesse du souverain faisoit toute la force du gouvernement.

Nerva, Trajan, Adrien, Antonin, Marc-Aurèle, quels princes! Monseigneur. Je suis fâché que les vices d'Adrien fassent une tache à ce tableau : je reproche même à Trajan ses conquêtes. Mais Antonin, mais Marc-Aurèle ne laissent rien à desirer. Que sentez-vous, quand vous lisez leurs règnes, après avoir vu ceux de Tibère, ceux de Caligula, de Claude, de Néron, et de Domitien?

Sous ces empereurs, le sénat reprend sa considération, les lois sont en vigueur, la discipline rétablit la subordination dans les troupes, les citoyens recouvrent leur liberté, la république renaît, ce sont ses magistrats qui gouvernent, et le despotisme est banni de l'empire. Mais Commode règne, et le bonheur des Romains ne paroît qu'un songe.

C'est en observant la conduite des princes éclairés et vertueux que vous apprendrez, Monseigneur, quelle est la puissance légitime d'un souverain. Marc-Aurèle surtout vous fera voir quelle en est l'étendue, et quelles en sont les bornes. Bien loin de se juger au-dessus des lois, il ne se croyoit digne de commander, qu'en donnant l'exemple de l'obéissance; il ne se regardoit que comme le ministre de la république; et, au lieu de dire : *Tout est à moi ; je n'ai rien en propre*, il disoit au sénat : *La maison même que j'habite est à vous*. Souvenez-vous donc que rien n'est au prince. Mais la

C'est de l'usage que les princes justes font de l'autorité que nous devons apprendre quels sont les droits des souverains.

flatterie vous tiendra un autre langage.

Sort des despotes qui mettent toute leur confiance dans les soldats.

Les soldats, qui avoient été contenus, n'en devinrent que plus audacieux sous Commode; et, après que ce monstre eut été égorgé, l'empire fut offert à quiconque voulut être l'esclave des légions, pour devenir le tyran du peuple. Alors les attentats, qui se multiplient, creusent des précipices sous les pieds de ces tyrans. La plupart ne font que passer; et, dans ce désordre, les meilleurs princes périssent par le fer.

Tel est le sort des souverains, lorsque le peuple n'est rien à leurs yeux, et qu'ils ne comptent que sur la faveur des soldats. Cette faveur coûte cher, et elle coûte tous les jours davantage, parce que l'avidité croît d'autant plus qu'on tente de l'assouvir par de plus grandes largesses. Il vient donc un temps où le despote n'est pas assez riche. Alors l'état se ruine, et la vie du tyran n'en est pas plus assurée.

Commode fut la première cause de ces désordres. Sévère les accrut par le relâchement de la discipline, et Caracalla par les profusions immenses qu'il fit aux soldats. Il fut assassiné; et, après lui, Macrin,

Héliogabale, Alexandre, les deux Maximins, les deux premiers Gordiens, Maxime, Balbin, le troisième Gordien, Philippe, Décius, Gallus, Émilien, Valérien livré par trahison aux Perses, et Gallien son fils; celui-ci fut égorgé après avoir partagé l'empire avec une multitude de tyrans qui osèrent prendre le titre d'Augustes, et qui périrent presque tous de mort violente. Si quatre grands hommes qui se succédèrent, Claudius, Aurélien, Tacite, Probus, parurent dignes de commander, les trois derniers furent encore assassinés; et, après eux, Carin et Numérien eurent le même sort.

On ne prévoyoit pas quelle seroit la fin de ces désordres; car les soldats qui avoient vendu l'empire vouloient toujours le vendre, et le tyran qui l'achetoit les armoit bientôt contre lui, parce qu'il avoit contracté une dette qu'il ne pouvoit acquitter. Il s'agissoit donc de leur ôter le pouvoir de vendre l'empire. Dioclétien le leur ôta. Le plan néanmoins qu'il se fit souffroit, dans l'exécution, de grandes difficultés, et entraînoit de grands abus. On

Dioclétien ôte aux soldats le pouvoir de vendre l'empire.

n'imagine pas comment il pouvoit se flatter de contenir ses collègues; et, s'il eût échoué, nous le regarderions comme le plus imprudent des hommes. Mais vingt ans de succès font son éloge, sur-tout quand on pense au caractère de Maximien-Hercule et à celui de Galère.

Comment le gouvernement de Rome se complique, à mesure que l'empire s'étend, et que la corruption générale des mœurs en désunit les parties.

C'est ici le lieu de considérer comment les ressorts du gouvernement se compliquent et s'affoiblissent, à mesure que l'empire s'étend, et que la corruption générale des mœurs en désunit les parties.

Quand la république commença, la souveraineté se trouvoit dans les comices par centuries, et les consuls étoient tout-à-la-fois les magistrats du peuple et les généraux des armées. Ce système simple auroit pu subsister, si les patriciens n'avoient pas abusé de l'autorité. Mais leur avarice souleva les plébéiens et servit de prétexte à l'ambition des tribuns. Il y eut bientôt deux sortes de comices, deux espèces de souverains, et les magistratures se multiplièrent.

Voilà déjà les ressorts qui s'embarrassent, et les troubles croissent avec les dissentions. Mais les ennemis, qui pressent de tous côtés, rapprochent les parties qui tendoient à se désunir, et la république agit au-dehors avec toutes ses forces. On prévoit donc qu'elle ne se soutiendra qu'autant que les parties qui se divisent seront contenues par des forces étrangères : mais, parce que ces forces diminueront, à mesure qu'elle s'étendra elle-même, on prévoit encore qu'elle doit enfin se dissoudre. Les dissentions, qui ont été le principe de sa grandeur, seront donc la cause de sa ruine.

En effet, les consuls ne suffisant pas pour gouverner la capitale et les provinces, il fallut créer des proconsuls; et bientôt après il fallut continuer ces nouveaux magistrats, et leur donner le temps de finir les guerres qu'ils avoient commencées. Or cette nouvelle magistrature devoit un jour être funeste à la république. Les proconsuls ne pouvoient manquer de devenir plus puissans que les consuls mêmes, puisqu'ils avoient toujours une armée, qu'ils étoient plus long-temps en charge, et qu'éloignés de Rome ils étoient plus indépendans.

Cependant les factions, qui continuoient dans la capitale, entraînoient des abus d'autant plus grands, que la puissance des factieux s'étoit accrue avec celle de la république. Mais, quelque sanglantes qu'elles fussent, ce n'étoient encore que des émeutes, où le sénat et le peuple, tour-à-tour vainqueurs et tyrans, s'arrachoient la souveraineté, sans pouvoir se donner un maître. Il falloit donc faire marcher les légions. Elles seules pouvoient réprimer les factieux, commander dans Rome, et de Rome à tout l'empire. Ainsi, à l'approche de Sylla, Marius s'enfuit ; et Pompée s'enfuit encore dès qu'il apprit que César avoit passé le Rubicon.

Il n'étoit plus possible de simplifier le gouvernement : l'empire étoit trop vaste pour être gouverné par un petit nombre de magistrats. Auguste suivit le plan qui se trouvoit établi. Il ne fit d'autre changement que de rendre les armées sédentaires, et de faire du corps des soldats un ordre différent de celui des citoyens : par cela seul le gouvernement fut plus compliqué. Il eût sans doute été plus simple et plus avantageux pour la liberté que chaque Romain eût continué d'être citoyen et soldat. Mais ce n'étoit pas l'intérêt du prince ; et à la longue, d'ailleurs, ce plan fût devenu impraticable. Ainsi, par la nature des choses et par les vues cachées du souverain, les armées étoient autant contre les peuples de l'empire que contre les ennemis; et, si elles pouvoient défendre les citoyens, elles pouvoient encore plus facilement les faire plier sous le joug de la tyrannie.

Les entreprises des soldats après Néron, après Commode, et qui, ayant recommencé après Caracalla, ne cessèrent que sous Dioclétien, sont moins un gouvernement qu'une anarchie militaire qui préparoit la dissolution de toutes les parties de l'empire. Il n'étoit plus possible, avec le plan d'Auguste, de corriger des abus si multipliés : c'est ce plan même qui les avoit amenés. Ce fut donc une nécessité à Dioclétien de compliquer encore le gouvernement, non qu'il pût se flatter d'en corriger tous les vices; mais il y avoit des abus auxquels il falloit apporter un prompt remède, et il les réprima.

C'est toujours une preuve de décadence quand un gouvernement a besoin d'être compliqué. S'il acquiert de nouvelles forces, il ne les conservera pas long-temps, et de nouveaux abus naîtront de la complication même. Il ne seroit pas facile d'imaginer ceux qu'entraînoient quatre princes, quatre cours, quatre grandes armées, et la multitude d'emplois que chacun de ces souverains créoient dans leurs départemens. On vit tous les défauts de ce gouvernement quand Dioclétien ne l'anima plus.

L'empire fut aussitôt divisé, et les guerres civiles, qui recommencèrent, ne finirent que lorsque toutes les provinces furent réunies sous un seul chef.

En changeant tout, Constantin a précipité la ruine de l'empire.

Quand un bâtiment tombe en ruine, on l'étaie comme on peut. C'est proprement ce que fit Dioclétien ; et on lui doit la justice de n'avoir fait que les changemens auxquels il parut forcé. Il n'en est pas de même de Constantin. Impatient de tout changer, il changea tout sans nécessité. Il précipita même ses entreprises, et donna à tout ce qu'il fit aussi peu de solidité qu'aux murs de Constantinople.

Quoique avant Constantin l'empire tendit à sa dissolution il y avoit cependant encore quelque liaison entre ses parties. Le préjugé ne permettoit pas de penser qu'il

pût être divisé; et un général, soupçonné
de vouloir s'établir souverain dans une seule
province, eût été abandonné de ses troupes.
Ce préjugé subsistoit même au temps de
Gallien : car alors, quoique chaque Auguste fût cantonné dans un coin de l'empire, aucun d'eux ne renonçoit à l'empire
entier.

Mais, lorsqu'il y eut deux capitales, il
parut y avoir deux empires; et en effet il
y en eut bientôt deux : ils eurent des intérêts séparés, et ils ne furent plus les parties
d'un même tout. Il est vrai qu'il resta toujours quelques traces de l'ancien préjugé.
On voit que les empereurs se regardoient
comme collègues; que d'ordinaire les lois,
quoique faites par un seul, étoient publiées
au nom des deux; que, des deux consuls,
l'un étoit élu en Occident et l'autre en Orient,
et qu'ils avoient besoin d'être reconnus dans
les deux empires. Cet usage, qui a souffert
quelques exceptions, prouve le pouvoir du
préjugé.

L'empire auroit eu besoin d'un réformateur. Je ne dis pas qu'il fût possible de
ramener les mœurs à l'ancienne simplicité :

mais au moins pouvoit-on les corriger en quelque chose. Constantin n'y pensa pas. Lui qui vouloit tout changer, il transporta dans la nouvelle capitale tou les abus de l'ancienne. Il crut qu'il étoit de la grandeur du souverain d'être entouré d'une populace immense qui ne subsisteroit que par ses largesses; et il ajouta la fierté asiatique au luxe qu'il falloit réformer.

Dans les temps de la république, les mêmes citoyens, tout-à-la-fois magistrats et généraux, rendoient la justice et commandoient les armées. Cet usage subsista sous Auguste et sous plusieurs de ses successeurs; et ce fut dans le troisième siècle de l'ère vulgaire que les fonctions militaires et les fonctions civiles commencèrent à être réparties à des citoyens différens. Constantin voulut achever cette révolution, et il l'acheva. Son dessein étoit de diviser pour affoiblir, et d'affoiblir pour jouir lui-même d'une puissance arbitraire et sans bornes.

Il divisa donc l'empire en quatre préfectures, les préfectures en diocèses, et les diocèses en provinces. Dans chaque préfecture, il mit un préfet du prétoire; dans chaque diocèse, un vicaire du préfet; et dans chaque province, un magistrat subordonné au vicaire du diocèse dont elle faisoit partie. Tous ces gouverneurs n'étoient que des officiers civils, dont la puissance ne pouvoit faire ombrage. Cependant, pour se précautionner contre les préfets du prétoire, dont le nom seul sembloit faire peur au souverain, Constantin imagina d'instituer le patriciat, et de mettre cette dignité sans fonctions au-dessus de la préfecture.

Il créa deux maîtres de la milice, l'un pour l'infanterie, l'autre pour la cavalerie. Ils avoient l'inspection sur les troupes, et c'étoit à eux de régler tout ce qui concernoit la discipline. Mais, pour élever une barrière à leur ambition, il ne leur donna le rang qu'après les consuls, les patrices, les préfets du prétoire, le préfet de Rome et celui de Constantinople. Il y avoit encore des généraux qu'on nommoit ducs ou comtes, et qui commandoient les troupes d'une province. Ce second titre étoit alors supérieur au premier, et se joignoit à bien des emplois.

Dès qu'une fois il y eut des titres sans fonctions, on les multiplia, parce que le souverain se flattoit d'amuser l'ambition par de vains honneurs. On vit des *perfectissimi*, des *egregii*, des *clarissimi*, des *spectabiles*, des *illustres* et des *nobilissimi*. On ne se saluoit plus qu'en se donnant de l'excellence, de la révérence, de la magnificence, de la grandeur, de l'éminence, de la sublimité, etc. Cette politesse barbare se répandoit à mesure que le mérite devenoit plus rare.

Gallien avoit exclu des armées les sénateurs romains : Dioclétien leur avoit enlevé les provinces dont ils avoient le gouvernement depuis Auguste. Enfin, humiliés sous chaque despote, ils venoient d'achever de perdre toute leur considération par le transport du siège de l'empire à Constantinople. Ils devoient encore se voir insensiblement enlever toutes les dignités. Constantin leur préféroit les Barbares, dont il croyoit n'avoir rien à redouter. Il se trompa, parce qu'on se trompe toujours quand on veut établir le despotisme. Depuis cet empereur, dont la famille nombreuse fut bientôt exterminée, l'empire se précipita vers sa ruine ; et il est évident que ce fut l'effet d'une politique qui changea tout, qui ne réforma rien, et qui fut une source de nouveaux abus.

Je ne m'arrêterai pas sur les successeurs de Constantin. Les longs règnes des princes foibles, lorsque l'empire avoit le plus besoin d'un chef, n'offrent que des désordres qu'il suffit d'avoir parcourus. L'ignorance, qui fit des progrès rapides, confondoit toutes les idées. On ne savoit plus ce qui donnoit les droits à l'empire, et nous avons vu des femmes en disposer, parce qu'elles portoient le titre d'Auguste. Ce n'est pas la seule erreur où l'on tomba.

Sur la fin de l'empire, l'ignorance confond toutes les idées.

L'an de l'ère vulgaire 457, Léon reçut le diadême des mains d'Anatole, patriarche de Constantinople. Il est évident que cette cérémonie pieuse, qui se faisoit pour la première fois, supposoit l'empereur déjà fait, et ne donnoit point au patriarche le droit de s'opposer, ni de concourir à l'élection. Cependant, en 491, Anastase, successeur de Zénon, ayant été proclamé par le sénat et par l'armée, Euphème, alors patriarche de Constantinople, ne consentit à lui donner le diadème qu'après que l'empereur qu'il soupçonnoit d'être Eutychéen, eut signé une profession de foi, et eut promis de protéger les décrets du concile de Chalcédoine. Cette prétention ne parut pas même extraordinaire ; car le sénat, qui pouvoit aller en avant, ne l'osa. Au contraire, il ne négligea rien pour engager le patriarche à lever son opposition. Or, si on pensoit déjà qu'un hérétique ne peut pas être élevé à l'empire, pourquoi ne penseroit-on pas un jour qu'un empereur hérétique peut être déposé ?

Tout concourt à la ruine de l'empire.

Telle est la confusion qu'il y avoit dans le gouvernement et dans les idées, lorsque les peuples du Nord, qui depuis long-temps se contentoient de piller les frontières, furent poussés par les Huns, et que, forcés de chercher de nouvelles terres, ils s'établirent de gré ou de force dans les provinces romaines, et subjuguèrent enfin l'empire d'Occident. Comme toutes les circonstances s'étoient réunies pour l'agrandissement des Romains, elles se réunirent aussi pour leur ruine ; et les disputes de religion, et les guerres civiles, et la corruption des mœurs, et la perte de la discipline militaire, et les vices du gouvernement, et la multitude des ennemis.

FIN DE CE VOLUME.

TABLE DES MATIÈRES.

HISTOIRE ANCIENNE.

LIVRE QUINZIÈME.

Considération sur les progrès de la religion dans les trois premiers siècles, page 1.

Dans quel esprit on doit étudier la religion. Quelles doivent être à cet égard les études d'un prince. Quelle doit être sa piété. Protection qu'il doit à l'église.

CHAPITRE PREMIER.

État des Juifs sous les princes Asmonéens et sous Hérode, page 7.

Sous Simon, les Juifs devinrent indépendans. Sous Jean-Hircan, ils font des conquêtes ; mais ils sont troublés par la haine réciproque des Pharisiens et des Sadducéens. Aristobule prend le premier le titre de roi, et règne en tyran ; et sous Alexandra, qui ne montre que de la foiblesse. Hircan qu'elle a choisi pour successeur, est forcé de céder à Aristobule son frère. Pompée rend la couronne à Hircan. Nouveaux troubles. Antoine donne la couronne à Hérode, qui croit s'affermir en répandant le sang. Les prophéties s'accomplissent.

CHAPITRE II.

Des opinions des philosophes payens avant Jésus-Christ, et dans les trois premiers siècles de l'église, page 17.

Sous Alexandre, les sectes de la Grèce se répandent en Asie. Elles s'établissent en Egypte sous Ptolémée Soter ; sous Philadelphe, qui bâtit le Musée. Sous les successeurs d'Évergète, les philosophes fuient. A leur retour, l'Egypte devint le centre de toutes les sectes. Origine du Sincrétisme. Ignorance et superstition des Egyptiens. Conduite de leurs prêtres qui veulent tout concilier. Toutes les sectes. Origine de l'Eclectisme. Chef de cette secte. Objet que se proposoient les Eclectiques. Leur enthousiasme. Leurs principes absurdes. Ils défendent l'idolâtrie par des allégories. Ils emploient contre la religion chrétienne le mensonge et l'imposture. L'Eclectisme n'étoit qu'un Sincrétisme absurde.

CHAPITRE III.

Des opinions qui se sont introduites parmi les Juifs 300 ans environ avant Jésus-Christ, p. 34.

Quand et pourquoi les Juifs d'Alexandrie adoptèrent le Sincretisme. Commencement de la vie ascétique parmi les Juifs. Comment les Esséniens et les Thérapeutes adoptent des idées pythagoriciennes. Les Juifs d'Egypte portent en Judée leurs usages. Manière de vivre des Esséniens. Ils éprouvoient ceux qu'ils recevoient. Combien ils etoient attachés à leurs superstitions. Leur doctrine. Les Thérapeutes plus contemplatifs que les Esséniens et plus enthousiastes. Cette vie ascétique a été admirée avec peu de fondement. Les Pharisiens ont embrassé la philosophie mystérieuse et symbolique. Ils ont surchargé la loi d'œuvres surérogatoires. Leur doctrine. Ils subsistent encore sous le nom de Rabins. Les Sadducéens rejetoient les allégories et les interprétations, et s'en tenoient à la lettre de l'écriture. Ils tomboient dans des erreurs afin de ne pas penser comme les Pharisiens. La secte des Caraites etoit la plus raisonnable. Les sectes des Juifs étoient unies de communion.

CHAPITRE IV.

Des obstacles qui s'opposoient à l'établissement de la religion chrétienne, page 55.

Obstacles qui s'opposoient à la propagation du Christianisme. Premier. Les sectes qui divisoient les Juifs. Deuxième. Les caractères de ces sectes. Troisième. Les préjuges des Juifs. Quatrième. L'idée fausse que la plupart se faisoient du Messie. Cinquième. Les faux dieux dont le culte etoit cher, principalement aux Romains. Sixième. Les impos leurs alors fort communs. Septième. Le peu d'étonnement que causoit le courage des martyrs. Huitième. La prévention contre les Juifs Neuvième. Le mepris des Juifs pour les Chretiens. Dixième. Les philosophes interessés à combattre le Christianisme. En un mot, tous les prejugés qui régnoient.

CHAPITRE V.

Considérations sur le premier siècle de l'église,
page 64.

Combien la raison est insuffisante pour éclairer les préjugés. Des hommes ignorans étoient destinés à les éclairer. Ses miracles sont des demonstrations à la portée de tous. Premieres prédications dans la Palestine. Simon le magicien. Source de ses erreurs. Son système. Ses impostures. Que les Romains ne l'ont pas mis au nombre de leurs dieux. Autre fait qu'on rapporte avec aussi peu de fondement. Les Gnostiques ont puisé dans la même source que Simon. Leurs erreurs. L'église fait des progrès. Mœurs des premiers Chrétiens. La conversion des Gentils donne lieu à une question, et au premier concile. La charité régnoit parmi les églises. Des imposteurs troubloient la paix. Persécutions sous Neron. Sous Vespasien, les Juifs restent sans temples et sans sacrifices. Les Chrétiens sont enveloppés dans la persécution que Domitien fait aux Juifs. Prévention générale contre les Chrétiens. Les prêtres du paganisme et des philosophes calomnient l'église.

CHAPITRE VI.

Idée générale des événemens dans le second siècle de l'église, page 88.

Sous Nerva, les Chrétiens goûtent la paix. Ils sont persécutés sous Trajan. Mais on ne sait quels crimes leur imputer. Pourquoi la persécution est plus grande sous Adrien. Premières apologies. La persécution diminue. Les Juifs sont entièrement chassés de Jérusalem. Commencement de la doctrine des deux principes. Conversion de S. Justin. Les persécutions qu'elles n'ont pas empêchées redoublent sous Marc-Aurèle. Autres écrits pour la défense de la religion. Montan, faux prophète. Erreurs des Montanistes. Hérésies des Eucratites ou Continens. Pourquoi les persécutions cessent sous Commode. Ouvrage de S. Irénée contre les hérétiques. Question sur le jour que la pâque doit être célébrée. Les hérésies et les persécutions dans le deuxième siècle n'ont pas empêché les progrès de l'église.

CHAPITRE VII.

Considérations sur le second siècle, page 105.

Dans le premier siècle, l'évangile étoit prêché avec la plus grande simplicité. Dans le deuxième, il attire l'attention des savans et des philosophes. Alors les sectes de philosophie tomboient dans le mépris. Les hommes les plus éclairés se convertissoient. Ils combattoient toutes les sectes de philosophie. Quelquefois ils en corrigeoient le langage, et revendiquoient les vérités qu'elles enseignoient.

C'est sous différens points de vue que les pères du deuxième siècle louent et blâment les mêmes sectes. Ils rejettent Aristote. Ils faisoient cas de Platon. Ils ne croyoient penser comme lui que parce que, selon eux, Platon avoit pensé en Chrétien. Par-là ils se rapprochoient des philosophes, qui quelquefois se rapprochoient aussi des Chrétiens. Et on entreprend de faire voir que ce que la religion enseigne s'accorde avec ce que les philosophes ont dit de mieux. On parloit quelquefois de la religion comme si elle n'eût été qu'une philosophie plus saine. Il y avoit du danger à vouloir la concilier trop avec la philosophie. Il en naquit des hérésies.

CHAPITRE VIII.

Depuis le commencement du troisième siècle jusqu'en 325, que Constantin donna la paix à l'église, page 121.

L'Éclectisme étoit la philosophie du troisième siècle. Dangers de cette philosophie ténébreuse. Les Éclectiques se piquoient d'être gens de lettres, et sur-tout orateurs. Les pères de l'église, qui se prêtent au goût du siècle, s'appliquent à toutes les études des Grecs, et s'éloignent de plus en plus de la simplicité des apôtres. Sous Sévère, une persécution excite le zèle de Tertullien. Objet de Tertullien dans son apologie. Erreurs où tombe Tertullien. Dans les temps de paix, les Chrétiens étoient persécutés par les jurisconsultes. Zèle des Chrétiens et leurs écoles. S. Clément d'Alexandrie prend la défense de la religion. Source des erreurs où il est tombé. Origènes célèbre de bonne heure, et persécuté par Démétrius, évêque d'Alexandrie. Il a formé un grand nombre de disciples. Il a fait quantité d'ouvrages. Il est tombé dans des erreurs. Persécution sous Maximin, assassin d'Alexandre Sévère. Les Chrétiens avoient alors des églises publiques. Leurs mœurs se corrompent, parce qu'ils sont long-tems sans être persécutés. Cruelle persécution. Grand nombre de Chrétiens succombent. Beaucoup aussi souffrent le martyre. La persécution ayant cessé, on demande s. l'église pouvoit absoudre les apostats. Erreurs de Novatien à ce sujet. Novatien est le premier antipape. Il est condamné. Après quelques persécutions, la paix est rétablie dans l'église. Dispute sur la validité du baptême des hérétiques. Manès. Il établissoit deux principes. Persécution sous Dioclétien. Lâcheté de ceux qu'on nomma traditeurs. Schisme des Donatistes. Commencement de l'Arianisme.

CHAPITRE IX.
De la discipline dans les trois premiers siècles, page 156.

Pourquoi la discipline a varié dans les trois premiers siècles. Usages généraux. Lieux où l'on s'assembloit. Peu de cérémonies. Jours solennels. Comment les Gentils étoient reçus dans l'église. Pénitence publique. Ce que l'église exigeoit dans ses ministres. Subordination qui s'établit parmi eux. Usage des communications. La célébration de l'Eucharistie. Les jeûnes des Chrétiens. Les opinions qu'on avoit sur le mariage portoient au célibat. Commencement de l'ordre monastique.

CHAPITRE X.

Conclusion de ce livre, page 168.

Les apôtres étoient convaincus de la vérité de l'évangile qu'ils prêchoient. L'accomplissement des anciennes prophéties, premier motif de leur conviction. Les miracles de Jésus-Christ, second motif. L'accomplissement des prophéties de Jésus-Christ, troisième motif. Comment les apôtres convaincus ont donné de nouveaux motifs de conviction pour les hommes éclairés qui se sont convertis dans le second siècle. Motifs de conversion dans le troisième siècle.

LIVRE SEIZIÈME.

CHAPITRE PREMIER.

La conduite de Constantin par rapport à l'église. page 182.

Il suffit de considérer Constantin sous deux points de vue. Constantin fait triompher la religion. Il répare les maux que la persécution avoit faits. Il accorde des exemptions au clergé. Inconvéniens de ces exemptions. En voulant remédier à ces inconvéniens, Constantin en occasionne d'autres. Il consacre le dimanche à la prière. Il autorise le célibat en croyant faire respecter la virginité. Il permet de faire les affranchissemens dans les églises. Il permet de laisser aux églises telle part de bien qu'on jugera à propos. Il confie l'administration de la justice aux évêques. Moyens de Constantin pour abolir le culte des idoles. Sa conduite avec les Donatistes. Faux jugement de Constantin sur la doctrine d'Arius. Concile de Nicée. Conduite de Constantin avec les Ariens. Sa conduite avec les Catholiques.

CHAPITRE II.

La conduite de Constantin par rapport à l'empire, page 198.

Rome croit trouver un libérateur dans Constantin. Constantin veut tout changer. Il ôte le commandement aux préfets du prétoire. Quelle avoit été la puissance des préfets du prétoire. Pour assurer leur despotisme, les empereurs s'étoient donné des maîtres dans leurs préfets. Cependant il ne falloit pas casser les gardes prétoriennes. Conséquences qui en devoient résulter. Constantin partage l'empire en quatre gouvernemens, et croit assurer sa puissance. Il croit encore l'assurer en créant des grands avec des titres sans autorité. C'est aussi par cette raison qu'il porte le siége de l'empire à Constantinople. Mort de Constantin.

CHAPITRE III.

De l'état de l'empire vers les temps de Constantin, page 211.

Épuisement de l'empire lors de la fondation de Constantinople. Accroissement du luxe. Haine mutuelle des sectes, qui arment tour-à-tour le souverain contre les sujets. Quels étoient anciennement les droits du sénat. A quoi se bornoient ceux de l'empereur. Les bons empereurs ont reconnu des bornes à leur puissance. La flatterie même, contenue par l'opinion publique, a été forcée à respecter ces bornes. Comment le sénat perd ses droits. Combien les droits du sénat de Constantinople étoient différens. Cette confusion permit à Constantin de regarder l'empire comme son patrimoine.

CHAPITRE IV.

Digression sur les grands empires et sur les peuples qui environnoient l'empire romain après la mort de Constantin, page 223.

Pourquoi il importe de considérer la chûte des empires qui se sont précipités les uns sur les autres. Fausses idées que les Romains se faisoient de leur empire. Les anciens empires ne sont connus que par des traditions vagues. Quelle idée on peut se faire de l'ancien empire d'Assyrie. De celui de Sésostris. Commencement des Parthes. Le Nord et le Midi occupés par des nations bien différentes. Flux et reflux de ces nations. Combien toutes ces nations se confondoient. Des peuples du nord de l'Asie et de leur genre de vie. Pourquoi ils ont fait et pourront faire encore de grandes révolutions dans les pays policés. Invasions des Scythes, lorsque les Mèdes secouoient le joug des Assyriens. L'empire des Assyriens détruit par les Mèdes et les Babyloniens, qui succombent sous les Perses. Empire d'Alexandre, auquel plusieurs monarchies succèdent. Empire des Parthes, qui se rendent redoutables aux Romains. Nouvel empire des

Perses sur les ruines de celui des Parthes. Combien les peuples de l'Europe sont différens des peuples de l'Asie. Nations barbares ou peu policées de l'Asie. Nations policées, dès les siècles les plus reculés. Cette différence entre les nations de l'Asie est la cause des révolutions fréquentes. De l'étendue des monarchies de l'Asie. Du despotisme de ces monarches. Par où les peuplades ont passé d'Asie en Europe. Genre de vie des premiers habitans de l'Europe. Pourquoi les parties occidentales de l'Europe se civilisent les premières. Il s'y forme des cités. Esprit de ces cités. Usages des Germains pour maintenir l'egalité. Les Grecs cultivent les arts et n'en sont pas moins jaloux de leur liberté. Chez quelles nations se trouve davantage l'amour de la liberté. Effet de cet amour. Les arts, passant d'une nation à l'autre, les amollissent successivement. Les Germains ne s'amollissent pas. Les Germains au temps de Tacite. Depuis Tacite, les nations germaniques se font connoître sous de nouveaux noms. Au temps de Constantin, deux vastes empires, qui se craignoient et qui devoient être envahis par des nations barbares qu'ils ne craignoient pas.

CHAPITRE V.

Depuis la mort de Constantin jusqu'à celle de Jovien, page 265.

Les dispositions de Constantin occasionnent le massacre d'une partie de sa famille. Ses trois fils méritent peu d'être connus. Guerre de Constance avec la Perse. Défaite et mort de Constantin, son frère. Pourquoi Constance est favorable aux Ariens. Constance protège les Catholiques. Magnence lui ôte l'empire et la vie. Constantine, sœur de Constance, donne la pourpre à Vétranion. Népotien prend la pourpre et périt. Conduite de Magnence. Constance se prépare à la guerre. Il arrive dans la Thrace et entre dans l'Illyrie. Vétranion est relégué en Bithynie. Magnence perd deux batailles et se tue. Constance donne sa confiance aux délateurs. Il est le jouet de ceux qui l'entourent. Multitude de ses valets. Leur avidité. Les grands avoient la même avidité. Les eunuques commencent, sous Constance, à s'élever aux grandes charges. L'intrigue faisoit tout. Gravité ridicule de Constance. Gallus, gouverneur de l'Orient. Éducation de Gallus et de Julien. Mort de Gallus. Silvain, forcé à se soulever, périt par la trahison d'Ursicin. Les Gaules ouvertes aux Barbares. Constance donne à Julien le commandement des Gaules. Il entretient les disputes de religion. Il fait un formulaire. Il persécute pour le faire recevoir aux Catholiques. Cependant les Catholiques lui ont donné des louanges. Les Ariens le méprisoient et lui résistoient ouvertement. Insolence d'un évêque arien. Elle est approuvée par Constance. Ce prince changeoit continuellement de sectes. Grand tremblement de terre. Conciles de Séleucie et de Rimini. Les évêques catholiques signent une profession arienne. Ils reviennent de la surprise qu'on leur a faite. Les Ariens ne peuvent s'accorder. Succès de Julien. Il est proclamé Auguste. Constance meurt, et Julien est reconnu. Sa vie mérite d'être étudiée. Cause de ses erreurs. Sa mort. Court règne de Jovien. Barbares qui ont attaqué l'empire pendant le règne de Constance.

LIVRE DIX-SEPTIÈME.

CHAPITRE PREMIER.

Depuis la mort de Jovien jusqu'à Théodose, page 301.

Combien les disputes de religion étoient funestes à l'empire. Tolérance dont Jovien forma le projet. C'est aux circonstances à déterminer ce que la tolérance exige des souverains. Nous ne pouvons pas nous instruire en observant la conduite des premiers empereurs chrétiens. Valentinien est élevé à l'empire. La tolérance le rend suspect d'indifférence. Son caractère. Il prend pour collègue Valens, son frère. Procope aspire à l'empire et périt. Les Barbares tombent de toutes parts sur l'empire. Trahisons des Romains. Schisme à Rome. Mort de Valentinien. Les Huns et les Alains. Les Goths. Les Goths s'établissent dans la Thrace. Valens, par avarice, s'expose à manquer de soldats. Soulèvement des Goths. Valens perd la bataille et la vie. En Occident, Gratien avoit pour collègue son frère Valentinien II. Sa foiblesse le rend incapable de soins, et lui fait commettre des injustices. Défaite des Allemands. Gratien, reconnoissant qu'il ne peut défendre l'empire, s'associe Théodose.

CHAPITRE II.

Théodose, page 317.

Les Goths obtiennent des terres. Ils servent dans

les armées sous des chefs de leur nation. Maux de l'église. La modération de Théodose est blâmée. Situation embarrassante de ce prince. Lois qu'il fait contre les hérétiques. Lois contre les idolâtres. Défauts des lois de Théodose. Concile œcuménique de Constantinople. Théodose fait conférer ensemble les chefs de secte, et la dispute les aigrit. Gratien, devenu odieux, perd l'empire et la vie. Maxime, qui a fait périr Gratien, arme contre Valentinien, et a la tête tranchée. L'armée de Théodose étoit presque toute composée de Barbares. S. Ambroise empêche de punir les incendiaires d'une synagogue. Conduite de Théodose avec les idolâtres, pendant son séjour en Italie. Pénitence publique de Théodose. Puissance des moines. Valentinien II perd l'empire et la vie. Eugène qui usurpe l'empire, a la tête tranchée. Mort de Théodose.

CHAPITRE III.

Depuis la mort de Théodose jusqu'à la prise de Rome par Alaric, page 339.

Théodose avoit partagé l'empire entre ses deux fils, Arcadius et Honorius. Foiblesse de ces deux princes. État de l'empire. Rufin, ministre d'Arcadius. Stilicon, ministre d'Honorius. Ces deux ministres ont entretenu les troubles. L'eunuque Eutrope. Irruption des Barbares dans l'empire d'Orient. Stilicon, traversé par Rufin, est forcé de faire retraite devant Alaric. Gaïnas le venge. Mort de Rufin. Eutrope lui succède. Les Goths ravagent la Grèce. Stilicon marche contre eux; il est traversé par Eutrope. Eutrope excite des soulèvemens dans l'Occident;

il est fait consul. Trame de Gaïnas contre Eutrope. Eutrope a la tête tranchée. Gaïnas se révolte. Il perd la vie dans un combat contre les Huns. L'Orient n'offre que des troubles. Alaric en Italie. Honorius établit son siége à Ravenne. Défaite de Radagaise. Invasion des Barbares dans les Gaules. Constantin maître des Gaules et de l'Espagne, et reconnu par Honorius. Alaric menace l'Italie. Mort d'Arcadius et de Stilicon. Trente mille Barbares, qui avoient servi dans les armées romaines, passent dans le camp d'Alaric. Rome assiégée par Alaric. Elle capitule. Alaric reprend les armes. Honorius fait des lois pour et contre les Payens. Alaric donne et ôte tour-à-tour la pourpre à Attale. Les Vandales s'établissent en Espagne. Les Armoriques secouent le joug des Romains. Rome est prise par Alaric. Mort de ce conquérant.

CHAPITRE IV.
Jusqu'à la mort d'Honorius, page 354.

Constantin assiégé dans Arles. Honorius le fait mourir. Ataulfe dans les Gaules. Les Bourguignons s'établissent dans les Gaules. Révolutions parmi les Goths. Ils s'établissent dans la seconde Aquitaine. Mort de Constantius. Mort d'Honorius.

CHAPITRE V.
Jusqu'aux temps où Attila commence à menacer l'empire, page 358.

Anthémius gouverne l'empire d'Orient. Pulchérie se saisit des rênes du gouvernement. Goût de Théodose-le-Jeune pour les sciences. Sa curiosité ne pouvoit ni se fixer ni se régler. Il se croyoit instruit dans tous les genres. Il s'appliquoit sur-tout à la théologie, mais sans succès. Fait qui le prouve. Sa piété étoit celle d'un moine. Son ineptie dans les affaires. Il abandonne sa confiance aux eunuques. Injustices sous son règne. Ses ministres achetoient continuellement la paix. Ils se portoient pour juges en matière de foi. Les bienfaits de Théodose ont été funestes à l'église. Les lois en faveur de la religion occasionnent de grandes violences. Persécution contre les Chrétiens, et guerre occasionnée par le zèle inconsidéré d'un évêque. Jean proclamé Auguste après la mort d'Honorius. Théodose envoie Valentinien III en Italie. Valentinien est reconnu en Occident. Placide, trompée par Aëtius, force Boniface à la révolte. Boniface livre l'Afrique aux Vandales. Rentré en grâce, il défait Aëtius, à qui on a ôté le commandement, et il meurt de ses blessures. Aëtius se fait craindre et reprend le commandement des armées. État de l'empire d'Occident. Provinces qu'il a perdues. L'intolérance armoit tous les peuples. Exemple de cette intolérance. État de l'empire d'Orient. Hérésie de Nestorius. Caractère de cet hérésiarque. Ses persécutions. Un concile de Constantinople lui est favorable. Un synode de Rome lui est contraire. Un concile d'Éphèse tenu à ce sujet. Conduite de Théodose entre les deux partis. Hérésie d'Eutychès. Théodose en devient le fauteur. Traité honteux avec Attila et Bléda, chefs des Huns.

CHAPITRE VI.

Jusqu'à la mort d'Attila, page 380.

Guerres en Occident. Les Bagaudes. Genseric

arme contre Valentinien III, et Theodose arme sans succès contre les Vandales. Attila et B'eda attaquent l'Orient. Ferté d'Attila, humiliation de Theodose. Empire d'Attila. Theodose veut faire assassiner Attila. Mort de ce prince. Demande d'Attila à Valentinien. Aetius defait Attila. Attila en Italie. Sa mort. Son empire finit avec lui. Ce qu'on doit penser de ce barbare.

CHAPITRE VII.
Jusqu'à la ruine de l'empire d'Occident, page 390.

Droits de Valentinien III à l'empire d'Orient. Pulcherie dispose de l'empire en faveur de Marcien. Concile de Chalcédoine. Conduite modérée de Marcien. Le règne de Marcien a été tranquille. Mort de Marcien. Mort de Valentinien, à qui Maxime succède. Loi de Valentinien favorable au S. Siége. Abrogation d'une loi qui faisoit les évêques juges en matière civile. Maxime est égorgé, et Rome est pillée par Genseric. Avitus, qui lui succède, est déposé, et on lui donne l'évêché de Plaisance. Interrègne en Occident. Léon en Orient. Majorien en Occident. Majorien est assassiné. Sévérus lui succède. Léon n'a que des vices. Anthémius, après un interrègne, succède à Sévère. Léon arme sans succès contre Genseric. Il fait assassiner Aspar. Ricimer arme contre Anthemius. Mort d'Anthemius, d'Olibrius qui lui succède, et de Ricimer. Glicérius prend la pourpre et la perd. Julius Népos. Mort de Leon. Un moine chambellan, et un moine consul. Zénon et Basiliscus. Népos est chassé. Auguste lui succède. Odoacre règne en Italie avec le titre de roi.

CHAPITRE VIII.

Conclusion de l'histoire romaine, page 403.

Objet de cette conclusion. Les Romains brigands sous Romulus. Sous Numa, sans cesser d'être moins brigands, ils deviennent plus superstitieux. Numa ne leur parle pas d'une autre vie. Ses dieux sont l'ouvrage de l'ignorance la plus grossière. Sa religion toute en cérémonies. Dogme qui s'introduit. Effets de la superstition sur les Romains. Elle ne les portoit pas à la paix. Pourquoi les mêmes superstitions ont eu plus d'influence à Rome qu'en Étrurie. Les Romains n'ont jamais pu avoir une idée de la vraie liberté. Après l'expulsion des Tarquins, les patriciens sont seuls souverains. Auparavant les plébéiens avoient une autorité que les usages limitoient. Autorité que le sacerdoce donne aux patriciens. Après l'établissement du consulat, le gouvernement est une aristocratie héréditaire et tyrannique. Le tribunat devoit, tôt ou tard, ruiner cette puissance. Peu après l'établissement du tribunat, il y eut deux républiques dans Rome. La loi agraire ne servit qu'à l'élévation des tribuns. Les changemens faits dans la forme des comices par centuries leur furent surtout favorables. Comment les patriciens et les plébéiens cessant de faire deux ordres, on ne distingua plus que le sénat et le peuple. Pendant un temps, l'autorité du sénat se maintint par le respect que le peuple avoit pour ce corps. Effets avantageux des dissentions. Comment les dissentions dégénèrent en factions, et produisent l'anarchie. Cette anarchie prépare les citoyens à plier sous le joug d'un maître. Combien les désordres qui s'introduisent dans les comices deviennent favorables aux citoyens ambitieux. Sylla est l'époque où les ambitieux aspirent à la tyrannie. Circonstances qui achèvent la ruine de la république. Conduite d'Auguste pour assurer sa puissance. Il accoutume le peuple à l'esclavage. Le despotisme se décèle sous Tibère. Il se montre à découvert sous Caligula. Sous Claude il met toute l'autorité entre les mains des affranchis. Sous Néron il ose tout. Avidité qui croît avec le luxe. Cette avidité ruine la discipline militaire. Alors la sagesse du prince faisoit seule toute la force du gouvernement. C'est de l'usage que les princes justes font de l'autorité que nous devons apprendre quels sont les droits des souverains. Sort des despotes qui mettent toute leur confiance dans les soldats. Dioclétien ôte aux soldats le pouvoir de vendre l'empire. Comment le gouvernement de Rome se complique, à mesure que l'empire s'étend et que la corruption générale des mœurs en détruit les parties. En changeant tout, Constantin a précipité la ruine de l'empire. Sur la fin de l'empire, l'ignorance confond toutes les idées. Tout concourt à la ruine de l'empire.

FIN DE LA TABLE DES MATIÈRES.

www.ingramcontent.com/pod-product-compliance
Lightning Source LLC
Chambersburg PA
CBHW070530230426
43665CB00014B/1634